Kohlhammer

Interdisziplinäre Frühförderung

Herausgegeben von
Andreas Seidel und Hans Weiß

Die Autorin

Dr. Britta Dawal (geb. Gebhard) ist Professorin für Frühpädagogik mit den Schwerpunkten Frühförderung und Diversität an der Fachhochschule Südwestfalen im Fachbereich Bildungs- und Gesellschaftswissenschaften.

Britta Dawal

Kinder mit (senso-) motorischen Beeinträchtigungen

Aufgaben und Möglichkeiten der Interdisziplinären Frühförderung

Verlag W. Kohlhammer

Dieses Werk einschließlich aller seiner Teile ist urheberrechtlich geschützt. Jede Verwendung außerhalb der engen Grenzen des Urheberrechts ist ohne Zustimmung des Verlags unzulässig und strafbar. Das gilt insbesondere für Vervielfältigungen, Übersetzungen, Mikroverfilmungen und für die Einspeicherung und Verarbeitung in elektronischen Systemen.

Die Wiedergabe von Warenbezeichnungen, Handelsnamen und sonstigen Kennzeichen in diesem Buch berechtigt nicht zu der Annahme, dass diese von jedermann frei benutzt werden dürfen. Vielmehr kann es sich auch dann um eingetragene Warenzeichen oder sonstige geschützte Kennzeichen handeln, wenn sie nicht eigens als solche gekennzeichnet sind.

Es konnten nicht alle Rechtsinhaber von Abbildungen ermittelt werden. Sollte dem Verlag gegenüber der Nachweis der Rechtsinhaberschaft geführt werden, wird das branchenübliche Honorar nachträglich gezahlt.

Dieses Werk enthält Hinweise/Links zu externen Websites Dritter, auf deren Inhalt der Verlag keinen Einfluss hat und die der Haftung der jeweiligen Seitenanbieter oder -betreiber unterliegen. Zum Zeitpunkt der Verlinkung wurden die externen Websites auf mögliche Rechtsverstöße überprüft und dabei keine Rechtsverletzung festgestellt. Ohne konkrete Hinweise auf eine solche Rechtsverletzung ist eine permanente inhaltliche Kontrolle der verlinkten Seiten nicht zumutbar. Sollten jedoch Rechtsverletzungen bekannt werden, werden die betroffenen externen Links soweit möglich unverzüglich entfernt.

1. Auflage 2024

Alle Rechte vorbehalten
© W. Kohlhammer GmbH, Stuttgart
Gesamtherstellung: W. Kohlhammer GmbH, Stuttgart

Print:
ISBN 978-3-17-031747-5

E-Book-Formate:
pdf: ISBN 978-3-17-031748-2
epub: ISBN 978-3-17-031749-9

Vorwort

Die Motorik eines Kindes ermöglicht diesem, sich handelnd mit seiner Umwelt auseinanderzusetzen und diese zu be-greifen. Motorik und Sensomotorik sind wichtige Entwicklungsbereiche, die das Kind in die Lage versetzen, gestaltend an der Welt der Menschen und Dinge teilzuhaben, im sozialen Eingebundensein Autonomie und Selbstständigkeit zu erlangen sowie Selbstwirksamkeit zu erfahren.

Beeinträchtigungen der motorischen Entwicklung können ätiologisch äußerst heterogen bedingt sein, dabei können angeborene und/oder erworbene Störungen ursächlich sein. In den letzten Jahrzehnten nimmt jedoch die Zahl der Kinder in der Frühförderung zu, bei denen Umweltfaktoren in Verbindung mit der psychosozial-emotionalen Situation des Kindes als eine wesentliche Ursache für Verzögerungen in der motorischen Entwicklung (mit) angenommen werden.

Aufbauend auf aktuellen dynamisch-systemischen Entwicklungstheorien werden in diesem Buch Prozesse der (senso-)motorischen Entwicklung beschrieben. Beeinträchtigungen der motorischen Entwicklung werden theoretisch anhand der Systematik der ICF erläutert und durch verschiedene Fallbeispiele praktisch illustriert. Anschließend werden verschiedene Möglichkeiten des interdisziplinären diagnostischen Erkennens und die Anwendung standardisierter Testverfahren vorgestellt, um darauf aufbauend eine Förderplanung und Behandlungsempfehlung unter Einbezug der gesamten Familie und deren Ressourcen und Bedürfnisse entwickeln zu können. Hierbei wird ein Schwerpunkt auf die Partizipation [Teilhabe] durch die Förderung der (senso-)motorischen Fähigkeiten (Aktivitäten) gelegt.

Die Umsetzung einer familienorientierten Frühförderung wird beispielhaft anhand verschiedener Förderangebote aus therapeutischen und heilpädagogischen Perspektiven erläutert und über Fall-

Vorwort

beispiele konkretisiert. In einem abschließenden Kapitel werden Möglichkeiten der Zusammenarbeit mit den Eltern/Bezugspersonen sowie ihren umgebenden Netzwerken (z. B. Kita, soziale Dienste) dargestellt. Fallbeispiele zeigen konkrete Ausgestaltungsmöglichkeiten, um Teilhabe der Kinder in der Gesellschaft zu ermöglichen und zu sichern.

In diesem Buch wird Wert auf eine interdisziplinäre fachwissenschaftliche und fachpraktische Sichtweise gelegt. Daher gilt ein besonderer Dank den Beiträgerinnen Carina Völlm, Maren Scharna, Andrea Jagusch-Espei, Yvonne Ohmstedt und Svenja Rastedt, die aus ihrer langjährigen Erfahrung in der Interdiszplinären Frühförderung und Sozialpädiatrie die Fallbeispiele eingebracht haben. Anna-Lena Neurath gilt darüber hinaus ein besonderer Dank für die sorgsame Korrektur des Manuskripts und die hilfreichen fachlichen Anmerkungen.

Widmen möchte ich dieses Buch Prof. Dr. em Christoph Leyendecker (†), meinem Mentor und Doktorvater, der mich wesentlich in meinen fachlichen Interessen und Perspektiven geprägt hat.

Inhaltsverzeichnis

Vorwort   5

1   **Motorik, Bewegung und Sensomotorik: Gegenstandsbestimmung und Entwicklungstheorien**   11

1.1   Motorik, Bewegung und Sensomotorik – eine begriffliche Präzisierung   11
1.2   Motorische Entwicklung und deren theoretisches Verständnis   17

1.2.1   Kennzeichen und Prinzipien der motorischen Entwicklung   17
1.2.2   Motorische Entwicklungstheorien   20
1.2.3   Die Entwicklung der Körper- und der Feinmotorik   24

1.3   Sensomotorische Entwicklung   31
1.4   Zusammenhang von Sensomotorik und Bewegung mit weiteren Entwicklungsbereichen   36
1.5   Bedeutung von Bewegung, Motorik und Sensomotorik   38
1.6   Konsequenzen für Bildungs-, Förder- und Therapieprozesse bei Kindern mit motorischen Entwicklungsbeeinträchtigungen   41

2	**Kinder mit motorischen Beeinträchtigungen in der Frühförderung**	**45**
2.1	Spina bifida (angeborene Querschnittlähmung)	52
2.1.1	ICF Komponente der Körperfunktionen und Körperstrukturen	53
2.1.2	ICF Komponente der Aktivitäten und Partizipation [Teilhabe]	54
2.2	Zerebralparese	59
2.2.1	ICF Komponente der Körperfunktionen und Körperstrukturen	60
2.2.2	ICF Komponente der Aktivitäten und Partizipation [Teilhabe]	63
2.3	Umschriebene Entwicklungsstörung motorischer Funktionen (UEMF)	66
2.3.1	ICF Komponente der Körperfunktionen und Körperstrukturen	68
2.3.2	ICF Komponente der Aktivitäten und der Partizipation [Teilhabe]	70
3	**Diagnostik und Förderplanung in der Zusammenarbeit mit Kindern mit motorischen Beeinträchtigungen und ihren Familien**	**79**
3.1	Kennzeichen, Phasen und Prinzipien der Diagnostik in der Interdisziplinären Frühförderung	80
3.2	Diagnostische Verfahren und Methoden in der Interdisziplinären Frühförderung	83
3.2.1	Erstgespräch und Anamnese	84

3.2.2	Diagnostik der allgemeinen Entwicklung und vertiefende fachspezifische Diagnostik der motorischen Entwicklung	88
3.3	Förder- und Behandlungsplanung	125

4	**Förder- und Behandlungskonzepte**	**132**
4.1	Physiotherapie	134
4.2	Ergotherapie	144
4.3	Orthesen, Prothesen sowie weitere Hilfsmittel	148
4.4	Psychomotorische Bewegungs- und Wahrnehmungsförderung	152
4.5	Heilpädagogische Spiel- und Handlungsförderung	159

5	**Zusammenarbeit mit den Eltern/Bezugspersonen und Vernetzung im Sozialraum**	**175**
5.1	Zusammenarbeit mit den Eltern/Bezugspersonen	176
5.2	Anliegen von Eltern/Bezugspersonen in der Frühförderung von Kindern mit motorischen Beeinträchtigungen und deren Beratung	182
5.3	Kooperation und Vernetzung im Sozialraum – inklusive Bildung und transdisziplinäre Versorgung ermöglichen	190
5.3.1	Kooperation mit Kindertageseinrichtungen (Kitas)	192
5.3.2	Transitionen kooperativ mitgestalten am Beispiel des Übergangs in die Schule	199
5.3.3	Vernetzung im Sozialraum und mit weiteren Institutionen	207

6	**Schlussbetrachtung**	**209**

Verzeichnisse 210

Literaturverzeichnis 210
Die Autorin, die Beiträgerinnen 231

1 Motorik, Bewegung und Sensomotorik: Gegenstandsbestimmung und Entwicklungstheorien

In diesem einführenden Kapitel werden Grundbegriffe, Definitionen und Entwicklungstheorien, die für das Verständnis des Lehrbuches erforderlich sind, erläutert.

1.1 Motorik, Bewegung und Sensomotorik – eine begriffliche Präzisierung

Nach Rosenkötter (2013) bedeutet Motorik – im Sinne eines übergeordneten Begriffs – sowohl Haltung als auch Bewegung. Beides wird vom zentralen sowie peripheren Nervensystem (s.u.) gesteuert und kontrolliert. Diese Steuerungsvorgänge finden teilweise bewusst und teilweise unbewusst statt. Der Aspekt der *Motorik* – hier als Teilbegriff verstanden – umfasst dabei die zugrundeliegenden und nicht sichtbaren Steuerungs- und Regelungsprozesse (Schwarz 2014, 16). Unter *Bewegung* wird das beobachtbare Verhalten, d.h. der sichtbare Außenaspekt (Willimczik & Singer 2009, 17) verstanden. *Motorik* und *Bewegung* beschreiben also die inneren und damit nicht sichtbaren Vorgänge (z.B. Zielplanung, Bewegungssteuerung, Bewegungsgedächtnis, Lernvorgänge, emotionale Antriebsvorgänge, reflektorische Bewegungen) und die äußeren und damit sichtbaren Vorgänge (z.B. Tätigkeit, Handeln, Fortbewegen), durch die sich der Organismus (das Kind) an Handlungsanforderungen entsprechend den Umweltbedingungen in Zeit und Raum anpasst.

Haltung bzw. Haltungskontrolle ist die Kontrolle des Körpers im Raum (Blischke 2010, 31). Sie gibt dem Körper Stabilität und Orientierung: »Haltung und Bewegung bilden in unserem Körper gemeinsam eine Einheit, deren Anteile gut aufeinander abgestimmt sind« (Stemme & Eickstedt 2012, 17). Damit der Körper sinnvoll und zielbestimmt bewegt werden kann, benötigt dieser eine stabile Haltung. Hierbei werden vielfältige Wahrnehmungssysteme mit einbezogen, z.B. das Gleichgewicht, um sich gegen die Schwerkraft aufzurichten (Vestibularsystem) oder die Ausrichtung und Orientierung an sichtbaren umgebenden Objekten, um einen Referenzpunkt zu erhalten (visuelles System) (Blischke 2010, 31). Der Zusammenhang von Wahrnehmungsprozessen und Bewegung wird auch als Sensomotorik bezeichnet und im weiteren Verlauf noch spezifischer aufgegriffen.

Nach Leyendecker (2005), fußend auf Kiphard (1979), werden innerhalb der Motorik vier verschiedene Dimensionen unterschieden, die z.T. im Bewegungsverhalten sichtbar werden: Neuromotorik, Sensomotorik, Psychomotorik und Soziomotorik.

Unter der *Neuromotorik* werden die neurophysiologische Ausstattung der Bewegungssteuerung, das sensorische Bewegungsempfinden sowie die Organisation von Reflexen und Koordination gefasst. Verschiedene Hirnareale sind für die Planung (u.a. Kortex), Kontrolle (u.a. Kleinhirn) und Durchführung (u.a. Hirnstamm und Rückenmark) von Bewegungen zuständig (Jenni 2021). In der Schädigung bzw. Funktionsstörung auf neurologischer Ebene liegt eine mögliche Ursache für motorische Beeinträchtigungen (s.u.).

Die *Sensomotorik* beschreibt den Zusammenhang von Wahrnehmung und Bewegung. Hierunter fallen die Prozesse der Aufnahme (Afferenz) sowie deren Verarbeitung von Informationen sowie die anschließende motorische Reaktion (Efferenz). Die motorische Reaktion wird ihrerseits wieder durch die sensorische Informationsaufnahme verarbeitet, wodurch ein ständiger Kreislauf entsteht. Ein praktisches Beispiel zur Veranschaulichung: Ein Kind möchte einen

1.1 Motorik, Bewegung und Sensomotorik – eine begriffliche Präzisierung

zugeworfenen Ball fangen. Es schaut den Ball an, verfolgt die Flugkurve mit seinen Augen, streckt die Arme und Hände nach vorne, geht noch einen Schritt auf den Ball zu und fühlt und sieht den Ball sicher in den Händen, was wiederum die Rückmeldung für den erfolgreichen Abschluss der Handlung ist. Dieser Vorgang wird in der Gestaltkreistheorie von Weizsäcker (1972) theoretisch beschrieben und dabei nicht nur in Bezug auf den Zusammenhang von Sensorik und Motorik verstanden. Dabei werden eine Gleichzeitigkeit von Bewegen und Wahrnehmen (Seewald 2011) und die Subjektivität im Bewegungshandeln betont. Bewegen wird im Sinne von Weizsäcker als Tätigkeit und Handeln des Subjekts verstanden und Wahrnehmen als bedeutungsbehafteter Prozess, der sich nicht auf die reine Physiologie reduzieren lässt.

Der Begriff der *Sensomotorik* spielt in der kognitiven Entwicklungstheorie von Piaget (1975) eine bedeutsame Rolle. Hier steht die sensomotorische Phase, auch sensomotorisches Stadium genannt, für die kindliche Entwicklungsphase im Alter von 0 bis 2 Jahren, auf der sich stufenförmig weitere Phasen der kognitiven Entwicklung aufbauen. In der sensomotorischen Phase geht Piaget davon aus, dass das Denken mit den Handlungen des Kindes noch identisch ist. Durch Wahrnehmungs- und Bewegungshandlungen schafft sich das Kind fühlend, tastend, be-greifend ein Bild von der Welt. Die Arbeiten von Piaget haben auch in der heutigen Zeit noch eine sehr hohe Präsenz und Aktualität. Als besonders wichtig wird erachtet, dass Piaget die vielfach unberücksichtigte Verbindung von kognitiven Leistungen in Bezug auf die Handlungsebene (sensomotorische Intelligenz) aufgestellt hat. Dennoch wurden Revisionen, Erweiterungen und Neuinterpretationen seiner Theorien vorgenommen. Kritisch werden heutzutage die zu strenge Phasen- bzw. Stufeneinteilung und das Übergewicht der Kognition gesehen. Die kognitive Entwicklung wird zudem eher allgemeingültig beschrieben und den individuellen Entwicklungsprozessen nur wenig Bedeutung beigemessen. Verschiedene Autoren sind dazu übergegangen, den Entwicklungsprozess als graduell und kontinuierlich denn als stufenweise zu beschreiben. Bei der Übertragung der Piaget'schen Theorie auf das Erwachsenenalter

1 Motorik, Bewegung und Sensomotorik

wurde zudem eine weitere Stufe, die der Problemfindung, ergänzt (Haywood & Getchell 2001).

Zwei weitere wesentliche Dimensionen von Motorik sind die Psychomotorik und die Soziomotorik. Die Dimension der *Psychomotorik* verdeutlicht den Zusammenhang zwischen motorischen und psychisch-emotionalen Prozessen: Stimmungen, Gefühle und Befindlichkeiten. Beobachtbar ist dieser Vorgang im Bewegungsverhalten, wenn z. B. ein Kind ängstlich ist und sich eher klein macht, langsam bewegt, die Schultern einzieht und sich näher an der Wand eines Raumes bzw. in der Nähe einer ihm vertrauten Bezugsperson aufhält. Der Begriff der Psychomotorik wird jedoch in den einzelnen Fachdisziplinen, wie z. B. Medizin, Psychologie, Erziehungswissenschaft und Sportwissenschaft, unterschiedlich genutzt (Krus 2015c; Seewald 2011). Im Kontext dieses Buches wird Psychomotorik als Dimension des emotionalen Anteils des Bewegungsverhaltens verstanden (s. o.), andererseits als bewegungsorientiertes Förder- und Entwicklungsangebot (▶ Kap. 4.4: Psychomotorische Bewegungs- und Wahrnehmungsförderung) aufgegriffen. Die Dimension der *Soziomotorik* umfasst »Bewegung als Mittel der sozialen Kommunikation und der gesellschaftlichen Bewertung« (Leyendecker 2005, 16). Im Vordergrund dieser Dimension stehen die körpersprachlichen Ausdrucksmöglichkeiten (nonverbale Interaktion) sowie deren Interpretation im Rahmen von Interaktionsprozessen. Zudem geht es aber auch um gesellschaftliche Bewertungsprozesse des Körpers, seines Aussehens sowie seiner Bewegungs- und damit Handlungsmöglichkeiten. Diese Dimension spielt im Kontext dieses Buches eine wichtige Rolle, wenn später auf das Verständnis von Störungen der bewegungsbezogenen (motorischen) Funktionen und Beeinträchtigungen der Mobilität in Bezug auf die ICF, die International Classification of Functioning, Disability and Health (World Health Organization 2001) eingegangen wird (▶ Kap. 2: Kinder mit motorischen Beeinträchtigungen in der Frühförderung).

Diese vier Dimensionen, die Neuromotorik, Sensomotorik, Psychomotorik und Soziomotorik, dürfen heutzutage nicht mehr als entwicklungstheoretisch gemeinte Reihung verstanden werden, da

1.1 Motorik, Bewegung und Sensomotorik – eine begriffliche Präzisierung

erst das ganzheitliche Begreifen der Bewegung in allen vier untrennbaren Dimensionen der Motorik es ermöglicht, die Vielschichtigkeit und Bedeutsamkeit von Motorik und Bewegung für die kindliche Entwicklung (s. u.) zu begreifen. »Bewegung wird damit als anthropologische Grundkategorie verstanden, die es dem Individuum ermöglicht, sich handelnd seine materielle und soziale Umwelt zu erschließen, sie wahrzunehmen, zu interagieren und auf sie einzuwirken« (Krus 2015b, 40). Dies macht auch das entwicklungsförderliche Potenzial von Motorik und Bewegung für unterschiedliche Förder- und Therapieprozesse im Rahmen der Frühförderung aus (▶ Kap. 4: Förder- und Behandlungskonzepte).

Über Motorik und Bewegung bildet sich die menschliche Identität. »Das ›Erfühlen‹ und ›Erleben‹ und die damit verknüpften Affekte bedeuten oft tiefe Erfahrungen, die in ein Wissen münden, das nun nicht mehr eine gleichgültig-neutrale Struktur besitzt, sondern mit der persönlichen Identität verbunden ist« (Oerter 1989, 50). Dieser Zusammenhang ist damit zu begründen, dass ein Säugling sich seine Welt über einen wahrnehmenden und sich in Bewegung befindlichen Körper – teilweise auch passiv – erfährt, d. h. über seine Erkundungs- und Wahrnehmungsaktivität erschließt. Aus einer phänomenologischen Denkweise (d. h. einer philosophischen Perspektive) wird der Körper als Leib bezeichnet, um unter anderem zu verdeutlichen, dass der Körper über die materielle Wirklichkeit hinaus geht und subjektive Erlebnisanteile umfasst und als die Körper-Seele-Einheit beschreibt (Kuhlenkamp 2017 mit Bezug auf verschiedene Autor:innen). »Danach haben Bewegungserfahrungen eine kategoriale Bedeutung für die Entwicklung der Selbst-, Sozial-, Sach- und Handlungskompetenz des Kindes in seinem Zugang zur Welt« (Fischer 2016, 75). Dabei wird der Körperlichkeit (Embodiment) eine integrierende fundamentale Bedeutung für Entwicklungsprozesse zugesprochen. Es geht hierbei nicht nur um die Entwicklung körperlicher Funktionen und Strukturen in Bezug auf motorische Entwicklungsprozesse, sondern gerade auch um gelebte, mitunter auch erlittene Erfahrungen, die fundamental in diese Entwicklungsprozesse integriert sind. Aus der Perspektive des Embodiments (für eine Vertiefung u. a.

Storch et al. 2017) muss bei der Betrachtung der Motorik und der Bewegung folglich der Einfluss auf psychische und emotionale Prozesse berücksichtigt werden. »Die emotionale und körperliche Bedeutung variiert jedoch aufgrund der Vielfältigkeit situativer, biografischer und sozialer Einflussfaktoren inter- und intraindividuell erheblich« (Haas 2017, 115). Gerade für Kinder, die unter den Bedingungen einer funktionellen und/oder strukturellen Schädigung aufwachsen oder diese im Laufe der Entwicklung erwerben, ist diese Perspektive hilfreich, um nicht vorschnell nur die Ebene der Körperfunktionen und -strukturen in den Blick zu nehmen, sondern gerade die Ebene, mit dem Körper kommunizieren zu können, durch den Körper zu erleben und mit diesem zu handeln, als subjektive Entwicklungspotenziale zu sehen.

Angelehnt an die oben skizzierten Dimensionen von Motorik kann nach Praschak (2011) folgendes abschließendes Verständnis von Motorik, Bewegung und Sensomotorik zusammengefasst werden: »Die Motorik des Menschen umfasst alle Steuerungs- und Funktionsprozesse der Haltungs- und Bewegungsregulation, die von affektiven, kognitiven und motivationalen Prozessen begleitet sind und sich in der sozialen Vermittlung gegenständlich erweitern.« Dabei ist die menschliche Bewegung mehr als die physikalisch zu verstehende Veränderung in Raum und Zeit, denn sie umfasst neben physischen auch psychische Verarbeitungsprozesse. Bewegung und Wahrnehmung bilden eine Einheit. »Die Wahrnehmungstätigkeit übernimmt dabei die Funktion, die Auswirkungen der beweglichen Auseinandersetzung mit dem eigenen Selbst und mit der gegenständlichen Welt bedeutungsvoll zu integrieren« (Praschak 2011, 93).

Was ist nun genau unter motorischer Entwicklung zu verstehen und welche theoretischen Modellvorstellungen schaffen es, unter Rückgriff auf das oben skizzierte Begriffsverständnis diesen Entwicklungsprozess zu erläutern?

1.2 Motorische Entwicklung und deren theoretisches Verständnis

In der Interdisziplinären Frühförderung wird in der Regel kein enger Entwicklungsbegriff vertreten (Esser & Petermann 2010). Dieser wäre gleichbedeutend mit einer reifungstheoretischen Entwicklungsvorstellung, in der Entwicklung als sequenziell (geordnete Stufe von Abfolgen), irreversibel (Abfolge ist nicht umkehrbar), unidirektional (es gibt nur einen Endzustand), universell (identischer Verlauf für alle Individuen unabhängig von der Umgebung) und genetisch vorprogrammiert verstanden wird. Dies würde einem Stufenmodell der Entwicklung entsprechen, das heute vielfach kritisiert wird, wie in aktuellen entwicklungspsychologischen Standardwerken bspw. von Oerter und Montada (Oerter und Montada 2002) bzw. dem Nachfolgeband (Schneider et al. 2012) oder Berk und Aralikatti (2011) nachzulesen ist (▶ Kap. 1.2.2: Motorische Entwicklungstheorien). Folglich scheint eine an klaren, universellen Kriterien einschätzbare Entwicklung nicht möglich zu sein. Dennoch lassen sich manifeste Kennzeichen und Prinzipien von motorischen Entwicklungsprozessen charakterisieren. Das wichtigste Prinzip hierbei ist die Variabilität.

1.2.1 Kennzeichen und Prinzipien der motorischen Entwicklung

Die Annahmen über Kennzeichen und Prinzipien sind für das fachlich begründete Handeln in Bildungs-, Erziehungs- und Förderprozessen essenziell.

Entwicklungsverläufe sind *variabel*, das heißt Entwicklungsschritte müssen keiner Stufenabfolge entsprechen und unterscheiden sich zwischen den Individuen. Sie sind *multifaktoriell:* Biologische, soziale und psychische Faktoren bedingen Entwicklungsprozesse, d.h., ge-

1 Motorik, Bewegung und Sensomotorik

netisch determinierte Reifungsprozesse, aber auch Stimulationen aus der Umwelt sind ausschlaggebend. Entwicklungsschritte sind *äquifinal* – aus verschiedenen Ausgangsbedingungen wird das gleiche Entwicklungsziel erreicht, z.B. einige Kinder robben und gehen als nächsten Entwicklungsschritt, andere Kinder krabbeln erst. Entwicklungsschritte werden als *nichtlinear* angesehen, beispielsweise erfolgt auf eine Phase des Gehens evtl. wieder eine Phase des Krabbelns. Darüber hinaus sind Prozesse der Entwicklung *multifinal*, die gleiche Ausgangsphase mündet somit zwischenzeitlich in verschiedenen Zwischenphasen.

Einige der Kennzeichen lassen sich anhand der folgenden Abbildung gut erkennen:

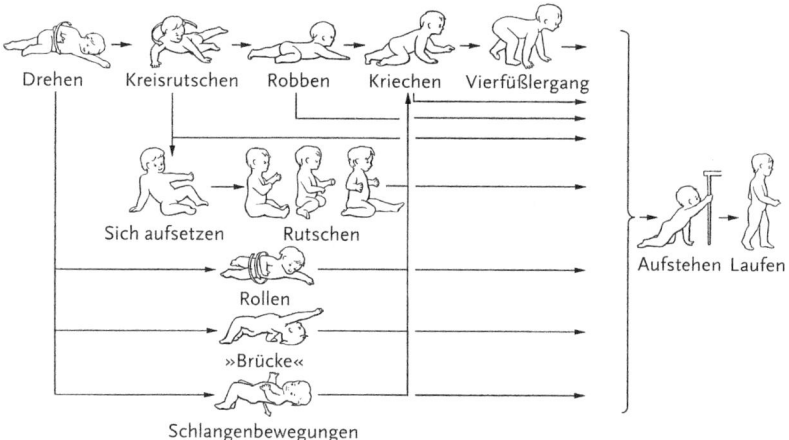

Abb. 1: Verschiedene Wege der Lokomotion (Largo 2002, 169)

Dieses erweiterte Entwicklungsverständnis, das einer dynamisch-systemischen Entwicklungstheorie entspricht (Thelen und Smith 2002), wird den folgenden Ausführungen zugrunde gelegt.

Wie im weiteren Verlauf deutlich wird, bildet der ökosystemische Ansatz von Urie Bronfenbrenner (1981) eine ebenfalls bedeutsame theoretische Basis für die Diagnostik in der Interdisziplinären Früh-

1.2 Motorische Entwicklung und deren theoretisches Verständnis

förderung. Um die kindliche Lebenswelt verstehen zu können, wird diese in unterschiedlichen ineinander verwobenen, sich gegenseitig bedingenden Systemebenen betrachtet (Meso-, Makro-, Exo-, Mikrosystem). Bezogen auf Entwicklungstheorien und Entwicklungsförderung hat sich dieser ökologische Impuls in der Entwicklungspsychologie durchgesetzt und das Verständnis, dass Entwicklung nur im Kontext angemessen erfasst werden kann, wird allgemein fachlich akzeptiert (Bauer & Burrmann 2009). Gleichzeitig gilt es in diesem Zusammenhang den Einfluss von Kultur zu thematisieren. Lamm (2017, 13) definiert in dem Handbuch Interkulturelle Kompetenz den Begriff Kultur folgendermaßen:

»Kultur bestimmt, wie wir die Welt sehen und welche Bedeutungen wir unseren Erfahrungen zuschreiben, aber auch wie wir unser Leben in unserer jeweiligen Umgebung gestalten. Somit ist Kultur Alltag und nicht nur Theater oder Kunst. Kultur umfasst auch die Art und Weise, wie wir uns morgens begrüßen, was und wie wir essen, wie wir uns fortbewegen, wie wir kommunizieren, unsere Wertvorstellungen und normativen Regeln, was wir für gut und richtig im Umgang mit Kindern halten und wie wir sie fördern und erziehen.«

Und genau hierin liegt der wesentliche Aspekt, den auch Oskar Jenni (2021) sehr gut aufgreift: Wir haben Erwartungen an die kindliche Entwicklung, die bei Fachpersonen z.B. aus dem Wissen über vermeintliche Gesetzmäßigkeiten der kindlichen Entwicklung entstehen. Dies veranschaulicht Keller (2011, 111) folgendermaßen:

»Die Forschungsbeispiele zeigen einmal mehr, dass der Allgemeingültigkeitsanspruch westlich geprägter Entwicklungspsychologie nicht haltbar ist. In welchem Tempo und in welchen Schritten die ›normale‹ Entwicklung eines Kindes verläuft, zeigt sich in ›kulturspezifischen Entwicklungspfaden‹, für die sich ein einheitlicher Maßstab verbietet. Was die sogenannten ›Standardwerke‹ der Entwicklungspsychologie als ›Standard‹ setzen, ist kulturell einseitig und daher eine Verzerrung, insofern sie als empirische Basis nur einen Ausschnitt der westlichen, ›weißen‹ Welt vertreten«.

Als Beispiel führt Keller (2011, 66–68.) an, dass es im westafrikanischen ländlichen Kulturraum der NSO-Bäuerinnen weit verbreitet ist, das Sitzen und Gehen der Kinder früh durch Übungen zu stimulieren und durch Training, u.a. mit Gehhilfen oder zwischen Barren, gezielt zu fördern. Dies entspricht einer Erwartung, dass die Kinder im ersten Lebensjahr frei gehen können sollten und das Training hierfür notwendig und gut ist. Aus einer eher westlich geprägten Lehrbuchmeinung heraus klingt dies befremdlich – vertritt man hier doch eher die Überzeugung, dass jedes Kind sein individuelles Tempo in der motorischen Entwicklung benötigt und Förderung und Training hier eher nur von der kindlichen Initiative ausgehend als sinnvoll erachtet wird. Auch zeigen längsschnittliche kulturvergleichende Untersuchungen, wie das Alltagsleben und die darin enthaltenden Kontextbedingungen sich auswirken – Treppensteigen ist z.B. in Kulturen, in denen Häuser und die Umgebung keine Treppen benötigen, eine motorische Fertigkeit, die erst später entwickelt wird als bei Kindern, die alltäglich diese Herausforderung sehen und zu bewältigen lernen (Borke et al. 2019).

Diese kurze Ausführung soll nicht zu einer Verwässerung der nachfolgenden Theorien führen, sondern darauf aufmerksam machen, dass wir kulturelle Aspekte als variabilitätsbedingend in die Fachwissenschaftlichkeit einfließen lassen müssen.

1.2.2 Motorische Entwicklungstheorien

Seit den 1990er-Jahren hat mit der Übertragung dynamischer Systemtheorien auf Entwicklungstheorien (Thelen 1996; Thelen & Smith 1994) ein Paradigmenwechsel stattgefunden. Dieser zeichnet sich ab in der Abwendung von einem analytisch-mechanistischen Denkmodell, das ein eher defizitorientiertes Menschenbild beinhaltet, und der Zuwendung zu einem dynamisch-systemischen Entwicklungsmodell mit einem fähigkeits- und aktivitätsbezogenen Menschenbild.

Grundzüge eines analytisch-mechanistischen und hierarchischen Entwicklungsmodells

Im Fokus dieses Modells steht die Funktion des Körpers, entsprechend einem Leib-Seele-Dualismus (Hüter-Becker 2000). Krankheit und Behinderung werden als zu kurierende Funktionsdefizite angesehen. Entwicklung wird als linearer Prozess verstanden, der aus dem summativen Mehr einzelner Teile entsteht (Haywood & Getchell 2001). Dieser Denktradition folgend entwickeln sich die unterschiedlichsten spezialisierten Methoden für jede einzelne Funktionsstörung (Hüter-Becker 2000). Dem Kind mit einer Beeinträchtigung kommt in diesem Falle eine passive, untergeordnete Rolle zu, die therapeutische Fachkraft hingegen versucht, durch aktiven Input und Manipulation Funktionsstörungen zu normalisieren. Gerade in der Therapie von Kindern mit zerebralen Bewegungsstörungen wird schon lange an diesem organismischen Menschenbild festgehalten und der Behandlung ein genetisch-determiniertes Entwicklungsverständnis zugrunde gelegt. In einem hierarchischen, sich stufenweise vollziehenden Prozess reift das Individuum heran. Entwicklungsschritte sind voraussagbar und zeitlich quantitativ festgelegt (Michaelis 2003). Dies spiegelt sich in der Festlegung von Therapiezielen in Form von Normalisierung von Bewegungsmustern und dem Einhalten bzw. Aufarbeiten von chronologischen Entwicklungsabfolgen wider. Auf der Grundlage dieses hierarchischen Entwicklungsmodells beruhen eine Vielzahl von Entwicklungstestverfahren (zurückgehend auf den amerikanischen Entwicklungspsychologen Arnold Gesell). Diese gehen von der Grundüberzeugung aus, dass für eine normal verlaufende Entwicklung alle Entwicklungsschritte zu einem festgelegten Zeitpunkt erreicht werden müssen (Michaelis et al. 2013). Zur Vertiefung dieses kritischen Aspekts einer Normalisierung und Messbarkeit der kindlichen Entwicklung sei auf Oßmer (2020) verwiesen.

Bezugnehmend auf diese Entwicklungstheorie wurden die in der Therapie von zerebral bewegungsgestörten Kindern anerkannten und weit verbreiteten Behandlungskonzepte nach Vojta und nach

Bobath entwickelt. Ziel dieser Therapieansätze in ihrer ursprünglichen Form ist, gestörte Bewegungsmuster zu normalisieren (Wiart & Darrah 2002) (▶ Kap. 4.1: Physiotherapie).

Grundzüge eines dynamisch-systemischen Entwicklungsmodells

Die Annahme eines systemisch-ökologischen und dynamischen Entwicklungsverständnisses hat seit einigen Jahren zu Veränderungen in der theoretischen Begründung sowie praktischen Durchführung bewegungstherapeutischer Ansätze geführt. Dynamisch steht für die Annahme, dass der Entwicklungsprozess nichtlinear und diskontinuierlich ist. Systemisch hingegen hebt den selbstorganisierenden Charakter und das Zusammenspiel unterschiedlicher Faktoren und Systeme in der Entwicklung hervor. In dieser heterarchisch-epigenetischen (heterarchisch = gleichberechtigt nebeneinander; epegenetisch = phasenförmiger Entwicklungsverlauf von einem wenig differenzierten Ausgangsstadium hin zu einer differenzierten Endgestalt) Sichtweise wird die motorische Entwicklung als ein dynamisches Zusammenspiel verschiedener Subsysteme in einem aufgabenspezifischen Kontext verstanden (Ketelaar et al. 1998). Dieses Zusammenspiel wird als Selbstorganisationsfähigkeit bezeichnet. Bei der Bewegung muss immer die Interaktion zwischen Individuum, Umwelt und Aufgabe (s. u.) beachtet werden, da die Entstehung von Bewegung auf die gegenseitige Beeinflussung dieser internalen und externalen Faktoren zurückzuführen ist (Thelen 1989).

> »Bewegung ist daher nicht nur Resultat eines muskelspezifischen motorischen Programms oder von stereotypen Reflexen, sondern von einem dynamischen Zusammenspiel zwischen den perzeptiven, den kognitiven und den Handlungssystemen mit seinen neuromuskulären Faktoren, d.h. den dynamischen und physischen Eigenschaften des Muskelskelettsystems« (Karch 2001, 695).

Das zentrale Nervensystem wird als notwendige Komponente, aber nicht als alleinig ausreichendes System zur Erklärung motorischer

1.2 Motorische Entwicklung und deren theoretisches Verständnis

Entwicklung angesehen. Diese Sichtweise wird anhand des Beispiels »Gehen zu lernen« von Ulrich (2010, 1871) aufgegriffen:

> »The implication of these data is not that organized populations of neurons in the spinal cord and brain do not play critical roles in the emergence of stepping and walking, but rather that the essence of walking does not reside in any of these neural modules. Stepping behaviors, like other patterns of movement, are dynamic, fluid, and adaptive: their essence is in the convergence of many innate and external factors, including the context and goal of the performer.«

Dies bedeutet: »Ein Kind antwortet in seiner Entwicklung individuell und adaptiv auf seine Umweltbedingungen, in denen es aufwächst (z.B. Wüste, Urwald, polare Eiswelt, Großstadt, Dorf), auf die sozialen Bindungskonditionen (Kernfamilie, Familienverband) und die daraus entstehenden Zwänge, vorgegebene motorische, kognitive und soziale Fähigkeiten zu erlernen, die in einem bestimmten kulturellen Kontext als verbindlich gelten« (Michaelis et al. 2013, 899–900 mit Bezug auf Keller 2007). Folglich lassen sich kulturell bedingte Unterschiede in der motorischen Entwicklung feststellen. Berk und Aralikatti (2011) fassen zusammen, dass in der dynamisch-systemischen Entwicklungstheorie jede neue Fertigkeit ein Ergebnis folgender Faktoren ist: a. fortschreitende Entwicklung des zentralen Nervensystems, b. zunehmende Möglichkeit der Beweglichkeit des Körpers (z.B. durch vermehrte Muskelkraft, Gelenkstabilität), c. der kindlichen Ziele und d. der Umwelt- und Kontextfaktoren, in denen das Kind sich entwickeln kann. »Das Bedürfnis nach Exploration und der Wunsch, neue Fähigkeiten zu erlernen, sind die hier zugrundeliegenden Motivationen. Vererbung kann die motorische Entwicklung nur auf einer generellen Ebene steuern« (Thelen & Smith 1998 zit. nach Berk & Aralikatti 2011, 176). Jenni (2021, 104) fasst den Wesenszug der dynamischen Systemtheorie unter Rückbezug auf Thelen und Smith (2004) wie folgt zusammen: »In der dynamischen Systemtheorie wird das Kind als etwas Ganzes betrachtet, dessen Eigenschaften und Verhalten sich in einer komplexen und kontinuierlichen Wechselbeziehung zwischen verschiedenen Entwicklungsbereichen ausbilden.«

1.2.3 Die Entwicklung der Körper- und der Feinmotorik

Entsprechend den oben geschilderten Prinzipien motorischer Entwicklungsprozesse bzw. den dargestellten Entwicklungstheorien wird im Folgenden auf das Konzept der Grenzsteine der Entwicklung nach Michaelis (2004) eingegangen, um die Entwicklung der Körpermotorik sowie der Feinmotorik zu beschreiben. Die folgenden Ausführungen geben einen groben Überblick, für vertiefende Ausführungen sei auf Grundlagenwerke der Entwicklungspsychologie verwiesen.

Unter Grenzsteinen werden Entwicklungsziele verstanden, die von 90 bis 95 % der Kinder einer vorher definierten, in dem entsprechenden Kulturkreis als Norm geltenden (d. h. sich ohne Entwicklungsstörungen entwickelnd) Untersuchungsgruppe zu einem bestimmten Alter erreicht wurden (Michaelis et al. 2013). Grenzsteine sind Fertigkeiten, die für eine ungestörte Entwicklung zu einem bestimmten Lebensalterszeitpunkt vorhanden sein sollten. Sie besitzen folgende Kennzeichen:

- Grenzsteine erfassen ein Entwicklungsziel – der Weg dahin kann variabel gestaltet sein (der Komplexität und Individualität der Entwicklung wird Rechnung getragen).
- Es wird ein variabler Zeitraum, in dem sie erreicht werden können, abgebildet.
- Grenzsteine können als Warnzeichen für Entwicklungsrückstände gewertet werden (Michaelis et al. 2013).

Im Gegensatz dazu werden unter dem weit verbreiteten Konzept der Meilensteine Entwicklungsstadien verstanden, die fundamental für höhere Fertigkeiten sind, in einer bestimmten (genetisch determinierten) Reihenfolge auftreten und in Form eines Durchschnittsalters (arithmetisches Mittel) mit einer Abweichungszeitspanne (Standardabweichung) (Schwarz 2014) angegeben werden. Motorische Fertigkeiten lassen sich über Meilensteine in der frühen Kindheit gut erfassen. Mit zunehmendem Alter muss der Einfluss der Umwelt jedoch beachtet werden, was das Auftreten von motorischen Meilensteinen sehr variabel werden lässt (Jenni 2021). Hier ist z.B. zu berücksichtigen, ob die Eltern mit dem Kind im Alter von ca. 9 Monaten »gehen« üben, indem sie das Kind an den Händen oder dem Rumpf halten oder aber auch früher, ferner welche Fußbodenbeschaffenheit in der Wohnung ist? Rutschiges Laminat ist zum Krabbeln-Üben schwieriger ist ein halt-gebender Teppichboden.

Ergänzend können folgende Prinzipien der motorischen Entwicklung als grundlegend angenommen werden: die zephalo-caudale Entwicklungsrichtung, dies bedeutet, die motorische Kontrolle entwickelt sich über den Kopf zum Rumpf und in die Extremitäten (Arme und Beine). Mit der proximodistalen Entwicklungsrichtung wird das Prinzip beschrieben, dass motorische Entwicklung erst in körpernahen Regionen, wie Kopf, Rumpf und Armen, vor den körperfernen Händen und Fingern stattfindet (Berk & Aralikatti 2011).

Körpermotorik (Grobmotorik)

Körpermotorik, in der Fachliteratur häufig auch als Grobmotorik bezeichnet, umfasst Bewegungsvorgänge, an der größere Muskelgruppen beteiligt sind. Es sind eher großräumige Bewegungen, die z.B. auch der Fortbewegung dienen können. Durch die Entwicklung der Grobmotorik lernt das Kind, Handlungen zu beherrschen, durch die es sich in seiner Umgebung fortbewegen kann (Krabbeln, Stehen, Gehen, Laufen etc.). Für diese grobmotorischen »Fertigkeiten« (zu verstehen als beobachtbares Verhalten) sind folgende motorische Fähigkeiten meist unabdingbare Voraussetzung: ein gutes Gleichgewicht, Koordinationsfähigkeit, Muskelkraft und angepasste Muskelspannung sowie Schnelligkeit und Ausdauer. Diese Fähigkeiten werden häufig auch als »Kompetenzen« bezeichnet (Jenni 2021, 95 unter Rückbezug auf Bös 2001).

Körpermotorische Fertigkeiten umfassen einerseits Basisfertigkeiten wie Liegen, Sitzen, Gehen, Rennen, aber auch komplexere, z. B. sportmotorische Fertigkeiten wie Fußballspielen, Skifahren oder Fahrradfahren.

Einen Überblick über die motorische Entwicklung (Körpermotorik und Handmotorik) in den ersten Lebensjahren zeigt die nachfolgende Tabelle anhand des sogenannten Meilenstein- bzw. Grenzsteinprinzips (s. o.).

Tab. 1: Entwicklung der Körper- und Handmotorik (von Loh 2017, 261)

Motorische Entwicklung in den ersten Lebensjahren (sog. Meilen- oder Grenzsteine der Entwicklung) (nach Michaelis & Niemann 2000)		
	Körpermotorik	Handmotorik
3. Monat	Sicheres Kopfheben in Bauchlage, Abstützen auf die Unterarme	Hände und Finger über der Körpermittellinie zusammengeführt
6. Monat	Bei langsamem Hochziehen zum Sitzen, Arme angebogen, Kopf in Rumpfebene gehalten	Gegenstände oder Spielzeug von einer Hand in die andere transferiert; radial betontes Greifen mit der ganzen Hand
9. Monat	Sicheres, zeitlich nicht beschränktes freies Sitzen mit geradem Rücken und guter Kopfkontrolle (Langsitz noch nicht zu fordern)	Gegenstand in einer oder in beiden Händen gehalten und durch Tasten intensiv exploriert
12. Monat	Sicheres Stehen mit Festhalten an Möbeln und Wänden	Pinzettengriff mit Daumen und Zeigefinger
15. Monat	Gehen mit Festhalten an Händen von Erwachsenen oder an Möbeln und Wänden	Zwei Klötzchen (Kantenlänge 2 – 3 cm) nach Aufforderung (und Zeigen) aufeinandergesetzt
18. Monat	Freies Gehen mit sicherer Gleichgewichtskontrolle	Gegenstände, vom Kind in der Hand gehalten, auf Verlangen hergegeben, in Gefäß getan oder herausgeholt

1.2 Motorische Entwicklung und deren theoretisches Verständnis

Tab. 1: Entwicklung der Körper- und Handmotorik (von Loh 2017, 261) – Fortsetzung

Motorische Entwicklung in den ersten Lebensjahren (sog. Meilen- oder Grenzsteine der Entwicklung) (nach Michaelis & Niemann 2000)		
2. Jahr	Sicheres Rennen, Umsteuern von Hindernissen	Buchseiten einzeln umgeblättert, Bonbons geschickt ausgewickelt
3. Jahr	Breitbeinig Abhüpfen von unterster Treppenstufe	Kleine Gegenstände präzise mit Fingerspitzen ergriffen und an anderer Stelle wieder auf- oder eingesetzt
4. Jahr	Koordiniertes Treten und Steuern auf Dreirad oder ähnlichem Fahrzeug	Malstift korrekt zwischen den ersten drei Fingern gehalten
5. Jahr	Freihändig Treppensteigen mit Beinwechsel	Kinderschere kann benutzt werden; Kleben, einfaches Basteln möglich. Vorlagen werden unter Beachten der Begrenzungen ausgemalt

In den ersten Lebensmonaten steht die Entwicklung der Haltungskontrolle im Zentrum der Entwicklung, d.h. verschiedene Körperpositionen im Liegen (z.B. in der Bauchlage den Kopf anzuheben und zu halten) oder Sitzen (ohne Hilfe zu sitzen) und Stehen (gehaltenes oder freies Stehen) einnehmen zu können. Parallel entwickelt sich die Fähigkeit, sich fortzubewegen: beginnend mit Drehbewegungen vom Bauch auf den Rücken und daraus entstehenden Rollbewegungen, über Robben zum Krabbeln und schließlich dem Gehen. Zu beachten ist jedoch die hohe Variabilität in der grobmotorischen Entwicklung (▶ Kap. 1.2.1: Kennzeichen und Prinzipien der motorischen Entwicklung).

Grenzsteine der Körpermotorik im ersten Lebensjahr (d.h. Fertigkeiten, die die Kinder bis zum angegebenen Zeitpunkt spätestens entwickelt haben sollten) umfassen ein sicheres Anheben des Kopfes in Bauchlage und Unterarmstütz bis zum dritten Lebensmonat. Im sechsten Lebensmonat können die Kinder eine symmetrische Rückenlage einnehmen und im Unterarmstütz Gegenständen nachschauen. Im neunten Lebensmonat können die Kinder frei sitzen (jedoch noch nicht mit ausgestreckten Beinen, dem sog. Langsitz). Im 12. Lebensmonat sollen die Kinder sich selbstständig vom Bauch in die Rückenlage drehen und mit sicherer Gleichgewichtskontrolle sitzen können.

Im zweiten Lebensjahr verfeinern die Kinder die Gleichgewichtskontrolle in der Fortbewegung, indem sie an Möbeln, Wänden oder Händen gehalten gehen können. Bis zum 18. Lebensmonat ist freies und zeitlich unbegrenztes Gehen zu erwarten. Zum Ende des zweiten Lebensjahres hin können Kinder Dinge ohne Gleichgewichtsverlust vom Boden aufheben und eine Treppe im Nachstellschritt (mit Festhalten z. B. an einem Geländer) bewältigen.

Im dritten Lebensjahr verfeinern sich die Möglichkeiten der Fortbewegung, beidbeiniges Hüpfen, z. B. von einer Treppenstufe herunter, gelingt ohne Hinfallen und auch Rennen und plötzliches Stoppen aus der Bewegung gelingen sicher.

Im vierten Lebensjahr erweitert das Kind seine Fähigkeit, sich mit Transportmitteln, z. B. Dreirad fortbewegen und gleichzeitig treten und lenken zu können. Hüpfen aus dem Stand nach vorne gelingt sicher.

Im fünften Lebensjahr können Kinder eine Treppe mit Beinwechsel (d. h. im Wechselschritt) freihändig auf- und abgehen (Laewen 2009, 46).

Feinmotorik (Handmotorik)

Als Feinmotorik bzw. Handmotorik werden motorische Fertigkeiten verstanden, die sich auf das Greifen und die damit verbundene Auge-Hand-Koordination (s. u.), d. h. manuelle Bewegungen, beziehen. Dazu zählen kleinräumige Bewegungen z. B. etwas mit den Fingern ertasten, ergreifen, mit den Händen erkunden und später im Entwicklungsverlauf kneten, malen und schreiben (Grafomotorik, s. u.). Zur Feinmotorik zählt jedoch auch die Koordination zwischen Auge und

Fuß, weshalb der Oberbegriff Feinmotorik dem der Handmotorik vorzuziehen ist. Ebenfalls zur Feinmotorik wird die Gesichts-, Augen- und Mundmotorik gezählt (Jenni 2021).

Durch die zunehmende Entwicklung und Ausdifferenzierung des Greifens eignet sich das Kind kognitives Wissen über Formen, Größen, Gewicht, Masse, Oberflächenbeschaffenheit und Verformbarkeit an. Es kommt also vom Greifen zum Be-Greifen, wodurch noch einmal untermauert wird, wie wichtig eine reizvolle Gestaltung der kindlichen Bewegungsumwelt ist (Schwarz 2014). Jenni (2021, 189) bezeichnet die Entwicklung des Greifens als einen der wichtigsten Meilensteine der Feinmotorik im ersten Lebensjahr. Durch diese Fähigkeit erweitert sich der Einflussbereich des Kindes wesentlich. Der oben geschilderte Zusammenhang zwischen Motorik und Sensorik wird beim Greifen nochmal deutlicher. Neben der Körperkontrolle des gesamten Körpers und der Steuerung des Arms bzw. der Finger selbst spielt die taktil-kinästhetische Wahrnehmung hierbei eine wesentliche Rolle, da hierdurch Druck und Berührung auf einer Oberfläche gespürt werden ebenso wie Schmerz und Temperatur (Jenni 2021), wodurch eine Rückkoppelung von wichtigen Informationen für den Greifvorgang stattfindet.

Das Neugeborene hat die Hände in den ersten Lebenswochen meist zur Faust geschlossen. Auf einen Berührungsreiz in den Handinnenflächen reagiert es mit einem festen Greifreflex. Bis zum Ende des 3. Lebensmonats können die Finger einzeln, d.h. isoliert, bewegt werden, die Hände werden über der Körpermittellinie zusammengeführt. Ab dem 4. Lebensmonat kann die Integration verschiedener Sinnesleistungen, d.h. Greifen, Bewegen, Spüren, Hören, Sehen, beobachtet werden, wenn das Kind beginnt, zielgerichtet zu greifen (Auge-Hand-Koordination), Gegenstände zu betasten, manuell, aber gerade auch oral zu erkunden, erst beidhändig und dann einhändig. Bis zum 5. Lebensmonat wird überwiegend der Palmargriff eingesetzt, dann setzt der Scherengriff ein. Das Kind kann Gegenstände zwischen Daumen und Zeigefinger halten. Der Pinzettengriff wird mit etwa 10 Monaten (Jenni 2021) von den meisten Kindern sicher beherrscht, so dass kleine Gegenstände zwischen Zeigefingerkuppe und Daumenkuppe gehalten werden können. Der Zeigefinger ist dabei gestreckt. Im sogenannten Zangengriff, der sich nach dem Pinzettengriff entwickelt, sind dann Zeigefinger und Daumen gebeugt Jedoch variiert die Entwicklung bis zum 12. Lebensmonat.

Ab dem zweiten Lebensjahr steht die Verfeinerung der Auge-Hand-Koordination im Vordergrund der Handmotorik. Zimmer definiert die so genannte Visuomotorik als »die Fähigkeit, das Sehen mit den Bewegungen des Körpers zu koordinieren. Wenn man z. b. nach einem Gegenstand greift, muss die Bewegung der Hände durch das Sehen gesteuert werden. Auch wenn man einen Ball prellt oder ihn auffängt, erfolgt eine Koordination von Augen und Motorik (Auge-Hand-Koordination)« (Zimmer 2012, 67 f.). Kinder können bis zum 15. Lebensmonat z. B. zwei ca. 2 cm große Bauklötze aufeinander stapeln. Im 18. Lebensmonat werden kleine Gegenstände auf Aufforderung hin aus der Hand übergeben und der Zeigefinger wird zum Betasten oder Drücken bewusst eingesetzt (Laewen 2009).

Das Kind wird immer selbstsicherer im alltäglichen Umgang mit Dingen. Es möchte Besteck selbst nutzen, einen Trinkbecher halten und zunehmend immer mehr Handlungen des alltäglichen Lebens selbst übernehmen.

Ab dem 2. Lebensjahr werden Vorläuferfähigkeiten (also die Basis) für die Ausbildung der Grafomotorik besonders relevant. Unter Grafomotorik wird der spezifische Anteil der Motorik verstanden, der die Bewegungsfertigkeiten der Hände, die Bewegungsplanung und -vorstellung, die Bewegungssteuerung, die Koordination von Auge und Hand sowie die Sitzhaltung umfasst, um die für das Schreiben notwendige Fingerfertigkeit auszuüben. Neben den motorischen Prozessen schließt die Grafomotorik sozial-kommunikative und kognitive Handlungen mit ein (z. B. sich über Schriftsprache verständigen) (Wendler 2001). Zum Ende des 2. Lebensjahres sollte der Pinzettengriff sicher beherrscht werden und ein Malstift im Faust- oder Pinselgriff gehalten werden können.

Im dritten Lebensjahr blättert das Kind Seiten in einem Buch um und kann präzise mit Daumen, Zeige- und Mittelfinger greifen.

Mit vier Jahren hält das Kind einen Malstift korrekt und differenziert das Zeichnen. Mit ca. 5 Jahren sollte das Kind mit einer Kinderschere an einer Linie entlang schneiden können (Laewen 2009).

Gerade was diese sichtbaren Entwicklungsschritte in der Grob- und Feinmotorik betrifft, fällt Eltern und Fachpersonen häufig auf, dass sich Kinder mit motorischen Beeinträchtigungen anders in Bezug auf das zeitliche Auftreten und die Qualität der Bewegungen entwickeln, wie nachfolgend weiter differenziert wird.

1.3 Sensomotorische Entwicklung

In vielen Lehrbüchern wird die Sensorik (Wahrnehmung) als eigenständiges Kapitel, mitunter losgelöst von der Motorik, behandelt. Auf den unauflösbaren Zusammenhang in Form einer Wechselbeziehung von Sensorik und Motorik hat bereits Viktor von Weizsäcker (1972) in seiner sogenannten Gestaltkreistheorie hingewiesen (s. o.). Unter Sensomotorik (auch Sensumotorik) wird das Zusammenspiel von Wahrnehmungs- und Bewegungsprozessen verstanden. »Der menschliche Körper stellt Fragen an sich und die Umwelt, die Sinne liefern über den bewegten Körper die Informationen hierfür, gleichzeitig überwachen die Sinne die Bewegungsausführung und die Antwort darauf ist wiederum eine angepasste Bewegung« (Schwarz 2014, 75). Dies verdeutlicht, warum Sensorik und Motorik nicht losgelöst voneinander betrachtet werden können.

Durch drei verschiedene Sinnesbereiche (s. u.) erhalten wir wichtige Informationen über unseren Körper, unsere Umwelt und die somit notwendige Anpassungsleistung, über die wir uns in Haltung und Bewegung abstimmen, um ein Handlungsziel zu erreichen. Jean Ayres fasst die Bedeutung einer guten Sinnestätigkeit wie folgt zusammen:

1 Motorik, Bewegung und Sensomotorik

»Sinnesreize sind ›Nahrung‹ für das Nervensystem. Alle Muskeln, Gelenke, lebenswichtigen Organe, Bereiche der Körperoberfläche (Haut) und Sinnesorgane (Kopf) senden sensorische Informationen an das Gehirn. Jede Sinnesempfindung ist eine Information. Das Nervensystem verwendet diese Informationen, um Reaktionen zu erzeugen, durch die wir uns körperlich und geistig an die Gegebenheiten anpassen. Ohne eine gute Versorgung mit vielen verschiedenen Sinnesreizen kann das Nervensystem sich nicht richtig entwickeln« (Ayres & Soechting, 2013, 50).

Während also unter der Sensorik die Sinnesaufnahme durch die Rezeptoren verstanden wird, kann unter Wahrnehmung im engeren Sinne die Verarbeitung, Strukturierung und Interpretation dieser sensorischen Informationen verstanden werden. Durch die Wahrnehmung kann folglich eine Handlung (Bewegung) ausgelöst werden (Jenni 2021) und letztere wiederum Wahrnehmung ermöglichen.

Das menschliche sensorische System besteht aus drei Bereichen (Ayres & Soechting 2013; Schwarz 2014):

1. Sinnen, die Informationen verarbeiten, die außerhalb des Körpers liegen, sog. Fernsinne bzw. Exterozeptoren. Hierzu werden der Sehsinn (visuelle Sinneswahrnehmung), der Hörsinn (auditive Sinneswahrnehmung), der Berührungssinn (taktiler und haptischer Sinn) sowie der Geschmacks- und Geruchssinn (gustatorischer bzw. olfaktorischer Sinn) gezählt.
2. Sinnen, die Informationen verarbeiten, die aus dem Körper selbst stammen, sogenannte Interozeption (Wahrnehmung des Körperinneren). Die Interozeption wird häufig, jedoch nicht durchgängig in der Fachliteratur, als Oberbegriff für den propriozeptiven Sinn (Tiefen- oder Eigenwahrnehmung) und den viszeralen Sinn (Sinn zur Verarbeitung von Informationen über Organtätigkeit) genutzt. Die Eigenwahrnehmung bezieht Informationen aus der propriozeptiv-kinästhetischen Wahrnehmung, die Informationen über Kraft und Stellung der Körperteile/Muskulatur gibt, und der vestibulären Wahrnehmung, dem Gleichgewichtssinn.

3. Sinnen, die die Schmerzsensibilität erfassen (u. a. taktile Wahrnehmung).

Für vertiefende einführende entwicklungspsychologische Grundlagen, in denen die Wahrnehmungsentwicklung aufgegriffen wird, sei u. a. auf Siegler et al. (2021) verwiesen. Von diesen wird fortlaufend eine interkulturelle Perspektive aufgegriffen sowie die Wahrnehmungsentwicklung im Kontext von Handlungsfähigkeit (Motorik) und Lernprozessen behandelt. Hierdurch entsteht eine sehr differenzierte Betrachtung von Wahrnehmungsprozessen in Abhängigkeit vom sozio-kulturellen Kontext des Kindes.

An dieser Stelle werden zwei Wahrnehmungstheorien kurz vorgestellt:

1. die ökologische Wahrnehmungstheorie nach Eleanor Gibson, die u. a. im Kontext der psychomotorischen Förderung Verbreitung gefunden hat (Fischer 2019, 57). In dieser wird der Umwelt unter Berücksichtigung der Aktivität des Individuums hohe Bedeutung beigemessen. Durch die Wahrnehmung selbst und im Wahrnehmungsprozess setzt sich das Kind mit seiner Umwelt auseinander, es entdeckt, was die Umwelt anzubieten hat. Dabei ist der Sinn und Zweck von Wahrnehmungsprozessen immer auf das Handlungsziel ausgerichtet. Unter Affordances (Angebote) werden hierbei die Gelegenheiten zum Handeln verstanden, die durch die Umwelt bereitgestellt werden. »Jedes Objekt wird demnach direkt bedeutungsvoll erfasst (z. B. als etwas Essbares) und regt zum Handeln an« (Borke et al. 2019, 63).
2. die konstruktivistische Wahrnehmungstheorie (u. a. Piaget). In ihr wird die Wahrnehmung als aktiver Konstruktionsprozess verstanden. In einem Lernprozess, z. B. durch Assoziationsbildung, wird eine Sinnesempfindung mit einem Bedeutungsgehalt versehen. Erkundet ein Kind ein Objekt, das rund, verschiedenfarbig und glatt ist, und verknüpft es mit einer Bedeutung (z. B. Spielzeug), führt dies zur Wahrnehmung dessen, was konventionellerweise als »Ball« bezeichnet wird.

Beide Theorien vereint, dass bedeutungsvolle Wahrnehmungsprozesse Grundlage für Handlungen sind (Borke et al. 2019). Mit dem entwicklungspsychologischen Prinzip der Wahrnehmungsverengung wird ausgedrückt, dass Lernerfahrungen zu zunehmender Expertise führen: »Diejenigen Reize, denen das Kind regelmäßig wiederkehrend ausgesetzt ist, werden folglich immer schneller und präziser verarbeitet. Reize, die in der Umgebung des Kindes sehr selten oder gar nicht vorkommen, werden zunehmend schlechter differenziert« (Borke et al. 2019, 64). Wahrnehmungsentwicklung ist also in der Folge eine Spezialisierung auf Umweltreize und ein Anpassungsprozess auf die öko-kulturelle Umwelt des Kindes (Borke et al. 2019).

In der Gestaltung der Umwelt kann das Kind auf Bedingungen, mit denen es gut umgehen kann, z.B. stabile Untergründe, interessante Objekte in seiner Nähe, die es greifen kann, stoßen. Oder aber es kann auf Barrieren treffen, z.B. visuell nicht erkennbare Objekte, zu weit entfernte Objekte, zu instabile Untergründe, die das Kind ängstigen, woraufhin folglich keine Explorationsleistung stattfindet. Dabei betont Fischer (2019) unter Rückbezug auf Miller (1993), dass die Qualität der Wahrnehmungsfähigkeit von der Vielfalt und Variationsbreite der Erkundungsaktivität abhängt. Genauer bedeutet das, »dass der kindliche Wahrnehmungsfortschritt und das Wissen um die Objektbeschaffenheiten der dinglichen Umwelt geradezu an die Explorationsmöglichkeiten des Kindes gebunden sind (Schwarzer/Degé 2014, 100)« (Fischer 2019, 57).

Folglich kommt der Gestaltung der Umwelt, d.h. des Handlungs- und Explorationsraums des Kindes, eine besondere Bedeutung zu, die gerade für Kinder mit strukturellen Schädigungen in Bezug auf Bewegungs- und Wahrnehmungshandlungen im Zusammenhang mit ihrer motorischen Beeinträchtigung bei der entwicklungsanregenden Gestaltung von Förder- und Bildungsangeboten zu beachten sind (s.u.).

Bevor im nächsten Kapitel auf den Zusammenhang der Sensomotorik mit weiteren Entwicklungsbereichen eingegangen wird, soll hier ein kleiner Exkurs zu Sehbeeinträchtigungen im Kontext zerebraler Schädigungen (z.B. die hier behandelte Zerebralparese oder

1.3 Sensomotorische Entwicklung

Spina bifida mit Hydrocephalus, s. u.) eingeschoben werden. Schädigungen des Zentralnervensystems können neben motorischen auch Beeinträchtigungen der visuellen, sprachlichen oder kognitiven Funktionen zur Folge haben. »Die Ursachen dieser komplexen Beeinträchtigungen unter Beteiligung des Sehsystems sind häufig perinatale Hirnschädigungen (Fazzi 2012; Becher et al. 2019). Obwohl verschiedene Untersuchungsergebnisse zeigen, dass Sehfunktionsbeeinträchtigungen bei etwa 80 % der Betroffenen nach perinatalen Hirnschädigungen auftreten (Fedrizzi et al. 1996; Zihl et al. 2011), wird das Sehen häufig vernachlässigt« (Walthes 2022, 81). Weiter führt Walthes aus, dass anscheinend die motorischen oder kognitiven Probleme der Kinder vordringlicher wahrgenommen werden oder diese eine mögliche Sehbeeinträchtigung vielleicht sogar überlagern, so dass diagnostisch eine Sehüberprüfung zunächst nicht in Betracht gezogen wird. Bei Störungen der Motorik mag das Kind nicht in der Lage sein zu zeigen, über welche visuellen Wahrnehmungsstrategien es verfügt, da es zum Beispiel seine Greifbewegung nicht steuern kann. Bei kognitiven Beeinträchtigungen erscheinen beispielsweise die Aufmerksamkeitsleistungen gering, ohne dass erkannt wird, dass das Kind ein visuelles Problem hat. Einer holländischen Studie zufolge haben Kinder mit schweren kognitiven Beeinträchtigungen (sog. »geistiger Behinderung«) zu mindestens 30 % auch ein Sehproblem (Havemann et al. 1994). In zwei Studien mit Kindern mit dem Förderschwerpunkt körperlich-motorische Entwicklung wurden in Finnland und Deutschland übereinstimmend bei mindestens 48 % der Kinder einer Kohorte Sehbeeinträchtigungen festgestellt (Walthes 2022). Folglich werden motorische Schwierigkeiten, die die Kinder haben, in ihrer möglichen Ursache nicht erkannt und möglicherweise eine falsche Förder- und Behandlungsplanung vorgenommen, über die eventuell nicht der gewünschte Erfolg erreicht werden kann.

1.4 Zusammenhang von Sensomotorik und Bewegung mit weiteren Entwicklungsbereichen

Fachlich wird von einer verbindenden und grundlegenden Bedeutung der Bewegung und der damit verbundenen Erfahrungen für weitere Entwicklungsprozesse ausgegangen (Michaelis 2003). So ist die sozialemotionale Entwicklung eng mit Bewegungshandeln verknüpft: Über den Körper, die Sinneswahrnehmungen und die Bewegungsantworten tritt das Kind aktiv in Kontakt mit seiner sozialen und materiellen Umwelt. Nähe und Distanz halten zu können, Bindungspersonen aufsuchen zu können – Bewegung dient dazu, dass das Kind aktiv emotionale Bedürfnisse nach und nach selbst befriedigen kann.

Über Bewegungshandeln macht das Kind die Erfahrung, »Verursacher« zu sein und etwas bewirken zu können. »Denken vollzieht sich zunächst in Form des aktiven Handelns, über die praktische Bewältigung von Problemen gelangt das Kind dann zu ihrer gedanklichen Beherrschung« (Breithecker 2001, 212). Hierbei ist das Begreifen elementar. Das Kind macht über den eigenen Körper und die Bewegungen Erfahrungen mit Höhe, Tiefe, dem Raum, Materialbeschaffenheit, physikalischen Gesetzmäßigkeiten (z. B. Schwerkraft, Geschwindigkeit) und versteht zunehmend die Zusammenhänge von Ursache und Wirkung. Mathematische Prozesse werden durch den Körper erfahren: Was ist weiter weg, was ist näher dran (Längenmaße), wie fühlen sich geometrische Figuren an, was bedeutet es, wenn ein Ball »rund« ist? Hier wird die bereits aufgegriffene Theorie von Piaget über die enge Beziehung zwischen Motorik und Kognition deutlich. Umgekehrt kann sich jedoch auch eine kognitive Entwicklungsbeeinträchtigung auf die Bewegung auswirken (Jenni 2021).

Kuhlenkamp (2017) beschreibt den Zusammenhang von Sprache und Bewegung grundlegend darüber, dass für die Sprachproduktion und nonverbale Signale (z. B. Mimik) immer motorische Prozesse notwendig sind (Muskelbewegung). Gerade die Gestik – über die sich

1.4 Sensomotorik und Bewegung und weitere Entwicklungsbereiche

Kinder frühkindlich und bereits vorsprachlich verständigen können (Zeigegestik) – beruht auf motorischen Prozessen. »Der Körper ist im frühen Kindesalter das erste und bedeutendste vorsprachliche Kommunikationsmedium. So kann das Kind schon zu einem sehr frühen Zeitpunkt sein Befinden und seine Bedürfnisse über Mimik, Gestik und andere motorische Aktivitäten mitteilen« (Kuhlenkamp 2017, 17).

Das aktive sprachliche Begleiten der Handlungen des Kindes durch Bezugspersonen ermöglicht dem Kind, vorsprachliche Begriffe zu den Objekten, die es erkundet, begreift und sich handelnd erschließt, mit konventionellen sprachlichen Bezeichnungen zu verbinden.

Folglich vollzieht sich der Spracherwerb in Interaktion mit der sozialen und materiellen Umwelt (Kuhlenkamp 2017).

Ein anschauliches Beispiel erläutert Schwarz (2014, 94):

> »Ein Ball wird für ein Kind zuallererst nicht zum Ball, weil er vom Erwachsenen so benannt wird, sondern weil er sinnlich wahrnehmbar ist und sich bewegt: Er hüpft, fliegt, rollt, ist hart oder weich, rund und leicht oder schwer, groß oder klein, bunt, riecht nach Gummi, liegt unter oder auf einem Tisch, fliegt hoch oder runter sowie langsam oder schnell. Das traditionell gebrauchte Wort Ball ist lediglich das mündlich-schriftliche Symbol der zuvor erlebten Funktion und Erscheinungsweise des Gegenstandes. Dazu muss ein Kind aber auch die Gelegenheit haben, so viele Sinne und so viele Gegenstände wie möglich einsetzen, bewegen und erleben zu dürfen. Durch das häufige, vielsinnige Greifen wird der Ball zum Begriff, erst danach folgt das benennende Wort.«

Für Kinder mit körperlich-motorischen Entwicklungsbeeinträchtigungen können sich gerade hier besondere Entwicklungsvoraussetzungen ergeben: Durch Bewegungsbeeinträchtigungen können das Explorieren (z.B. Greifen und Loslassen bei einer Spastizität der Muskulatur) oder das selbstständige Erreichen von Gegenständen, die von Interesse sind (z.B. bei einer Spina bifida) schwerer fallen oder das Ausdrucksvermögen der Kinder in Bezug auf Mimik verändert sein (z.B. bei einer Zerebralparese), sodass die Bezugspersonen die Mimik nicht verlässlich lesen können. Es gilt hier in besonderer

Weise eine passende Umgebung und Beziehungssituation für das Kind zu gestalten, sodass es eigenständig explorieren, erkunden und verlässlich interagieren kann.

1.5 Bedeutung von Bewegung, Motorik und Sensomotorik

Je nachdem, aus welcher Intention heraus ein Individuum handelt und in welchem Kontext es seine Handlung vollzieht, kommen der Bewegung unterschiedliche Bedeutungsdimensionen zu (Krus 2015b). Grupe (1976) unterschied aus sportwissenschaftlicher Sicht vier Bedeutungsdimensionen von Bewegung. Bewegungen können als Bewegungshandlung ziel- und zweckgerichtet von außen betrachtet werden (*instrumentale Funktion*). Bewegung hat jedoch immer auch eine *soziale Funktion* und *personale Bedeutung*, da eigene Kompetenzen, Handlungsmöglichkeiten, aber auch Grenzen erfahren werden. Die *explorativ-erkundende Ebene* spielt besonders im (frühen) Kindesalter eine elementare Rolle. Zimmer (2001) hat diese um weitere vier Ebenen ergänzt: expressive, impressive, komparative und adaptive Funktionen. In einer synoptischen Zusammenführung wurden diese acht Kategorien auf Basis eines aktuellen Fachdiskurses einer Forschergruppe zur Bewegung in der frühen Kindheit neu zusammengeführt und ausdifferenziert. Hierbei kommt Krus (2015b) zu folgender Differenzierung und Neuzusammenführung: In der *personal/ psychisch-emotionalen und kognitiven Funktion von Bewegung* erlebt das Individuum in und durch Bewegung individuelle Handlungs- und Gestaltungsmöglichkeiten, positive Wirksamkeitserfahrungen, aber auch Grenzen der eigenen Handlungsfähigkeit. Ein differenziertes Selbstkonzept kann über die Erfahrung körperlicher Fähigkeiten und Fertigkeiten, gepaart mit affektiv-emotionaler Bewertung dieser, aufgebaut werden. Bewegung dient in dieser Dimension der Erkenntnisgewinnung und personalen Selbstgestaltung. Die *sozialkommunikative Funktion von Bewegung* fokussiert soziale Interaktions- und Kommunikationserfahrungen, die durch Bewegungshandeln erlebt werden können. Das Individuum muss sich z.B. mit sozialen und kulturellen Werten und Normen und daraus resultierenden Verhaltensregeln z.B. in Gruppen auseinandersetzen. Diese Bewegungsfunktion ermöglicht aber zugleich über Vergleichsprozesse Rückmeldungen für das eigene Selbstkonzept. In sozialen Aushandlungsprozessen lernt das Individuum verschiedene Handlungsoptionen (z.B. Helfen, Rücksichtnahme, aber auch eigene Bedürfnisse formulieren) kennen und lernt diese und verbale sowie nonverbale Kommunikationsmittel zur Beziehungsgestaltung einzusetzen. Die *instrumentelle oder produktive Funktion von Bewegung* betont eher die Bewegung für Aktivitäten des täglichen Lebens. In verschiedenen Handlungskontexten wie Alltag, Sport oder Arbeit wird Bewegung zum Instrument der Zielerreichung, um eine Aktivitätsanforderung zu bewältigen. Diese instrumentelle Funktion wird im Kontext von Therapie- und Förderprozessen häufig in den Vordergrund gestellt, um z.B. das Handlungsrepertoire eines Kindes mit einer angeborenen motorischen Beeinträchtigung zu erweitern. Die *explorative Bewegungsfunktion* betont die Sichtweise, dass sich das Kind die Welt über sein unmittelbares (Bewegungs-)Handeln erschließt. In der Auseinandersetzung mit der materiellen Umwelt be-greift es Objekte, erfühlt, sieht, schmeckt oder riecht deren Eigenschaften und erfährt somit z.B. Kategorien (rund, süß, blumig = Apfel), um sich seine Lebenswelt zu erschließen. »Das Ausprobieren und Variieren von Aktivitäten erfordert kognitive Kompetenzen der Handlungsplanung und birgt zugleich das Spannungsmoment der neuen Erfahrung und Erkenntnis in sich« (Krus 2015b, 42). Aktivitäten, die mit Emotionen und persönlichen Handlungsthemen verbunden sind, finden Eingang in die *expressive/impressive Funktion von Bewegung*. In der expressiven Funktion wird der nach außen sichtbare bzw. darstellende emotionale Anteil der Bewegung deutlich (z.B. ein Kind, das »trotzig« die Arme vor dem Körper verschränkt und mit dem Fuß auf den Boden stampft). »Auf der anderen Seite sind die Körperhaltung und der Tonus ein Spiegelbild innerpsychischer Befindlichkeit« (Krus 2015b, 42). Diese impressive Seite unterliegt weniger einer bewussten Steuerung. Bereits in frühen Interaktionserfahrungen zwischen Bezugsperson und Kind spielt diese Funktion eine zentrale Rolle. Merkt die Mutter den hohen Muskeltonus als mögliches Zeichen von Anspannung und Vorfreude bei ihrem Kind? Deutet sie den schlaffen Tonus im Kontext der Tageszeit und der bisherigen Anstrengungen des Tages als Zeichen für Ermüdung und stimmt die weitere Interaktionsgestaltung darauf ab?

Diese Funktionen lassen sich in vier Bedeutungsfelder von Bewegung, die für die Gestaltung von Entwicklungs- und Bildungsangeboten für Kinder mit heterogenen Lern- und Entwicklungsvoraussetzungen in der Frühförderung sehr relevant sind, einteilen:

- Bewegung als Lerngegenstand: Jedes Kind lernt die Grundtätigkeiten des »Sich Bewegens«, um sich bewegen zu können und in Dialog mit seiner Umwelt treten zu können.
- Bewegung als Medium der Gesundheitsförderung: Hier geht es um die Eigentätigkeit des Kindes, die zu Gesundheit und Wohlbefinden führt, indem sich das Kind als selbstkompetent und selbstwirksam wahrnimmt.
- Bewegung als Medium der Entwicklungsförderung: Dieser Bedeutungsaspekt von Bewegung folgt der Grundannahme, dass sich Kinder aktiv über Bewegungs- und Wahrnehmungshandlungen die Welt erschließen (s.o.) und über den Körper materielle, soziale und selbstbezogene Erfahrungen machen.
- Bewegung als Medium des Lernens: Das Kind wird als selbstbildendes Wesen verstanden, das Begleitung und Unterstützung von Bezugspersonen in seiner alltäglichen Umwelt benötigt, sich aber selbst-tätig (aktiv), selbstgesteuert und reflexiv seine Umgebung erschließt. Hierzu müssen Bezugspersonen z.B. Spielmaterialien sach- und zielgerecht einsetzen, damit sich die Kinder selbsterlebend mit diesen auseinandersetzen können (Lietz, 2020).

1.6 Konsequenzen für Bildungs-, Förder- und Therapieprozesse bei Kindern mit motorischen Entwicklungsbeeinträchtigungen

Die oben geschilderten Veränderungen im entwicklungstheoretischen Verständnis sowie die mehrdimensionale Betrachtung der Bedeutung von Bewegung haben weitreichende Konsequenzen für die Zielsetzung und Gestaltung von Bildungs-, Therapie- und Förderprozessen. Das Menschenbild verändert sich dahingehend, dass die Eigenaktivität als Motor der Entwicklung angesehen wird. Entwicklung erfolgt nach dem Prinzip der Selbstgestaltung und Ganzheitlichkeit, systemisch bezogen in die individuelle sinngebende Umwelt. Aufgaben, Bewegungsanforderungen und Probleme des täglichen Lebens rücken in den Mittelpunkt und dienen als Therapieziel. Hierbei wird berücksichtigt, dass es verschiedene Wege gibt, um ein funktionales Ziel zu erreichen. Nicht die/der Therapeut:in allein, sondern das Kind mit seiner Familie bestimmen die Ziele der Therapie, wodurch diese hohe individuelle Bedeutsamkeit erhalten. Das später beschriebene Therapiekonzept nach Bobath hat sich diesen neuen Entwicklungserkenntnissen und Grundhaltungen entsprechend weiterentwickelt (Dreier 2003). Kruijsen-Terpstra et al. (2016) beschreiben und analysieren zwei verschiedene Verhaltensweisen für (Physio- und Ergo-)Therapeut:innen: Bei dem eher traditionellen »Child-focused«-Ansatz stehen vermehrt die Normalisierung von Bewegungen, die Durchführung einer Aktivität auf eine spezifische Art und Weise oder die Faszilitation, Wiederholung und das Üben von spezifischen, therapeutisch geplanten Bewegungen im Mittelpunkt der Förderung. Hingegen stehen im »Context-focused«-Ansatz die Veränderung der Umgebungsbedingungen oder der Aufgabe, damit das Kind selbstständig agieren kann, bzw. der effizienteste und für das Kind am besten passende Weg, um eine Aktivität unter den Bedingungen der motorischen Beeinträchtigung auszuführen, im Vordergrund (Di Rezze et al. 2013). In ihrer Studie fanden Kruijsen-Terpstra et al. (2016) heraus, dass die untersuchten Physio- und Ergotherapeut:innen, die einen konventionellen, nicht speziell fokussierten therapeutischen Behandlungsansatz gewählt haben, häufig einen Mix aus kind- und kontext-fokussiertem Verhalten zeigten. Jedoch standen Veränderungen der Aufgaben (Aktivität) bzw. der Kontextfaktoren häufig nicht im Zentrum der Behandlung. Die Studienerkenntnisse von Novak et al. (2020) in Bezug auf Kinder mit Zerebralparese bestätigen diese Ergebnisse: Nach einer Metaanalyse der Effektivität verschiedenster therapeutischer Interventionsansätze zeigen sich u.a. diejenigen, die eher sehr aufgabenfokussiert sind (d.h. das Erlenen einer bestimmten motorischen Handlung aktiv verfolgen) und die die Umgebung und die Aufgabe anpassen, als wirksam. Damit rückt das Kind mit den motorischen Fähigkeiten und Fertigkeiten (unter Berücksichtigung der strukturellen Schädigung durch die Zerebralparese) in das Zentrum der therapeutischen Bemühung: Hier steht z.B. die Adaptation der Umwelt im Vordergrund (z.B. Anpassung einer Griffdicke des Löffels, Andickung von Nahrung), dass es selbstständig an dem gemeinsamen Essen in der Kita (Teilhabe) teilnehmen kann. Dabei ist immer der familiäre Kontext des Kindes, d.h. seine individuellen Sozialisationsbedingungen, zu beachten.

Eine hohe Passung zu diesem kontextbezogenen Ansatz bietet die bereits erwähnte Orientierung an der ICF (World Health Organization 2001). Insgesamt wird für die pädiatrischen Versorgungsprozesse, zu denen auch die Frühförderung zu zählen ist, empfohlen, Bildung und Teilhabe als Endpunkte, d.h. als Ziele der Maßnahmen, zu wählen und zu evaluieren (Urschitz et al. 2016). Gleichzeitig gilt es jedoch den Zusammenhang zu sehen, dass das Kind in sämtlichen Förder- und Therapieprozessen Rückmeldungen über sich und seine Persönlichkeit (Selbstkonzept) erhält: »Das Selbstkonzept umfasst folglich alle Zuschreibungen, Erkenntnisse und Ansichten (auch von anderen Personen) über die eigene Person« (Valcanover 2015, 31). Zimmer (2001, 16) führt weiter aus: »Im Selbstbild spiegeln sich die Erfahrungen wider, die ein Kind in seiner Auseinandersetzung mit seiner

1.6 Konsequenzen für Bildungs-, Förder- und Therapieprozesse

sozialen und materialen Umwelt gewonnen hat – aber auch die Erwartungen, die an das Kind heran getragen werden.« Dies erfordert eine Reflexion des eigenen Verhaltens als Fachperson gegenüber dem Kind und seinen Bezugspersonen, z.B. zu den Fragen: Welches Bild bekommt ein Kind über seinen ›imperfekten Körper‹ durch diagnostische Prozesse und korrigierende Eingriffe in Handlungsausführungen/Aktivitäten? Welche Hilfsmittel ›behindern‹? Wie werden Hilfsmittel von Personen aus der Umwelt wahrgenommen? Ermöglichen sie Teilhabe? Den pädagogischen Handlungsansätzen in der Frühförderung, z.B. der heilpädagogischen Förderung oder psychomotorischen Förderung (s.u.), aber auch den medizinisch-therapeutischen Ansätzen z.B. in dem modernen Bobath-Konzept kommt daher eine wesentliche Bedeutung für die Persönlichkeitsförderung (u.a. Selbstwirksamkeitserleben, Identitäts- und Selbstkonzeptförderung) des Kindes über Bewegungshandeln zu.

Im Folgenden wird der Aufbau und die Struktur der ICF erläutert und auf verschiedene Erscheinungsformen motorischer Beeinträchtigungen angewendet. Da der zentrale Begriff Partizipation im deutschsprachigen Raum häufig mit »Teilhabe« synonym verwendet wird, wird im Folgenden Partizipation [Teilhabe] genutzt, wie es auch in der ICF vorgeschlagen wird. Im Mittelpunkt der Förder- und Behandlungsplanung sollten Aktivitäten und Partizipationsmöglichkeiten für das Kind und seine Familie stehen. Die ICF ermöglicht, die Aktivitäten – gemeinsam mit der Partizipation [Teilhabe][1] – in den Fokus der Betrachtungen eines Gesundheitsproblems zu stellen. Dies entspricht nicht zuletzt beispielsweise auch der Realität in der Frühförderung, in der der Anlass zur Kontaktaufnahme durch die Eltern, deren Sorge, sich zumeist auf eine beobachtbare Auffälligkeit/ Störung der kindlichen Aktivitäten meist im Kontext mit der Partizipation [Teilhabe] in der Familie oder einer relevanten Umwelt (z.B. Peergroup, Kindergarten) bezieht (Wolf et al. 2016). Für die Frühförderung bedeutet dies, dass das Interesse eines Kindes und seiner

---

1 Gemäß der deutschsprachigen Übersetzung der ICF wird fortlaufend die Begrifflichkeit Partizipation [Teilhabe] bei direktem Bezug zur ICF genutzt.

Eltern an Lebensbereichen und Aktivitäten, an denen es/sie teilnehmen möchte(n), im Fokus steht (Kraus de Camargo und Simon 2015).

Dies verändert die gesamte Prozessgestaltung, vom diagnostischen Vorgehen über die Formulierung von Förder- und Behandlungszielen, von weiteren Beratungs- und Unterstützungsmaßnahmen bis zu deren Evaluation. Die Qualität der Förderarbeit zeigt sich letztlich darin, inwieweit sie mögliche Teilhabebeeinträchtigungen verhindert (Pretis 2019) und die aktiven Teilhabemöglichkeiten des Kindes und seiner Familie erweitert (Kron 2016).

Als herausfordernd für die Umsetzung von Partizipation [Teilhabe] in der Praxis der Förderung bzw. Therapie wird beschrieben, dass ein von Fachkräften diagnostizierter Förderbedarf nicht mit dem gefühlten bzw. beschriebenen Förderbedürfnis (Partizipationsziel) eines Einzelnen übereinstimmen muss (Kraus de Camargo und Simon 2015). Hier gilt es, besonderen Wert auf das Erkennen von Aspekten zu legen, welche für das Kind und seine Familie bedeutsam sind. Gleichzeitig ist es wichtig, interdisziplinär und somit mehrperspektivisch die fachliche Erfahrung und das Fachwissen in den Beratungsprozess einfließen zu lassen. So kann sowohl aus familiärer als auch fachlicher Perspektive ein möglichst umfassendes Gesamtbild entstehen, um mit der Familie gemeinsam relevante Förderziele für informelle, d.h. im Alltag ablaufende Bildungsprozesse aufstellen zu können. Aber gleichzeitig sollten Bildungsprozesse, die dem Kind z.B. formell in der Kita eröffnet werden, in den Fokus genommen und dabei das Ziel der Frühförderung verfolgt werden, gemeinsam mit den Fachkräften der Kita, z.B. in Form von Beratung, Bildungsprozesse durch wechselseitige Beachtung der kindlichen Fähigkeiten und Fertigkeiten sowie der Kontextgestaltung partizipationsorientiert gestaltet werden.

2 Kinder mit motorischen Beeinträchtigungen in der Frühförderung

Bewusst wird im Kontext dieses Buches von Kindern mit motorischen Beeinträchtigungen gesprochen. Dieser Terminus wurde gewählt, um der Heterogenität des Personenkreises gerecht zu werden. Andere gebräuchliche Begrifflichkeiten sind »motorische Entwicklungsauffälligkeiten«, womit ein eher schwammiger Oberbegriff gemeint ist, der die Begriffe »Entwicklungsverzögerung« und »Entwicklungsstörung« mit einschließt (Jenni 2021, 404). Unter einer motorischen Entwicklungsverzögerung wird in der Regel eine zeitliche Abweichung (Rückstand) von der Entwicklungsnorm verstanden, die prinzipiell auch aufholbar ist, z. B. durch Entwicklungsanregung und -förderung. Eine motorische Entwicklungsstörung hingegen geht von einem Persistieren, d. h. Bestehenbleiben, aus und die Abweichung von der Norm muss mindestens zwei Standardabweichungen umfassen (Jenni 2021, 404). In der Nutzung der Begrifflichkeit motorische Beeinträchtigung soll der Störungsbegriff bewusst vermieden werden, da er im Sinne einer inklusiven Pädagogik einerseits etikettierend ist und zudem vor dem Hintergrund der Variabilität in der Entwicklung wenig angemessen scheint. Phänomene, die von anderen mit dem Begriff »motorische Entwicklungsstörung« bezeichnet werden, schließt diese Begrifflichkeit mit ein. Gleichzeitig wird hiermit einem aktuellen Verständnis von Behinderung, wie es in der ICF vertreten wird, Rechnung getragen, worauf weiter unten in diesem Kapitel eingegangen wird. Jedoch wird an einigen Stellen (▶ Kap. 2.3: Umschriebene Entwicklungsstörung motorischer Funktionen) der Begriff der Störung weiterhin verwendet, wenn es sich dabei um eine feststehende Terminologie (u. a. aus medizinisch diagnostischer Perspektive) handelt.

Motorische Beeinträchtigungen können in jedem Lebensalter auftreten. Sie können in angeborene und erworbene motorische Beeinträchtigungen unterteilt werden. Eine häufig vor, während oder kurz nach der Geburt auftretende motorische Beeinträchtigung ist die Zerebralparese, auch mit CP abgekürzt. Ein Beispiel für eine erworbene motorische Beeinträchtigung ist eine Querschnittlähmung, die vor allem auf Grund einer Verletzung des Rückenmarks durch einen Unfall entstanden ist.

Eine andere Einteilung motorischer Beeinträchtigungen kann nach dem Ort der Schädigung vorgenommen werden (Hülshoff 2010; Leyendecker 2005).

Leyendecker (2005, 108) unterscheidet in drei Gruppen verschiedener Formen, die er als Körperbehinderungen (1–3) bzw. motorische Beeinträchtigungen (4–5) bezeichnet:

1. Schädigungen von Gehirn und Rückenmark, z. B. Zerebralparesen (siehe Fallbeispiel Svea), Epilepsien, (angeborene und erworbene) Querschnittlähmungen (siehe Fallbeispiel Hanna)
2. Schädigungen von Muskulatur und Knochengerüst, z. B. Muskeldystrophien, Dysmelien (Fehlbildungen von Gliedmaßen), Kleinwüchsigkeit
3. Schädigung durch chronische Krankheit oder Fehlfunktion von Organen, z. B. Mukoviszidose, rheumatische Erkrankungen.

Neben diesen motorischen Beeinträchtigungen, deren Ursachen meist auf einer strukturellen Ebene der Organsysteme bzw. Körperfunktionen und -strukturen (vgl. ICF) zu finden sind, können weitere Ursachen ausgemacht werden, die von Leyendecker (2005, 108) als Beeinträchtigungen, die die Entwicklung motorischer Funktionen betreffen, bezeichnet werden. Hierzu zählen z. B.

4. Umschriebene Entwicklungsstörung motorischer Funktionen (UEMF) (nach ICD 10, Entwicklungsbedingte Koordinationsstörung nach DSM V) (siehe Fallbeispiel Max und Fallbeispiel Mia) sowie
5. Haltungsschwächen und Beeinträchtigungen der motorischen Entwicklung, die auf eine geistige Beeinträchtigung (Intelligenzminderung) zurückzuführen sind.

Aber wie kann aktuell die Klientel in der Frühförderung beschrieben werden? Einerseits weisen viele Kinder in der Frühförderung eine Verzögerung in der motorischen Entwicklung auf. In der FranzL-Studie (Held et al. 2010, Teil I) wird die Zahl mit 80–90 % angegeben. Jedoch muss diese Verzögerung nicht automatisch zu einer Behinderung im Sinne der ICF (World Health Organization 2001) führen. Andererseits hat sich der Personenkreis innerhalb der Frühförderung gewandelt. Wie in der ISG-Studie (Maelicke et al. 2013) beschrieben, gibt es immer weniger Kinder mit »klassischen«, nach ICD-10/11 diagnostizierbaren »Behinderungen« in der Frühförderung. Auch Lamschus und Sohns (2016) beschreiben in Bezug auf ihre Untersuchung im Jahr 2013 in Thüringen, dass Kinder mit Entwicklungsverzögerungen ca. 78 % in der Frühförderung ausmachen, 12,5 % der Kinder »körperliche Behinderungen« aufweisen sowie 10,7 % eine Frühgeburt, wobei nicht auszuschließen ist, dass diese bereits in den erstgenannten Gruppen miterfasst wurden. Auch kann durch die Frühgeburt eine körperlich-motorische Beeinträchtigung bedingt sein. Demgegenüber nimmt die Anzahl der Kinder, die unter ungünstigen Lebensbedingungen aufwachsen, z. B. auf Grund von Armutsverhältnissen oder familiären Bedingungen, zu. Dies kann eine sekundäre Auswirkung auf die motorische Entwicklung haben, indem z. B. wenig altersgerechte Spielanregung erfolgt oder die körperliche Aktivität bei Kindern eher eingeschränkt ist.

Vertiefend werden im Folgenden drei motorische Beeinträchtigungen vorgestellt. Diese werden Basis für Fallbeispiele sein, sowohl in Bezug auf die Anamnese, Diagnostik als auch die Förder- und Behandlungsplanung.

Die ausgewählten motorischen Beeinträchtigungen werden nach einem gleichbleibenden Prinzip vorgestellt. Hierbei wird das bio-psycho-soziale Modell der ICF (World Health Organization 2001) zugrunde gelegt. Für ein Verständnis der Krankheitsbeschreibungen und deren Einordnung, wird ein Exkurs in verschiedene Klassifikationen vorangestellt. Weitere Ausführungen zur ICF sind u.a. in dieser Reihe (Seidel 2022) erschienen.

ICF (Internationale Klassifikation der Funktionsfähigkeit, Behinderung und Gesundheit)

Bei der ICF handelt es sich um eine international gültige Klassifikation. Mit dem Begriff »Klassifikation« wird im Allgemeinen die Einordnung von Phänomenen, die bestimmte gemeinsame Merkmale haben, in ein nach Klassen gegliedertes System bezeichnet. Im Rahmen des »diagnostischen Prozesses« werden bestimmte Merkmale oder Personen in diagnostische Klassen bzw. in Kategorien eines Klassifikationssystems eingeordnet (Wittchen & Lachner, 1996, zit. nach Rief & Stenzel 2012, 10).

Die ICF ist 2001 englischsprachig in einer Erwachsenenversion erschienen, 2005 erschien die deutsche Fassung. Seit 2007 liegt eine englischsprachige Version für Kinder- und Jugendliche vor, die ICF-CY, wobei CY für »Children and Youth« steht. Seit 2011 gibt es die deutschsprachige Fassung der Kinder- und Jugendversion in Form eines gedruckten Buchs. Die ICF-CY-Version ist in Bezug auf das Rahmenkonzept der ICF identisch, jedoch ist in der CY-Version der Entwicklungslogik der Kindheit und der unterschiedlichen Lebenssituationen von Kindern und Erwachsenen Rechnung getragen. Eine Zusammenführung der beiden Versionen ist englischsprachig erfolgt, deutschsprachig in Planung. Seit 2019 wird die ICF-CY daher nicht mehr aktualisiert. Im Folgenden wird einheitlich nur auf die ICF verwiesen – Codierungen in den Fallbeispielen sind dabei jedoch der ICF-CY aus der 2., korrigierten Auflage entnommen (Hollenweger & Kraus de Camargo 2019).

Die ICF besteht aus unterschiedlichen Komponenten des bio-psycho-sozialen Modells von Gesundheit: Körperfunktion, Körperstruktur, Aktivität und Partizipation, Umweltfaktoren und personbezogenen Faktoren, wobei die beiden letzteren als Kontextfaktoren bezeichnet werden. All diese Komponenten sind gleichwertig. Zwischen ihnen besteht eine enge Wechselwirkung, wie in Abbildung 2 ersichtlich wird:

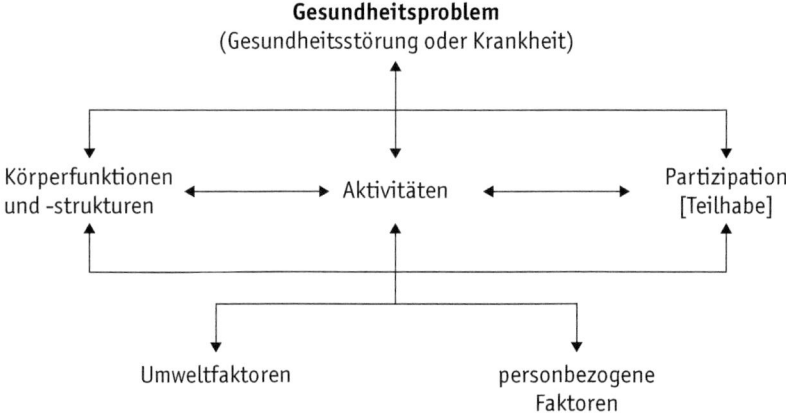

Abb. 2: ICF-Komponenten und deren Wechselwirkung (in Anlehnung an Hollenweger & Kraus de Camargo 2019, 51)

Wichtig ist bei der Anwendung dieser bio-psycho-sozialen Sichtweise zu berücksichtigen, dass eine Behinderung immer erst aus der Wechselwirkung von beeinträchtigten bzw. geschädigten Komponenten entsteht. Eine Schädigung im Bereich der Körperfunktionen und -strukturen allein, z.B. eine Fehlbildung einer Gliedmaße (Dysmelie), muss nicht zu einer Behinderung führen. Kann ein Kind mit einer Fehlbildung beispielsweise alle Dinge im täglichen Leben und seine sozialen Bezüge so ausleben, wie es seinen Bedürfnissen nach Entwicklung und Entfaltung entspricht, so fühlt es sich trotz veränderter Voraussetzungen zur Bewegungsausführung möglicherweise nicht eingeschränkt und somit nicht behindert. Diese Perspektive entspricht auch der aktuellen sozialen Gesetzgebung im SGB IX/ BTHG:

»Menschen mit Behinderungen sind Menschen, die körperliche, seelische, geistige oder Sinnesbeeinträchtigungen haben, die sie in Wechselwirkung mit einstellungs- und umweltbedingten Barrieren an der gleichberechtigten Teilhabe an der Gesellschaft mit hoher Wahrscheinlichkeit länger als sechs Monate hindern können.«

Folglich ist nicht das Kind behindert, sondern es wird an der Teilhabe gehindert.

Mit der ICF kann defizit- und ressourcenorientiert beschrieben werden, indem für die verschiedenen Komponenten und deren Codierung sowohl eine positive als auch eine negative Ausprägung angegeben werden kann.

ICD-10 bzw. 11 – International classification of diseases (Internationale statistische Klassifikation der Krankheiten und verwandter Gesundheitsprobleme)

Die ICD-10 bzw. 11 ist die amtliche Klassifikation zur Verschlüsselung von Diagnosen in der ambulanten und stationären Versorgung in Deutschland. Im Kontext dieses Buches wird die Verschlüsselung nach ICD-10 verwendet, da zum Erscheinungsdatum die deutschsprachige Version der ICD 11 noch nicht durchgängig umgesetzt war.

Ergänzend zur ICD-10/11 wird zur Beschreibung der Umschriebenen Entwicklungsstörung motorischer Funktionen (▶ Kap. 2.3: Umschriebene Entwicklungsstörung motorischer Funktionen [UEMF]) das DSM-5 (American Psychiatric Association 2015) hinzugezogen. Im DSM-5 werden jedoch nur psychische Störungen multiaxial und somit ohne Kennzeichnung von Verbindungen oder Wechselwirkungen klassifiziert, sodass es für die Beispiele, deren Ursachen der Beeinträchtigungen auf körperlich-funktionaler Ebene zu finden sind, nicht als Ergänzung herangezogen werden kann.

Die ICD-10/11 und das DSM 5 liefern Diagnosen und die ICF/ICF-CY hingegen beschreibt Funktionsfähigkeiten und Behinderungen, bezogen auf ein Gesundheitsproblem – somit ergänzen sich diese gegenseitig, um vor dem Hintergrund der kontextbezogenen Lebenssituationen ein umfassendes Bild für die Förder- und Behandlungsplanung zu erhalten, da eine Diagnose allein meist noch nichts über mögliche Partizipationsbeeinträchtigungen respektive Förderziele aussagt. Zur weiteren Einführung und Vertiefung der ICF-CY in der Frühförderung sei u. a. auf entsprechenden Fachpublikationen verwiesen (Kraus de Camargo et al. 2019, Pretis 2019, Wolf et al. 2016).

Nach der Konzeption der ICF (World Health Organization 2001) werden die motorischen Beeinträchtigungen der Fallbeispiele in einem ersten Schritt bezüglich der Ebenen der Körperfunktionen und Körperstrukturen und deren Schädigungen beschrieben. Nachfolgend wird die Ebene der Aktivitäten und mögliche Beeinträchtigungen der Aktivitäten erläutert. Auswirkungen, die diese auf die Ebene der Partizipation [Teilhabe] haben können, schließen sich den Beschreibungen an. Auf vorliegende umwelt- und personbezogene Faktoren, die in jedem Fall höchst individuell zu sehen sind, wird anschließend im Fallbeispiel eingegangen. Den Beschreibungen werden die jeweiligen ICF-Begriffe und -Codes hinzugefügt. Die Bezeichnungen der positiven und negativen Ausprägungen zu den einzelnen Komponenten nach ICF sind in folgender Tabelle aufgeführt:

Tab. 2: Komponenten und Ausprägungen der ICF

	Positive Ausprägung +	**Negative Ausprägung -**
Körperfunktion (b)	Integrität	Schädigung
Körperstruktur (s)	Integrität	Schädigung
Partizipation [Teilhabe] / Aktivitäten (d)	Partizipation [Teilhabe]	Beeinträchtigung
Umweltfaktoren (e)	Förderfaktor	Barriere

In den Fallbeispielen wird jedoch auf die zusätzliche Kennzeichnung der Codes in Bezug auf eine positive oder negative Ausprägung verzichtet, da dies aus der Beschreibung im Fallbeispiel selbst bereits deutlich wird.

Ergänzend zur Klassifikation anhand der ICF wird jedes Schädigungsbild der ICD-10 (DIMDI 2015) zugeordnet.

Folgende Kinder und ihre Familien, die über Frühförderstellen betreut werden, werden in den folgenden Kapiteln als Fallbeispiele aufgegriffen:

- Hanna. Diagnose: Spina bifida
- Max. Diagnose: Umschriebene Entwicklungsstörung motorischer Funktionen
- Mia. Diagnose: Umschriebene Entwicklungsstörung motorischer Funktionen
- Svea. Diagnose: Zerebralparese

2.1 Spina bifida (angeborene Querschnittlähmung)

Spina bifida lässt sich etymologisch aus dem Lateinischen ableiten: spina (Stachel, Dorn = Dornfortsatz) und bifidus (in zwei Teile gespalten) und bedeutet gespaltene Wirbelsäule bzw. gespaltener Dornfortsatz (Schulz 2015). Es handelt sich bei dieser sich vorgeburtlich bereits am 28. Tag der Schwangerschaft entwickelnden Fehlbildung um einen sogenannten Neuralrohrdefekt. Sie wird umgangssprachlich, wenn auch nicht immer zutreffend, »offener Rücken« genannt. Sie wird in verschiedenen Typen in der ICD-10 GM mit dem Code Q05 verschlüsselt. Eine weitere Bezeichnung für eine Spina bifida ist »MMC«, was für Myelomengingocele steht, eine der häufigsten Formen der Spina bifida (s. u.).

2.1.1 ICF Komponente der Körperfunktionen und Körperstrukturen

Während der frühen Phasen der Schwangerschaft kommt es zu einer Störung der Neuralrohrbildung, was zu zwei verschiedenen Formen der Spina bifida führen kann: Spina bifida cystica (cystica: lat. blasig) oder Spina bifida occulta (occulta: lat. verborgen) (Brendel-Geißler 2005). Während der Embryonalphase der Schwangerschaft verschließt sich das Neuralrohr nicht überall gleichzeitig, dies kann je nach Schädigungszeitpunkt zu unterschiedlichen Ausprägungsformen und Lokalisationen der Spina bifida führen (Brendel-Geißler 2005). Je früher und somit je höher im Neuralrohr die Schädigung auftritt, desto höher liegt die Läsion und desto stärker ist meist die Schädigung, z.B. Störung der Gehirnentwicklung oder starke motorische Beeinträchtigungen (hauptsächlich schlaffe Lähmungen) und Sensibilitätsstörungen. Bei einer Tetraplegie sind alle vier Extremitäten betroffen, bei einer Paraplegie nur die Beine. Sind alle Leitungsbahnen ab der Schädigungsstelle stark betroffen, werden keine sensorischen Reize empfangen.

Bei einer Spina bifida können verschiedene Ausprägungsformen unterschieden werden. Bei der milden Form der Spina bifida occulta (ICD 10 GM: Q76) sind das Rückenmark und die Rückenmarkshäute nicht mitbetroffen bzw. nur leicht betroffen. Zum Teil bleibt die Spaltung der Wirbelsäule auch lange Jahre unentdeckt und es kommt zu keinen deutlichen neurologischen Störungen. Bei einer etwas stärkeren Ausprägungsform sind nur die Rückenmarkshäute vorgewölbt (Meningocele) und es kommt zu leichten neurologischen Ausfällen, z.B. Sensibilitätsstörungen oder Gehstörungen. Die häufigste Form im Rahmen der stärkeren Ausprägungen stellt die Meningomyelocele (spina bifida aperta: lat. offen) dar: die Rückenmarkshäute sowie das Rückenmark selbst sind geschädigt und es kommt zu kompletten oder inkompletten neurologischen Ausfällen, so dass ein Kind z.B. nicht gehen kann (Aksu 2011).

Bei 80% der Kinder mit Myelomeningocele tritt ein Hydrozephalus auf (Loh 2017). Dieser entsteht durch eine vermehrte Ansammlung von Liquor (Flüssigkeit, die Gehirn und Rückenmark umgibt) im Gehirn. Durch den ansteigenden Druck könnte – wenn dieser nicht durch ein sog. Shunt-System abgeleitet wird – das Gehirn dauerhaft geschädigt werden. Dies kann zusätzliche Beeinträchtigungen wie zerebralbedingte Bewegungsstörungen, Epilepsien (Anfälle), kognitive Beeinträchtigungen, Beeinträchtigungen in der Sehfunktion und der Wahrnehmung oder auch hormonelle Störungen bedingen (Loh 2017). Neben motorischen und sensiblen Funktionsausfällen liegt in der Regel eine Blasen- und Mastdarmfunktionsstörung vor (Aksu 2011).

Eine Spina bifida tritt in etwa bei 1 von 1000 lebendgeborenen Kindern auf (Loh 2017).

Kinder mit einer Spina bifida und deren Familien sind meist ein Leben lang auf fachärztliche Behandlung angewiesen. Kurz nach der Geburt muss die Mylomeningocele operativ behandelt werden, weitere u. a. therapeutische, orthopädische und urologische Maßnahmen schließen sich an.

2.1.2 ICF Komponente der Aktivitäten und Partizipation [Teilhabe]

Abhängig von der Lokalisation und dem Ausmaß der Schädigung zeigen sich die körperlichen Voraussetzungen für die Bewegungsentwicklung der Kinder mit einer Spina bifida. In allen 9 Domänen der ICF kann es – je nach individueller Voraussetzung – zu Auswirkungen/Beeinträchtigungen kommen. Durch die Sensibilitätsbeeinträchtigung kann es zu Wahrnehmungsstörungen, besonders in den unteren Extremitäten, kommen, was neben der Bewegungsbeeinträchtigung zusätzlich die Ausbildung des Körperschemas erschweren kann. *Sich Fertigkeiten anzueignen* (d155) kann unter Umständen längere Übungszeiten oder die Unterstützung durch Hilfsmittel erfordern. Auch können – meist sekundär durch einen Hydrozephalus bedingt – *die Fokussierung der Aufmerksamkeit* (d160) oder das *Lenken der Aufmerksamkeit* (d161) beeinträchtigt sein. Allgemeine Aufgaben

2.1 Spina bifida (angeborene Querschnittlähmung)

und Anforderungen müssen sicherlich sehr individuell vor dem Hintergrund der Eltern-Kind-Interaktionsentwicklung, Bindungsentwicklung, von erfahrenem Stress und der Anstrengung durch wiederkehrende Operationen verbunden mit Krankenhausaufenthalten sowie der Sorge um die Entwicklung des Kindes eingeschätzt werden. Hier sollte gut beobachtet werden, was sich das Kind zutraut (*Funktionen von Temperament und Persönlichkeit* b126) oder wie strukturiert gegebenenfalls komplexe Aufgaben sein müssen, damit das Kind eine Handlungsabfolge überblicken kann (*eine Einzelaufgabe übernehmen* d210). Bezüglich der Mobilitätsentwicklung sollte geschaut werden, dass sich die Kinder so selbstständig wie möglich ausprobieren und explorieren können (z. B. *sich verlagern* d420) – was unter Umständen bereits früh durch Hilfsmittel wie Orthesen für die Unterschenkel (*Hilfsprodukte und unterstützende Technologien* e1151), eventuell eine Sitzunterstützung oder einen Stehständer, um mit beiden Händen frei manipulieren zu können, begleitet werden kann. Auch geht es darum, gute eigenständige und effektive Fortbewegungsmöglichkeiten zu fördern (*Gehen und sich fortbewegen* d450-d469), vielleicht in der häuslichen Umgebung ein Rollbrett zu nutzen oder früh über eine Versorgung mit einem Rollstuhl (d465 bzw. e1201) nachzudenken. Die betroffenen Kinder werden in der Selbstversorgung, z. B. An- und Ausziehen (d540), auf Unterstützung angewiesen sein. Für die Blasen- und Darmentleerung (d530) wird meist früh die Nutzung von Hilfsmitteln, z. B. Kathetern, notwendig.

Die gerade allgemein geschilderte Perspektive sagt noch wenig über die individuelle Relevanz dieser notwendigen Unterstützungs- und Anpassungsleistungen für das Kind aus. Es sollte aus pädagogischer Sicht und in der Begleitung der Bezugspersonen berücksichtigt werden, dass dem Kind eine möglichst positive Entdeckung des eigenen Körpers und seiner Möglichkeiten geschaffen wird – unabhängig von erfahrenen Operationen, Korrekturen, Eingriffen, vielen Händen, die den Körper berühren –, gerade auch fortwährend in intimen Situationen wie dem Toilettengang. Gut reflektiert werden muss, wie die Selbstständigkeitsentwicklung trotz des Angewiesenseins auf Bezugspersonen und das Erleben eines eigenen Aktionsradius, in dem es sich selbstbestimmt bewegen kann, unterstützt werden kann (Loh 2017). Im Kitaalter ist es wichtig, folgende Aspekte zu beachten: Wie kann das Kind mit anderen Kindern, z. B. gerade bei Bewegungsspielen, mitmachen? Wirken sich die veränderte Erfahrung des eigenen Körpers und die Bewegungsmöglichkeit auf Raumerfahrungen aus (s. o.)? Mit zunehmendem Alter des Kindes werden auch Fragen zur Barrierefreiheit der häuslichen Situation bzw. von Bildungsinstitutionen wie Kita in den Vordergrund rücken.

Spezifisch soll im Folgenden das Fallbeispiel von Hanna, einem 7 Monate alten Mädchen mit einer Spina bifida, erläutert werden. Hier soll gerade auch der Bereich der Umweltfaktoren (Bereich e=environment) der ICF mitberücksichtigt werden. Es handelt sich hierbei um einen Auszug aus der »Akte«, die über das Kind und seine Familie im Rahmen der Interdisziplinären Frühförderstelle angelegt wurde. Die Hauptaspekte wurden dabei mit einem Code aus der ICF und einer kurzen Erläuterung, was der Code bedeutet, versehen.

Fallbeispiel Hanna
Alter:
7 Monate bei Erstvorstellung; 3;1 Jahre in der Behandlungsbeschreibung
Diagnose:
Lumbosakrale Myelomeningocele mit Hydrozephalus (ICD-10: Q05.2) mit nachfolgender neurogener Blasenentleerungsstörung und Zustand nach Shuntimplantation
Vorstellungsgrund: Aufgrund der vorliegenden Diagnose empfahl das Krankenhaus die zeitnahe Vorstellung bei der örtlich naheliegenden Interdisziplinären Frühförderstelle.
Anamnese:
Hanna ist das erste Kind ihrer Eltern. Es sind familiär keine chronischen Erkrankungen oder Behinderungen bekannt. Die Schwangerschaft verlief komplikationslos. In der 31. Schwangerschaftswoche diagnostizierte der behandelnde Gynäkologe bei einer Ultraschalluntersuchung eine Spina bifida. Daraufhin wurde

der Kontakt zur Universitätskinderklinik Oldenburg hergestellt. In der 36. SSW erfolgte die Geburt per Sectio mit einem Gewicht von 2.690 g und einer Länge von 50 cm, einem Kopfumfang von 36 cm und einem APGAR 9/9/10, was guten Vitalzeichen entspricht. Der 5x5 cm große Defekt im Lumbosakralbereich (*Struktur des Rückenmarks* s1200) wurde sofort abgedeckt. Der operative Verschluss der Myelomeningozele erfolgte am nächsten Tag und verlief ohne Komplikationen. Am 5. Lebenstag wurde aufgrund des steigenden Hirndrucks ein VP-Shunt angelegt. Hanna besitzt einen Schwerbehindertenausweis mit einem Behinderungsgrad von 100% und den Eintragungen G, H und B. Sie hat die Pflegestufe 1 bekommen (*Dienste, Systeme und Handlungsgrundsätze der sozialen Sicherheit* e570). Hanna wird derzeit 2x wöchentlich physiotherapeutisch nach Bobath und Vojta behandelt (*Dienste des Gesundheitswesens* e5800). Wegen der neurogenen Blasenentleerungsstörung (*Miktionsfunktionssörung* b620) besteht die Notwendigkeit einer sechsmaligen Katheterisierung pro Tag. Regelmäßige Kontrolluntersuchungen erfolgen. Das Mädchen isst und trinkt gut.

Hanna stammt aus einem liebevollen und engagierten Elternhaus. Sie lebt zusammen mit ihren Eltern (*Engster Familienkreis* e310) in einem Einfamilienhaus in einem stadtnahen Vorort. Die Großeltern leben vor Ort und geben der Familie viel Unterstützung (*engster Familienkreis* e310). Frau M. ist Grundschullehrerin. Jetzt ist sie in Elternzeit. Herr M. arbeitet als Informatiker.

Ersteindruck:
Die Eltern kommen gemeinsam mit Hanna zum Erstkontakt. Sie zeigen großes Interesse an der Frühförderung und möchten gerne alles umsetzen, was ihre Tochter unterstützen könnte (*Individuelle Einstellungen der Mitglieder des engsten Familienkreises* e410). Gleichzeitig bringen Frau und Herr M. zum Ausdruck, dass sie sich viele Sorgen über die Entwicklung ihrer Tochter machen. Frau M. wirkt erschöpft. Beide gehen sehr liebevoll und geduldig mit ihrer Tochter um, sind dabei aber auch sehr vorsichtig und teilweise unsicher.

Hanna ist freundlich und interessiert an sozialen Kontakten (*Elementare interpersonelle Aktivitäten* d710). Sie ist ein zierliches und kleines Mädchen, welches körperlich altersgerecht entwickelt scheint.

Aktueller Befund Erstvorstellung (Körperfunktion und -struktur sowie erste Aktivitäten / Partizipation):

Zum Zeitpunkt der Vorstellung ist Hanna 7 Monate, korrigiert 6 Monate alt. Der muskuläre Grundtonus ist hypoton (*Funktionen des Muskeltonus* b735). In Rückenlage ist eine asymmetrische Körperhaltung sichtbar. Der gesamte Oberkörper, einschließlich des Kopfes, ist nach links geneigt, die Kopfbeweglichkeit ist frei. Frau M. nimmt an, dass der rechtsseitig abgeleitete Shuntkatheter Hanna irritiere und die Ursache für die asymmetrische Körperhaltung ist. Hanna zeigt seitengleiche Spontanbewegungen der Arme und Beine (*Spezifische Spontanbewegungen* b7611). Hanna greift nach Spielzeug, wechselt dieses von der einen Hand in die andere und nimmt es in den Mund (*Lernen durch einfache Handlungen mit einem Einzelgegenstand* d1310). Sie kann sich selbstständig von Rückenlage in Bauchlage drehen (*Umdrehen* d4107). Die Bauchlage ist stabil. Hanna stützt sicher auf ihre Unterarme, die Hände sind dabei geöffnet (*In liegender Position verbleiben* d4150). Die Mutter berichtet, dass Hannas Sensibilität in beiden Beinen knieabwärts herabgesetzt ist (u.a. *Funktionen des Tastens* b265). Die peripheren Reflexe sind seitengleich auslösbar. Es sind keine pathologischen Reflexe vorhanden. Hanna lautiert variationsreich, Elemente der ersten Plauderphase sind vorhanden (*Präverbale Äußerungen* d331). Die fachärztliche Untersuchung der Hörfunktion ist ohne Befund (*Funktionen des Hörsinns* b230). Die augenärztliche Untersuchung ergab, dass Hanna aufgrund einer diagnostizierten Weitsichtigkeit eine Brille benötigt (*Die Sehschärfe (Visus) betreffende Funktionen* b2100).

Abschließende Beurteilung mit 3;1 Jahren:

Bei Hanna ist nach einer operativ versorgten Meningomyelocele mit Hydrozephalus und neurogener Blasenentleerungsstörung sowie einer herabgesetzten Sensibilität knieabwärts in beiden Beinen eine insgesamt positive Entwicklung zu vermerken. Im Bereich des Laufenlernens wird Hanna auf Hilfsmittel angewiesen sein. Über das SPZ erfolgt eine regelmäßige neuroorthopädische Untersuchung und Hilfsmittelversorgung.

Das Fallbeispiel Hanna wird in folgenden Kapiteln weitergeführt: Kapitel 4.1 (▶ Kap. 4.1: Physiotherapie), Kapitel 4.5 (▶ Kap. 4.5: Heilpädagogische Spiel- und Handlungsförderung).

2.2 Zerebralparese

Baumann et al. (2018) beschreiben die Zerebralparese als häufigsten Grund für eine motorische Behinderung im Kindesalter, die lebenslange Auswirkungen auf allen Ebenen der ICF haben kann. Der Begriff Zerebralparese wird häufig als »umbrella term« (Sammelbegriff) genutzt. Die Symptome sind abhängig vom Ort der Schädigung und dem Alter bei Schädigungseintritt. Ergänzt werden kann nach (Bax et al. 2005, 572): »Ursächlich liegt eine nicht progrediente (fortschreitende) Störung der fetalen oder frühkindlichen Hirnentwicklung vor. Die motorischen Probleme werden häufig durch weitere Störungen von Sensorik, Auffassung, Kommunikation, Perzeption, Verhalten, von Epilepsie und von sekundären Veränderungen des Bewegungsapparates begleitet.« Nach der Expertengruppe des Surveillance of Cerebral Palsy (http://scpe.edu.eacd.org/scpe.php) in Europe (2000) sollte hinzugefügt werden, dass die Schädigung zwar dauerhaft ist, sich das Erscheinungsbild jedoch verändern kann. Codiert wird die Zerebralparese in der ICD 10 im Bereich G80.0-G80.9, je nach Lokalisation und Typ.

Ätiologie (Ursache): Bei den zerebralen Bewegungsstörungen handelt es sich um die häufigste motorische Störung, die im Kindesalter beginnt. Die Prävalenzrate liegt bei 2–3/1000 Lebendgeborenen (Döderlein 2015, 44) in westlichen Industrieländern, wobei die Prävalenz von sozialen Faktoren und medizinischen Versorgungsmöglichkeiten abhängt. Diese Form der frühkindlichen Hirnschädigung tritt in der vorgeburtlichen Phase (pränatal, z. B. auf Grund von Infektionen, Hirnfehlbildungen, Alkohol- oder Nikotinmissbrauch der Mutter), während der Geburt (perinatale Phase, z. B. auf Grund von verzögerter oder komplizierter Entbindung, mechanischer Hirnschädigung, Infektionen) oder in der nachgeburtlichen Phase (bis ca. 2 Jahre, postnatal, z. B. auf Grund von Blutungen, Traumata, Infektionen) auf. Genetische Faktoren scheinen auch eine Rolle zu spielen, insgesamt scheint das männliche Geschlecht anfälliger für Schädigungen zu sein (Döderlein 2015, 42). In der Literatur wird häufig der Begriff »infantile Zerebralparese« verwendet, was auf einen Zeitpunkt der Schädigung im frühen Kindesalter hinweist (im Gegensatz z. B. dem Erwerb auf Grund eines Hirntumors im Erwachsenenalter).

2.2.1 ICF Komponente der Körperfunktionen und Körperstrukturen

Die Auswirkungen einer Zerebralparese sind abhängig von der Lokalisation der geschädigten Strukturen im Gehirn. Bei einer Schädigung des Kleinhirns bzw. der Afferenz (Nervenfasern, die zum Gehirn hinleiten, z. B. Lage- und Bewegungssinn) kommt es zu einer Ataxie. Hierbei ist der Bewegungsablauf (= Koordination) gestört. Bewegungen wirken eher überschießend und unkontrolliert. Das Muskelzusammenspiel, mit dem eine willkürliche Bewegung ausgeführt werden soll, ist gestört und nicht gut aufeinander abgestimmt (Michaelis et al. 2017). Bei der dyskinetischen Zerebralparese werden dystone und choero-athetotische Symptome unterschieden. Dyskinesien beschreiben unwillkürlich auftretende Bewegungen, d. h., der Bewegungsablauf ist beeinträchtigt durch unkontrollierbare zusätzliche Bewegungen. Der Muskeltonus ist eher wechselhaft. Die Dyskinesien werden z. B. durch eine Schädigung der Basalganglien verursacht.

2.2 Zerebralparese

Sowohl die Muskulatur der Extremitäten als auch des Rumpfes und des Gesichts können betroffen sein, was die Mimik und die Lautsprache stark verändern kann (verwaschene und langsame Aussprache) (Aksu 2011). Der am häufigsten auftretende Subtyp ist die Spastizität, die durch einen erhöhten Muskeltonus gekennzeichnet ist. Dadurch entstehen abnorme Haltungs- und Bewegungsmuster (z. B. Spitzfußstellung, Beugung und Einwärtsdrehung der Unterarme). Die Muskulatur ist eher steif und teilweise schmerzhaft verhärtet. Sowohl das pyramidale als auch das extrapyramidale System sind geschädigt (Aksu 2011). Von den Bewegungsstörungen können entweder nur eine Körperseite (Hemiparese, unilateral) oder beide Seiten (bilateral) betroffen sein. Zudem können vorrangig die Beine oder alle Extremitäten betroffen sein, dann wird diese als Tetraparese bezeichnet (Aksu 2011). Meist treten die Bewegungsstörungen als Mischform auf. Auf Ebene der Körperfunktionen ist also vorrangig die Bewegungsfähigkeit betroffen. Dies kann sowohl die Körpermotorik (z. B. Fortbewegung, freies Gehen) als auch die Feinmotorik betreffen. Der funktionelle Schweregrad der Beeinträchtigung kann anhand des GMFCS-Levels (Gross motor function classification scale; Russell et al. 2016) sowie der Handfunktionen (MACS-Level, Manual Ability Classification System; verfügbar unter https://www.macs.nu) eingeschätzt werden. Es werden insgesamt 5 GMFCS-Level unterschieden. Mit diesen wird beschrieben, welche funktionellen Einschränkungen das Kind in Bezug auf die Fortbewegungsmöglichkeiten hat und welche Hilfsmittel es gegebenenfalls zur Fortbewegung benötigt. Diese Einteilung ist jedoch altersabhängig. Eine ausführliche, altersabhängige Stufeneinteilung finden Sie hier: https://www.klinikum.uni-muenchen.de/mashup/blaetterkatalog_ispz_gmfcs/blaetterkatalog/pdf/complete.pdf

Eine grobe Übersicht über die Stufeneinteilung ist in der folgenden Tabelle 3 zu sehen.

Tab. 3: Gross Motor Function Classification System (GMFCS) – Stufeneinteilung in Anlehnung an Russel et al. 2006

GMFCS Level I	Freies Gehen und Rennen drinnen und draußen sowie Springen möglich; Treppensteigen ohne Festhalten möglich, Gegenstände können in den Händen getragen werden, Beeinträchtigung in Geschwindigkeit, Balance und Koordination
GMFCS Level II	Freies Gehen drinnen und draußen möglich; Treppensteigen mit Festhalten möglich
	Beeinträchtigungen auf unebenem Gelände und Steigungen, Geschwindigkeit beeinträchtigt, Gehen in Gruppen erschwert
GMFCS Level III	Gehen mit Hilfsmitteln wie z. B. Unterarmgehstützen drinnen und draußen möglich, Treppensteigen mit Festhalten erschwert
	Auf unebenem Gelände und für längere Strecken (manueller) Rollstuhl notwendig
GMFCS Level IV	Gehen mit Hilfsmitteln wie z. B. Rollator für kurze Strecken vorwiegend drinnen möglich, Richtungswechsel fallen schwer
	Mobilität draußen überwiegend durch Geschobenwerden in einem Rollstuhl oder selbständige Fortbewegung mit einem E-Rollstuhl
GMFCS Level V	Motorische Funktionen (wie Arm- oder Beinbewegung) sind insgesamt sehr beeinträchtigt; die Aufrichtung gegen die Schwerkraft fällt schwer, so dass angepasste Hilfsmittel, Sitzhilfen etc. notwendig sind
	Mobilität ist selbständig kaum möglich, werden in einem Rollstuhl geschoben oder haben individuelle Adaptionen, um einen E-Rollstuhl selbst ansteuern zu können

Somit werden aktuell zur Klassifikation einer Zerebralparese sowohl der Ort der Schädigung, die Art der Bewegungsbeeinträchtigung, die

Verteilung auf die Körperteile als auch die Schwere der funktionellen Auswirkung beschrieben.

Neben der Motorik können Wahrnehmungsprozesse (vorrangig Sehen und Hören), Sprache (Dysarthrien = neurogene Störung der Motorik des Sprechens, Sprechstörung) und Nahrungsaufnahme betroffen sein. »Spasmen können neben den großen Muskelgruppen auch die Augenmuskeln betreffen und die Akkommodation, also die Anpassung des Auges auf unterschiedliche Distanzen (Nähe – Ferne) erschweren. Die Auge-Hand-Koordination und damit auch die Entwicklung des räumlichen Sehens kann bei zerebralen Bewegungsstörungen betroffen sein« (Walthes 2022, 95).

Kognitive Funktionen können, müssen aber nicht beeinträchtigt sein. Hier ist die Forschungslage zum Teil uneinheitlich, da gegebenenfalls Testergebnisse nicht gewertet werden können, da sich die motorische, insbesondere feinmotorische Beeinträchtigung auf die Testleistung in Intelligenztests ausgewirkt haben könnte (▶ Kap. 3: Diagnostik und Förderplanung in der Zusammenarbeit mit Kindern mit motorischen Beeinträchtigungen und ihren Familien) oder keine standardisierten Testverfahren angewendet wurden (Stadskleiv 2020). Wichtig ist, nicht von der Schwere der Bewegungsbeeinträchtigung auf eine Intelligenzstörung zu schließen (Leyendecker 2005).

2.2.2 ICF Komponente der Aktivitäten und Partizipation [Teilhabe]

So vielschichtig, wie sich die obige Beschreibung der Körperfunktionen und -strukturen gestaltet, können die Auswirkungen auf Aktivitäten und Partizipation [Teilhabe] sein. In allen 9 Domänen der ICF kann es – je nach individueller Voraussetzung – zu Auswirkungen/Beeinträchtigungen kommen. Bereits frühe sinnliche Wahrnehmungsprozesse wie das *Orale Explorieren* (d1200) können für Kinder mit einer Zerebralparese eine Herausforderung sein, wenn ein Gegenstand z.B. nicht willentlich zum Mund geführt werden kann.

Allgemeine Aufgaben und Anforderungen können – vielleicht unter Berücksichtigung längerer Zeiten – gut übernommen werden, anderen Kindern mit komplexen zerebralen Schädigungen kann es hingegen bereits schwerfallen, *Neuartiges zu akzeptieren* (d2500), weil vielleicht eine Lageveränderung zu Verunsicherungen führt. Die *Kommunikation als Sender* (d330–349) mag aufgrund von Mimikveränderungen und/oder eine Dysarthrie nicht für alle umgebenden Personen unmittelbar verständlich sein. Häufig kann der Einsatz von Mitteln der Unterstützten Kommunikation (UK) hilfreich sein, indem z. B. *Zeichen und Symbole* zum Ausdruck verwendet werden (d3351). Zum einen können die betroffenen Kinder in der Entwicklung der Mobilität beeinträchtigt sein. Hier kann eine Versorgung mit Hilfsmitteln sinnvoll sein, z. B. Orthesen, Gehstützen, oder bereits im frühen Kindesalter in liegender Position z. B. mit Kissen und Keilen, um die Umwelt gut erkunden oder ein Spielzeug selbstständig greifen zu können. Zum anderen können die betroffenen Kinder in der Selbstversorgung, z. B. beim An- und Ausziehen (*Sich kleiden* d540) auf Unterstützung angewiesen sein. Für die selbstständige Nahrungsaufnahme (*Essen* d550) kann z. B. eine Griffverdickung am Besteck (*Hilfsprodukte* e1151) förderlich sein. Im Bereich der interpersonellen Kommunikation kann eine mögliche Verlangsamung der motorischen Reaktionen, z. B. den Kopf in die Richtung zu wenden, aus der eine Bezugsperson das Kind anspricht, zu Beeinträchtigungen führen: Wie prompt rechnet eine Bezugsperson mit einer Reaktion? Wartet sie lange genug ab? Wird das langsame Erfolgen als Ablehnung empfunden? Nach dieser Fokussierung auf mögliche Beeinträchtigungen im Bereich Aktivität und Partizipation [Teilhabe] soll die weitere Betrachtung jedoch immer darauf gerichtet sein, wodurch dem Kind Aktivitäten ermöglicht werden können und wie Partizipation [Teilhabe] unterstützt und ermöglicht werden kann.

In den Kapiteln 3.2.1 (▶ Kap. 3.2.1: Erstgespräch und Anamnese) und 3.2.2 (▶ Kap. 3.2.2: Diagnostik der allgemeinen Entwicklung und vertiefende fachspezifische Diagnostik der motorischen Entwicklung) wird das Fallbeispiel Svea ausführlich aufgegriffen, weshalb sie an dieser Stelle nur vorgestellt kurz wird.

Fallbeispiel Svea
Alter:
3;7 Jahre
Diagnose:
Unilaterale spastische Zerebralparese rechts (G80.2 ICD 10) GMFCS Level 3/4 nach Frühgeburt, Herzfehler
Anamnese:
Svea ist das erste Kind ihrer Eltern, es sind familiär keine chronischen Erkrankungen oder Behinderungen bekannt. Die Schwangerschaft verlief komplikationslos. In der 22. Woche wurde bei einer Ultraschalluntersuchung ein Herzfehler (Septumdefekt Ventrikel) diagnostiziert. Daraufhin wurde ein Kontakt zu einer kinderkardiologischen Spezialklinik hergestellt.

Die Schwangerschaft wurde in der 35. Woche per Sectio (Kaiserschnitt) aufgrund kindlicher Indikation beendet. Nach einem Krankenhausaufenthalt von 16 Wochen war Svea so stabil, dass eine Operation zum Verschluss des Septumdefektes durchgeführt wurde. Unter der Operation kam es zu einer längerdauernden Sauerstoffunterversorgung, deren Folge eine rechtseitige spastische Zerebralparese ist.

Svea wurde bislang zwei Mal wöchentlich physiotherapeutisch nach Bobath und Vojta behandelt (*Dienste des Gesundheitswesens e5800*), regelmäßige kardiologische Kontrolluntersuchungen erfolgen. Das Herz ist jetzt belastbar, bei Anstrengung und Aufregung kommt es jedoch zu Unterversorgungen, was diagnostisch weiter abgeklärt wird.
Vorstellungsgrund:
Die Eltern sind umgezogen und wollen die bereits begonnene Frühförderung nun am neuen Wohnort fortsetzen. Sie wünschen sich vor allem Beratung im Umgang mit Svea.

2.3 Umschriebene Entwicklungsstörung motorischer Funktionen (UEMF)

Die UEMF lässt sich in die größere Gruppe der Umschriebenen Entwicklungsstörungen (UES) nach ICD-10 (F80-F89) einordnen. Gemeinsam haben alle UES den ausnahmslosen Beginn im Kindesalter. Sie werden bei Kindern diagnostiziert, die keine Minderung ihrer Intelligenz oder neurologische Erkrankung aufweisen. Ferner ist die UES keine Folge einer emotionalen Störung oder eines Verhaltensproblems und die Kinder sollen ausreichend gefördert sein.

Wenn von Kindern mit einer UEMF gesprochen wird, werden häufig die Bezeichnungen »ungeschicktes Kind« (engl. Clumsiness) oder Entwicklungsdyspraxie verwendet (s. auch Seidel, 2021). Nach DSM V wird der Begriff »entwicklungsbedingte Koordinationsstörung« genutzt. Der in englischsprachigen Ländern verwendete Begriff Developmental Coordination Disorder (DCD) (American Psychiatric Association 2015) wird synonym verwendet. Eine UEMF sollte erst ab einem Alter von ≥ 5 Jahren diagnostiziert werden, in schweren Fällen auch früher (Blank & Vinçon 2020). Jedoch sollten die Symptome bereits in der frühen Kindheit vorhanden sein. Es werden insgesamt 4 Unterformen nach ICD-10 unterschieden:

- F82.0: Umschriebene Entwicklungsstörung der Grobmotorik
- F82.1: Umschriebene Entwicklungsstörung der Fein- und Grafomotorik
- F82.2: Umschriebene Entwicklungsstörung der Mundmotorik
- F82.9: Umschriebene Entwicklungsstörung der motorischen Funktionen, nicht näher bezeichnet.

Kinder, bei denen eine umschriebene Entwicklungsstörung motorischer Funktionen diagnostiziert wird, fallen in ihrer motorischen Entwicklung dadurch auf, dass sie z.B. wichtige Grenzsteine der Entwicklung verspätet erreichen. Die Bewegungsqualität wirkt eher

2.3 Umschriebene Entwicklungsstörung motorischer Funktionen (UEMF)

staksig und plump als flüssig und koordiniert (Kastner & Petermann 2009). Eine frühe Identifizierung der Kinder mit motorischen Entwicklungsauffälligkeiten wird als sehr wichtig erachtet, um die Kinder frühzeitig und adäquat fördern zu können. Studien zeigen, dass die motorischen Beeinträchtigungen persistieren (= bestehen bleiben) und sich ungünstig auf soziale, emotionale und akademische Leistungen auswirken können (Cummins et al. 2005; Mandich et al. 2002). Aktuelle Forschungsergebnisse legen nahe, dass nicht bei allen Kindern mit motorischen Auffälligkeiten z.B. exekutive Funktionen gleichermaßen betroffen waren (Molitor et al. 2015). Exekutive Funktionen spielen bei der Bewältigung von komplexen Aufgaben eine wichtige Rolle – sie befähigen den Menschen zur Selbstregulation und sind u.a. für die Steuerung der Handlungsplanung zuständig. Dies sind z.B. Prozesse, die im Arbeitsgedächtnis ablaufen (Regeln merken, Pläne aufstellen), Inhibitionsprozesse, um Störreize ausblenden zu können und spontane Handlungsimpulse zu unterdrücken, und die Fähigkeit zur kognitiven Flexibilität, um sich auf neue Anforderungen einstellen zu können (Deffner et al. 2017). Jedoch ist daher zu beachten: Es gibt nicht »das« Kind mit UEMF (Dewey et al. 2002). Vielmehr handelt es sich um eine Gruppe sehr heterogener Kinder, in der die Auswirkungen und Begleiterscheinungen sehr unterschiedlich sein können (Sugden et al. 2008). Es können verschiedene Komorbiditäten auftreten. Hierzu zählen vor allem ADHS, Sprachentwicklungsstörungen oder Lernbeeinträchtigungen (Bott 2015). Es wird daher empfohlen, bei Bedarf mehrere Diagnosen/Begleitphänomene anzugeben (Blank & Vinçon 2020). Angaben zur Prävalenz können nur sehr ungenau getroffen werden. Nach Bott (2015) mit Bezug auf verschiedene internationale Studien liegt diese zwischen 1 und 10%. Blank und Vinçon (2020) sprechen von einer Prävalenz von 5 bis 6%, die am häufigsten angegeben wird. Die Diagnose wird bei Jungen häufiger als bei Mädchen gestellt (Blank 2012). Die Probleme, die die Kinder mit ihren motorischen Fertigkeiten haben, wirken sich auf Aktivitäten des täglichen Lebens und den schulischen Erfolg, und damit meist auf das soziale Zusammenleben (Teilhabe) sowie auf die physische und psychische Gesundheit aus (Blank & Vinçon 2020).

2.3.1 ICF Komponente der Körperfunktionen und Körperstrukturen

Ätiologie (Ursachen): Umschriebene Entwicklungsstörung motorischer Funktionen werden auch solche »motorischen Beeinträchtigungen« genannt, die nicht neurologisch, sensorisch oder kognitiv bedingt sind. Sie werden auch als »idiopathisch« bezeichnet, was bedeutet, dass die Ursache nicht klar erkennbar ist. Nach Esser und Wyschkon (2016) fallen bei ca. 50 % der Kinder mit UEMF leichte neurophysiologische oder neuroanatomische Veränderungen auf, diese sind aber nicht stark genug, um eindeutig die Symptome auszulösen. Weiterhin zeigt sich eine Überrepräsentation bei Frühgeborenen oder Säuglingen mit niedrigem Geburtsgewicht. Als Ursache wird ein multifaktorielles Zusammenspiel aus neurologischen Prozessen, genetischen sowie umweltbezogenen Einflüssen vermutet (Cermak et al. 2002).

Schädigungen auf Ebene der Körperstrukturen können bei Kindern mit UEMF in der Regel nicht ausgemacht werden bzw. müssen differenzialdiagnostisch ausgeschlossen werden (s.o.). Auf Ebene der Körperfunktionen können Störungen u.a. in Bezug auf spezifische mentale Funktionen (z.B. *Funktion der Aufmerksamkeit* b140, *psychomotorische Funktionen* b147) betroffen sein (Dewey et al. 2002; Jaščenoka & Petermann 2018), es können aber auch Beeinträchtigungen der *Funktionen der Wahrnehmung* (b156) und hier besonders der *visuellen Wahrnehmung* (b1561) vorliegen. Dabei kann es zu Auffälligkeiten in Bezug auf visuell-räumliche Beziehungen, Figur-Grund-Wahrnehmung, Formkonstanz und Gestaltschluss kommen (Tsai et al. 2008). Diese Beeinträchtigungen fallen auf Ebene der Aktivitäten meist deutlich auf (s.u.). Weitere Beeinträchtigungen im sensomotorischen Bereich können die *Hörfunktion* (b230) betreffen. Am deutlichsten beobachtet man bei diesen Kindern jedoch basale motorische Be-

2.3 Umschriebene Entwicklungsstörung motorischer Funktionen (UEMF)

einträchtigungen: Diagnostisch können Störungen der Körperwahrnehmung (*Die Propriozeption betreffende Funktionen* b260) oder der motorischen Kontroll- und Steuerfunktionen der zentralen motorischen Prozesse, wie Gleichgewicht (*Vestibuläre Funktionen* b235), festgestellt werden. Für eine Diagnosestellung UEMF wird verlangt, dass Leistungen im betroffenen Funktionsbereich (hier: Motorik) mindestens eine Standardabweichung unterhalb der Altersnorm liegen (Blank & Vinçon 2020). Empfohlene Messinstrumente sind hierbei: Movement ABC-2 (Petermann 2015) und BOT-2 (Bruininks & Bruininks 2014). Aktuell sind weitere motorische Entwicklungstestverfahren entwickelt worden, z.B. das LoMo 3–6, die jedoch bisher nicht in die AWMF Leitlinien implementiert sind (Blank & Vinçon 2020). Bei AWMF Leitlinien (Arbeitsgemeinschaft der Wissenschaftlichen medizinischen Fachgesellschaften e.V.) handelt es sich um Orientierungshilfen, die systematisch entwickelte Aussagen zum gegenwärtigen Forschungs- und Erkenntnisstand wiedergeben, um die Entscheidungsfindung von Ärzt:innen sowie Angehörigen von weiteren Gesundheitsberufen und Patient:innen und ihren Familien für eine angemessene Versorgung bei spezifischen Gesundheitsproblemen zu unterstützen.

Neben den aufgezählten Einschränkungen können emotionale und sprachliche Auffälligkeiten bei den Kindern ausgemacht werden, die sich auf die Teilhabe an alltäglichen Aktivitäten auswirken können. Ferguson et al. (2014) zeigen zudem auf, dass Schädigungen im Bereich der globalen mentalen Funktionen, hier zum Beispiel *Funktionen von Temperament und Persönlichkeit* (b126) oder *Funktionen der psychischen Energie und des Antriebs* (b130), dazu führen können, dass die Kinder nur schwer neue motorische Fertigkeiten lernen können (z.B. aufgrund von Ängstlichkeit vor neuen Aufgaben, fehlender Motivation oder mangelnder Impulskontrolle).

Daher ist neben der Erhebung des motorischen Entwicklungsstands (s.o.) und der allgemeinen klinischen Untersuchung des Kindes zur körperlichen, neurologischen und sensorischen sowie kognitiven und psychischen Entwicklung wichtig, weitere Einschätzungen vorzunehmen. Diese beziehen sich auf die Aktivitäten des täglichen Lebens, aber auch auf die Auswirkungen der Störung z.B. auf die Kontakte zu anderen Kindern. Die Informationen sollen von den Eltern/relevanten Bezugspersonen oder Fachkräften, die das Kind gut kennen, erhoben werden. Als Elternfragebogen wird der DCDQ (Developmental Coordination Disorder Questionnaire German Version) (Kennedy-Behr et al. 2013) empfohlen (Blank & Vinçon 2020).

2.3.2 ICF Komponente der Aktivitäten und der Partizipation [Teilhabe]

Für die Diagnosestellung UEMF ist neben den abweichenden motorischen Funktionen erforderlich, dass sich die UEMF auf das alltägliche Leben oder die Schulleistungen, Freizeit und Spiel erheblich auswirkt (Blank & Vinçon 2020). Auswirkungen können sein, dass die Kinder motorische Anforderungen meiden, weil sie eher bewegungsunsicher sind auf Grund von mangelndem Gleichgewicht. Sie stoßen sich häufiger an Kanten oder Ecken, stolpern oder fallen hin, wenn sich Untergründe plötzlich verändern. Alltägliche Bewegungsabläufe, die Koordination erfordern, wie das An- und Ausziehen, dauern lange oder gelingen nicht vollständig (*Alltägliche Routinen durchführen* d230). *Grobmotorische* (d410–429, d450–455) und *feinmotorische Fähigkeiten* (d440) werden erschwert erworben. So werden beispielsweise Fahrradfahren (*Ein von Menschen betriebenes Fahrzeug fahren* d4750) oder andere neue motorische Handlungsmuster langsamer erlernt. Der Umgang mit Bällen/Gegenständen, die *geworfen und gefangen* werden (d4454/4455), wirkt oft wenig zielgerichtet und ist eher von Misserfolgen gekennzeichnet. Zeichnungen und später die Schrift können eher krakelig wirken, es fällt den Kindern schwer, Begrenzungslinien einzuhalten und z.B. mit einer Schere etwas genau auszuschneiden. Insgesamt zeigen die Kinder zum Schulalter hin Auffälligkeiten in verschiedenen Bereichen des *elementaren Lernens* (d130-d159), z.B. beim *Schrifterwerb* (d145) und/oder dem *Rechnen lernen* (d150), aber auch der Wissensanwendung, z.B. in Bezug auf die

2.3 Umschriebene Entwicklungsstörung motorischer Funktionen (UEMF)

Fähigkeit, die *Aufmerksamkeit lenken* zu können (d160), Lösungen gedanklich finden zu können (*Denken* d163) bzw. *Probleme lösen* zu können (d175), auf.
Welche Auswirkungen kann das auf das soziale Miteinander mit anderen Kindern haben? Kinder mit UEMF sind häufig weniger beliebte Spielpartner (*Personen oder Situationen begegnen* d2502). Wenn ein schnelles Handeln oder ein Planungsentwurf für eine Tätigkeit gefordert sind, geraten Kinder mit UEMF schnell an Grenzen: *Wie kann ich ein Haus aus Schaumstoffklötzen bauen? Baue ich erst das Fundament? Was benutze ich als Dach? Wie halten die Materialien gut zusammen?* (u. a. *Probleme lösen* d175). Diese Kinder werden auch als »dyspraktisch« beschrieben. Unter Praxie wird die Fähigkeit verstanden, eine Idee von einer Handlung entwickeln zu können, die Bewegung dann zu planen und die entsprechende Abfolge von Bewegungen durchführen zu können (Ayres 2002). So geht zum Beispiel ein Spielzeug beim Handeln unabsichtlich eher kaputt, oder der Turm aus Bauklötzen eines anderen Kindes wird aus Versehen beim Greifen angestoßen (Nacke 2013). Die Erfahrungen im sozialen Miteinander können sich negativ auf das Selbsterleben und die Selbstwerteinschätzung (*Selbstvertrauen* b1266) auswirken, was zusätzliche emotionale Auffälligkeiten begünstigen kann. Bei Kindern mit UEMF sollte unbedingt berücksichtigt werden, dass sich zunehmend negative Kreisläufe entwickeln können: Durch die motorischen Schwierigkeiten nehmen sie weniger an bewegungsbezogenen (Freizeit-)Aktivitäten teil, sind weniger involviert in ein Freispiel mit anderen Peers. Hieraus ergeben sich nur begrenzte Möglichkeiten zum Explorieren und Üben motorischer Funktionen, was den Abstand zu Peers weiter vergrößern lässt (Cairney et al. 2010) und soziale Teilhabe erschwert. Langfristig können sich die vorrangig motorischen Probleme auf die psychische Gesundheit im jungen Erwachsenenalter negativ auswirken (Harrowell et al. 2017). Eine umfassende Darstellung der Auswirkung einer UEMF auf alle 9 Lebensbereiche der ICF findet sich in Ferguson et al. (2014).

Fallbeispiel Max
Alter:
5;5 Jahre
Diagnose:
Umschriebene Entwicklungsstörung motorischer Funktionen in den Bereichen Grobmotorik sowie Fein- und Grafomotorik (ICD-10 F82.0 und F82.1)
Vorstellungsgrund:
Max besucht seit 2,5 Jahren einen Regelkindergarten (*Dienste des Bildungs- und Ausbildungswesens* e5850). Dort sind beim Turnen und im Außenbereich Koordinationsprobleme aufgefallen. Max stolpere viel, spiele und tobe wild und verletze sich deshalb des Öfteren. Die Gefahreneinschätzung sei für ihn ebenfalls schwierig (*Auf eigene Sicherheit achten* d571). Auch die *feinmotorischen Fähigkeiten* (d440) von Max erscheinen dem Kindergarten unausgereift. In einem Elterngespräch teilte der Kindergarten seine Beobachtungen der Mutter mit. Diese sprach bei der nächsten Untersuchung ihren Kinderarzt darauf an. Der Kinderarzt hat der Mutter daraufhin die Vorstellung in der Frühförderstelle empfohlen.
Anamnese:
Die Schwangerschaft ist weitgehend unauffällig verlaufen. Bei der Mutter wurde ein Schwangerschaftsdiabetes festgestellt. Die Geburt erfolgte per Sectio mit einem Gewicht von 3.500 g und einer Länge von 49 cm. Max konnte mit ca. 8 Monaten frei sitzen. Er ist nicht gekrabbelt. Er konnte mit 15 Monaten frei gehen. Er hat einen starken Bewegungsdrang und kann nicht lange stillsitzen. Die Bewegungen wirken unkoordiniert und schnell. Orthopädisch ist Max mit Einlagen auf Grund einer Fußfehlstellung versorgt (*Hilfsprodukte* e1151). Die Händigkeit ist noch nicht festgelegt. Schulrelevante feinmotorische Anforderungen, wie Malen und Schreiben (*Schreiben lernen* d145), vermeidet er überwiegend. Die Stifthaltung ist noch nicht altersgemäß entwickelt (*Fertigkeiten erwerben, um Schreibgerät zu benützen* d1450). Sprachlich und kognitiv scheint Max altersgerecht entwickelt zu sein.

2.3 Umschriebene Entwicklungsstörung motorischer Funktionen (UEMF)

Max lebt mit seinem 4-jährigen Bruder Stefan bei seiner alleinerziehenden Mutter in einer Mietwohnung in der Stadt (*Engster Familienkreis* e310). Die Eltern leben seit 2 Jahren getrennt. Kontakt zum leiblichen Vater besteht regelmäßig alle 14 Tage an den Wochenenden. Herr S. wohnt im Nachbarort, ist Fernfahrer und berufsmäßig unter der Woche unterwegs. In der väterlichen Wohnung müssen die Brüder sich ein Zimmer teilen. Zwischen den beiden Brüdern gibt es häufig *Geschwisterrivalitäten* (*Beziehungen unter Geschwistern* d7602). In der Wohnung von Frau S. hat jeder sein eigenes Zimmer. Ein Spielplatz befindet sich in unmittelbarer Nähe. Beide besuchen täglich den Kindergarten. Max hat sich dort gut integriert. Er hat *Freunde* in seiner Gruppe (e320) und soll zum nächsten Schuljahr in die örtliche Grundschule eingeschult werden. Frau S. arbeitet drei Vormittage die Woche in einem Aushilfsjob. *Die Großeltern* wohnen 250 km weit entfernt, können nur sporadisch besucht werden und die Familie deshalb wenig unterstützen (*Engster Familienkreis* e310). Frau S. ist oft gestresst, weil sie wenig Entlastung bekommt und wirkt teilweise unstrukturiert. Max und sein Bruder schauen am Abend mehrere Stunden TV. In der Zeit kümmert sich Frau S. um den Haushalt. Finanziell hat die Familie keine großen Möglichkeiten. Den Kindern mangelt es jedoch nicht an der grundlegenden Versorgung.

Ersteindruck:

Frau S. kommt gehetzt mit beiden Kindern ein paar Minuten zu spät zum ersten Termin in der Frühförderstelle. Sie wirkt aufgeschlossen und sprechfreudig. Der Vater konnte bei dem Termin aus beruflichen Gründen nicht dabei sein. Max ist ein großer, schlanker Junge, der gemeinsam mit seinem Bruder interessiert den Raum erkundet. Er wirkt aufgeschlossen im Kontakt. Beide Kinder beschäftigen sich aktiv und ausgiebig mit Bausteinen und Fahrzeugen, wobei häufig kleine Streitigkeiten entstehen, die auch die Mutter nicht immer lösen kann. Max war heute nicht bereit, gestellte Aufgaben durchzuführen (*Reaktion auf Anforderung* d2501). Frau S. wünscht sich eine ausführliche Entwicklungsdiagnostik in der Frühförderstelle. Sie möchte Max noch vor der Einschulung bestmöglich unterstützen (*Engster Familienkreis* e310), damit er in der Schule keine Probleme bekommt (*Vorankommen in einem Programm der Vorschulbildung* d8152).

Aktueller Befund:

Internistisch-pädiatrisch ist Max mit einer Größe von 115 cm und einem Gewicht von 21 kg in einem guten Allgemein- und Ernährungszustand. Max zeigt sich bewegungsfreudig. Es finden sich heute keine pathologischen Organbefunde. Die gängigen Kinderimpfungen sind komplett durchgeführt.

Neuropädiatrisch zeigt sich eine unreife Körpergesamtkoordination (*Funktionen der Kontrolle der Willkürbewegungen* b760). Der Reflexstatus ist seitengleich. Die peripheren Reflexe beidseits sind schwer auslösbar. Der Muskeltonus ist normgerecht (*Funktion des Muskeltonus* b735).

Eine fachärztliche Untersuchung der Augen blieb ohne Befund (*Funktionen des Sehens* b210). Durch eine weiterführende HNO-ärztliche Diagnostik (pädaudiologische Testung) konnte eine periphere Hörstörung beidseits ausgeschlossen werden. Die zentralen Hörleistungen zeigen Normalbefunde (*Funktionen des Hörens* b230).

Die Ergebnisse der allgemeinen Entwicklungstestung sowie des Motoriktests werden in Kapitel 3.2.2 (▶ Kap. 3.2.2: Diagnostik der allgemeinen Entwicklung) dargestellt.

Abschließende Beurteilung:

Es können Probleme in der Grob- und Feinmotorik sowie im Körperbewusstsein (Einschätzung des eigenen Körpers und seiner Fähigkeiten) und in der Ausdauer festgestellt werden, damit einher gehen leichte Unsicherheiten im sozial-emotionalen Bereich. Insgesamt sind diese aufgrund der Auswirkungen auf Max' Partizipation gerade in Bezug auf den anstehenden Übergang in die Grundschule als förderbedürftig einzustufen.

2.3 Umschriebene Entwicklungsstörung motorischer Funktionen (UEMF)

Ergebnisse, Absprachen und Empfehlungen:
Die bestehende Entwicklungsverzögerung erfordert mehrdimensionale Förderung und therapeutische Versorgung, die durch eine Komplexleistung gewährleistet werden kann. Die Förderung sollte für ein Jahr laufen. Schwerpunkte der Förderung sind die Bereiche heilpädagogische Frühförderung, Ergotherapie und Psychomotorik. Max wird im nächsten Jahr schulpflichtig. Seine Einschulung in die Grundschule soll gesichert werden. Nähere Absprachen dazu werden im Förder- und Behandlungsplan festgehalten. Die Absprachen erfolgten gemeinsam mit der Mutter und der Bezugserzieherin aus dem Kindergarten. Die Frühförderung wird im Wechsel als Hausbesuch und im Kindergarten stattfinden. Mit einer wohnortnahen Praxis für Ergotherapie wird ein Kooperationsvertrag für die Behandlung von Max vereinbart. Frau S. wird die Praxis ambulant mit Max aufsuchen. In den Räumen der IFF wird Max an einer Psychomotorik-Gruppe mit 5 gleichaltrigen Kindern teilnehmen.

Das Fallbeispiel von Max wird in folgenden Kapiteln weiter aufgegriffen: Kapitel 3 (▶ Kap. 3: Diagnostik und Förderplanung in der Zusammenarbeit mit Kindern mit motorischen Beeinträchtigungen und ihren Familien), Kapitel 4.2 (▶ Kap. 4.2: Ergotherapie), Kapitel 5.3.1 (▶ Kap. 5.3.1: Kooperation mit Kindertageseinrichtungen).

Ein weiteres Fallbeispiel von einem Kind, das die vorläufige Diagnose umschriebene Entwicklungsstörung motorischer Funktionen gestellt bekommen hat, wird nun kurz erläutert:

Fallbeispiel Mia
Alter:
3;6 Jahre
Diagnose:
Kombinierte umschriebene Entwicklungsstörung mit Schwerpunkt in den Bereichen Grob- und Feinmotorik, Körperwahrnehmung sowie sozial emotionales Verhalten (ICD-10: F83) (vorläufige

Diagnose)
Vorstellungsgrund:
Mia geht seit ihrem dritten Geburtstag, nun ein halbes Jahr lang, nachmittags in den Kindergarten. Die Eingewöhnungszeit im Kindergarten war für Mia sehr schwer. Es fiel ihr nicht leicht, sich von ihrer Mutter zu trennen (*Verhalten in Beziehungen regulieren* d7202). Die Mutter hospitierte in der Eingewöhnungszeit öfter im Kindergarten, um Mia darin zu unterstützen, sich an den Ablauf im Kindergarten zu gewöhnen und sich von der Mutter zu trennen. Mittlerweile geht sie ohne diese Unterstützung der Mutter in den Kindergarten. Nach ein paar Monaten im Kindergarten ist den Erzieherinnen aufgefallen, dass Mia regelrecht alle Bewegungsangebote im Kindergarten vermeidet. Sie zeigt kaum Bewegungsfreude (*psychische Energie und Antrieb* b130). Die Erzieherinnen machen sich Sorgen um Mias feinmotorische und grobmotorische Fertigkeiten, weshalb sie Mias Mutter in einem Gespräch die Empfehlung zu einem Kinderarzttermin gaben. Die Mutter nahm den Rat der Erzieherinnen an. Der Kinderarzt hat eine Überweisung für eine Entwicklungsdiagnostik in der Frühförderstelle ausgestellt.
Anamnese:
Schwangerschaft und Geburtsverlauf von Mia waren ohne Komplikationen. Mia kam um den errechneten Termin per Kaiserschnitt zur Welt. Mia war ein »pflegeleichter« Säugling. Sie zeigte eine verspätete Krabbel- und Laufentwicklung. So konnte sie erst mit 11 Monaten krabbeln (*Krabbeln, Robben* d4550) und mit 20 Monaten frei gehen (*Gehen, Laufen* d450). *Feinmotorische Tätigkeiten* (d440) vermied sie auch schon als Kleinkind. Auch in Bezug auf Bewegungsaktivitäten wirkt sie eher vermeidend: Sie hat nicht viel Spaß daran, draußen zu schaukeln, zu rutschen, zu rennen, zu toben (*Sich auf andere Weise fortbewegen* d455) und im Sand zu spielen. Auch das Öffnen und Schließen von Reißverschlüssen fallen ihr noch schwer. Zudem spielte sie als Kleinkind schon nicht gerne mit Puzzeln und zeigte keine Freude am Malen (*Feinmotori-*

2.3 Umschriebene Entwicklungsstörung motorischer Funktionen (UEMF)

scher Handgebrauch d440). Mias Händigkeit ist noch nicht festgelegt (*Manuelle Dominanz* b1473).

Mia ist als »Nesthäkchen« das jüngste von drei Kindern. Sie hat noch zwei Brüder im Alter von zehn und zwölf Jahren. Die Brüder sind gegenüber ihrer kleinen Schwester sehr fürsorglich (*Engster Familienkreis* e310). Dennoch spielen die Geschwister wenig mit ihr, was auf den großen Altersunterschied zurückzuführen ist (*Beziehung unter Geschwistern* d7602). Die Eltern sind verheiratet, leben in ihrem Eigenheim mit Garten und betreiben einen Landgasthof. Der Vater ist viel beschäftigt mit dem Betrieb des Landgasthofes, die Mutter springt im Notfall ein. Mia hat ein eigenes Zimmer. Die Eltern und älteren Geschwister gehen viel auf ihre Wünsche und Bedürfnisse ein und nehmen ihr häufig Aufgaben ab. Die Eltern haben sich bislang keine Sorgen um Mias Entwicklung gemacht. Sie dachten, dass auch diesmal die Entwicklung des Kindes wie von selbst verläuft. Seit einem halben Jahr besucht Mia nachmittags den Regelkindergarten (*Dienste des Bildungs- und Ausbildungswesens* e5850). Sie hat dort noch keine festen Freundschaften gefunden (*Beziehungen eingehen* d7200). Im Kindergarten ist sie eher beobachtend (*Zuschauen* d110) und zeigt wenig Eigeninitiative (*Dispositionen und intrapersonelle Funktionen* b125).

Das Fallbeispiel Mia wird in folgenden Kapiteln weiter fortgesetzt: Kapitel 4.4 (▶ Kap. 4.4: Psychomotorische Bewegungs- und Wahrnehmungsförderung), Kapitel 5.1 (▶ Kap. 5.1: Zusammenarbeit mit den Eltern/Bezugspersonen).

Weiterführende Überlegungen sollen an dieser Stelle noch einmal zusammenfassend aufgegriffen werden. Es wurde dargestellt, dass zur Beschreibung der Situation eines Kindes und seiner Familie eine Diagnosestellung auf Ebene der ICD-10/des DSM5 nicht ausreichend ist. Sie sollte immer in Kombination mit einer bio-psycho-sozialen Perspektive stehen, die personbezogenen Faktoren sowie Umweltfaktoren einschließt und vor allem die Möglichkeiten oder Beeinträchtigungen zur Ausführung von Aktivitäten und dem Erleben von Teilhabe beachtet. Pinto et al. (2018) fassen dies in einer Studie mit dem hier ins Deutsche übersetzten Titel: »Jenseits von Diagnosen: Die Bedeutung von sozialer Interaktion für Partizipation in inklusiven vorschulischen Bildungseinrichtungen« sehr anschaulich zusammen. Viel mehr als der Blick auf die Diagnose und das vorschnelle Ziehen von Rückschlüssen auf das Kind und seine Familie sollten gerade beim Kind die Beteiligung in alltäglichen Aktivitäten durch die Erstellung von Partizipationsprofilen in Blick genommen werden – gerade auch in Bezug auf die Interaktion mit Peers und Bezugspersonen. Hier wird deutlich, dass die Partizipationsprofile im Vergleich zu alleinstehenden Diagnosen eine wesentlich höhere Aussagekraft besitzen.

3 Diagnostik und Förderplanung in der Zusammenarbeit mit Kindern mit motorischen Beeinträchtigungen und ihren Familien

Die Diagnostik hat in der Interdisziplinären Frühförderung einen wichtigen Stellenwert. Der Begriff »Diagnostik« leitet sich aus dem Griechischen ab und bedeutet so viel wie »Unterscheidung«, »Entscheidung«, »durchdringend erkennen, unterscheidend beurteilen«. Pawlik (1982, zit. nach Bundschuh 2010) versteht Diagnostik als einen übergreifenden Ansatz zum Ermitteln und Einbringen von Informationen für und über die Behandlung.

»Näher betrachtet stellt Diagnostik einen fortlaufenden Prozess dar, um ein vertieftes Verständnis über die kindlichen Probleme, seine Kompetenzen und Ressourcen sowie über die besonderen Lern- und Fördermöglichkeiten zu erhalten, damit sich die persönlichen Entwicklungspotentiale des Kindes optimal entfalten können« (Peterander, 2003, S. 27).

Nach Schmid-Krammer und Naggl (2006) geht es bei der Diagnostik um die Anwendung spezifischer Methoden, um damit eine differenzierte Beschreibung des Kindes bezüglich seiner körperlichen, geistigen und seelischen Entwicklung zu erhalten, mit dem Ziel, »»Miteinanderleben« in der Familie und Gemeinschaft« zu fördern (Peterander 2003, 27). Diese differenzierte Beschreibung erfolgt – aus einem bio-psycho-sozialen Verständnis heraus – immer vor dem Hintergrund der Lebenswirklichkeit und Persönlichkeit des Kindes.

Kontextfaktoren, familiäre und weitere soziale Bedingungen des Kindes müssen in diese differenzierte Beschreibung einfließen (s. u.).

3.1 Kennzeichen, Phasen und Prinzipien der Diagnostik in der Interdisziplinären Frühförderung

Kennzeichen und Phasen

Ziel der Diagnostik in der Interdisziplinären Frühförderung ist zum einen die Erfassung des Entwicklungsstandes des Kindes bzw. die Identifikation von Entwicklungsabweichungen (Statusdiagnostik). Zum anderen sollen Ressourcen und Entwicklungsbedingungen erfasst werden, um eine Aussage zur Prognose der weiteren Entwicklung treffen zu können (Esser & Petermann 2010). Folglich soll die interdisziplinäre Diagnostik die »Beeinträchtigungen des Kindes und die in Wechselwirkung mit seinen Lebensumfeld entstehenden Partizipationsmöglichkeiten und -einschränkungen erfassen« (Engeln et al. 2020, 13).

Der diagnostische Prozess besteht aus drei Phasen. Wenn sich in der Eingangsdiagnostik (Phase 1) abzeichnet, dass eine Partizipationsbeeinträchtigung vorliegt und somit das Kind behindert wird oder eine Behinderung droht (Engeln et al. 2020), wird auf der Grundlage der in der Eingangsdiagnostik erhobenen Daten der Förder- und Behandlungsplan (FuB) erstellt, in der Verlaufsdiagnostik (Phase 2) fortlaufend kontrolliert und aktualisiert (Qualitätskontrolle) (s. u.), d. h. die Effektivität der Maßnahmen analysiert. Zudem wird eine Abschlussdiagnostik (Phase 3) zum Ende der Förderung vorgenommen. Wichtiger Bestandteil der Diagnostik im Sinne eines systemisch-ökologischen Entwicklungsverständnisses ist die spezifische Analyse der psychosozialen Situation der Familie, des kindlichen Umfeldes sowie der Erziehungssituation. Diese ist ein ebenso bedeutsamer

Bestandteil des diagnostischen Prozesses, wie die Entwicklungsdiagnostik des Kindes anhand von Entwicklungstests, Screeningverfahren oder systematischen Beobachtungen. Es gilt innerhalb der Diagnostik nicht symptomorientiert, sondern systemorientiert vorzugehen (Engeln et al. 2020). Diese Sicht entspricht einem familienorientierten Grundverständnis von Frühförderung, in dem die Förderung der Eltern-Kind-Beziehung einen bedeutsamen Stellenwert einnimmt. Daher ist neben der kindspezifischen Diagnostik die Beobachtung der Qualität der Eltern-Kind-Beziehung und der Einsatz von Verfahren, die das System »Familie« in den Blick nehmen, gleichbedeutsam. Weitere kennzeichnende Prinzipien der interdisziplinären Diagnostik in der Frühförderung sind die Ressourcen- sowie die Aktivitäts- und Partizipationsorientierung. Hierdurch wird der Fokus der Diagnostik nicht nur auf die Defizite und Auffälligkeiten bzw. Schädigungen gelegt.

Die Diagnostik wird in der Regel interdisziplinär vorgenommen, sodass sowohl die Fachdisziplinen Pädagogik, Psychologie, Medizin als auch Therapie beteiligt sind. Dabei ist hier im Sinne der ICF keine additive Aneinanderreihung der diagnostischen Erkenntnisse wesentlich, sondern ein integriertes und perspektiven-übergreifendes Erfassen der individuellen Ausgangslage.

Auf Basis der diagnostischen Informationen wird ein gemeinsamer, mit den beteiligten Fachkräften sowie Bezugspersonen entwickelter, hypothesengeleiteter Förder- und Behandlungsplan erstellt (▶ Kap. 3.3: Förder- und Behandlungsplanung).

Peterander (2003) führt aus, dass in der Frühförderung sowohl kategoriale (z.B. ICD-10, DSM 5, ICF) als auch dimensionale (anhand eines Kontinuums einer Dimension, z.B. Motorik) diagnostische Verfahren (z.B. DCDQ-D Fragebogen zur motorischen Entwicklung, Kennedy-Behr et al. 2013) genutzt werden. Darüber hinaus solle sie multimodal (vielschichtig, aus verschiedenen Fachperspektiven) und multivariat (Kombination verschiedener Verfahren) stattfinden. Thurmair et al. (2010) verweisen zudem auf die Mehrdimensionalität in der Diagnostik, um der Untrennbarkeit der verschiedenen Entwicklungsbereiche zu entsprechen. Es geht folglich um eine Kombination verschiedener Verfahren, Konzepte, Strategien, die Triangulation qualitativer und quantitativer Verfahren (eine Kombination sowohl beschreibender als auch messender Verfahren) sowie eine funktionierende interdisziplinäre Kooperation im Frühförderteam. Hierdurch kann den Ansprüchen einer qualitativ hochwertigen Diagnostik zur Erfassung der individuellen Handlungs- und Lernmöglichkeiten, Ressourcen und Beeinträchtigungen, Risiko- und Schutzfaktoren eines Kindes im Kontext seiner Familie/Bezugspersonen entsprochen werden. Dabei orientiert sich die Diagnostik in der Frühförderung vorrangig an den Handlungsmöglichkeiten und der Partizipation des Kindes in seinem Alltag und seinem alltäglichen Umfeld.

Die diagnostischen Phasen dienen folglich zum einen der Informationsgewinnung und Hypothesenbildung sowie der Planung des weiteren Vorgehens. Zum anderen stellen sie gerade in der Eingangsdiagnostik eine wichtige Grundlage für den Beziehungsaufbau mit dem Kind und seiner Familie bzw. seinen Bezugspersonen dar. Unter Umständen wird in dieser Eingangsphase das erste Mal für eine Familie ausgesprochen werden, dass das Kind eine Entwicklungsauffälligkeit aufweist und dadurch gegebenenfalls eine Behinderung besteht oder droht, was besondere Sensibilität der Fachkräfte erfordert. Im Verlauf und abschließend dient die Diagnostik der Überprüfung der Wirksamkeit der Förder- und Therapiemaßnahmen.

Prinzipien

Folgende Prinzipien sollten für das professionelle Handeln in der Diagnostik für die Fachkräfte leitend sein:

- Ausgangspunkt sind die Kompetenzen, Stärken und Ressourcen des Kindes und seiner Familie/Bezugspersonen.
- Fachkräfte handeln interdisziplinär, multidimensional und sich gegenseitig ergänzend auf der Basis eines gemeinsamen, dynamisch-systemischen Entwicklungsmodells. Dies erfordert ein kooperatives Zusammenwirken.

- Neben funktionaler, entwicklungsbezogener Diagnostik nimmt die Interaktionsdiagnostik zwischen Kind, Bezugsperson(en) und Fachkraft einen wichtigen Stellenwert ein.
- Diagnostik ist immer lebensweltorientiert und situationsabhängig, d. h, die kindlichen Aktivitäten und die Partizipation werden vor dem Hintergrund der individuellen Lebenssituation und der Umwelt des Kindes und seiner Familie/Bezugspersonen erfasst. Dabei muss der kulturelle, soziale und kommunikative Kontext beachtet werden (Engeln et al. 2020).
- Im diagnostischen Prozess werden die Eltern/Bezugspersonen aktiv eingebunden, zu einen, um familiäre Ressourcen, aber auch Belastungen zu erfassen. Zum anderen dient dies der Transparenz und gegenseitigen Klärung der Erwartungen und Ziele innerhalb der Förderung (Peterander 2003).

Im Folgenden wird der Fokus auf Kinder mit motorischen Beeinträchtigungen und die Diagnostik motorischer Kompetenzen gelegt. Die fachspezifische Diagnostik der unterschiedlichen beteiligten Disziplinen wird hierbei beachtet. Berücksichtigt werden muss, dass im diagnostischen Prozess verschiedene Methoden eingesetzt werden sollten (multivariaten Diagnostik, s. o.).

3.2 Diagnostische Verfahren und Methoden in der Interdisziplinären Frühförderung

Diagnostische Methoden können grob in die folgenden vier Bereiche unterteilt werden:

- Erstgespräch und Anamnese: meist informelle, einrichtungsspezifische, nicht standardisierte Verfahren

- Beobachtende (informelle) Verfahren: z.b. freie oder strukturierte Spiel- und Verhaltensbeobachtung, Motoskopie
- Standardisierte und normbasierte Testverfahren (formelle Verfahren): z.b. allgemeine Entwicklungstestverfahren oder spezifische Entwicklungstests, wie z.b. ET 6-6R, Motoriktests
- Standardisierte Interviews/Fragebögen (formelle Verfahren): z.b. Erfragung und Einschätzung von Selbstständigkeit und Aktivitäten im Alltag sowie Partizipation und der familiären Situation und Bedürfnisse

3.2.1 Erstgespräch und Anamnese

Das Erstgespräch nimmt innerhalb der Frühförderung einen wichtigen Stellenwert ein. Hier wird der erstmalige direkte Kontakt zwischen der interdisziplinären Frühförderstelle und der Familie hergestellt und somit die Basis für die weitere mögliche Zusammenarbeit gebildet (Thurmair et al. 2010). Das Erstgespräch dient einerseits dazu, ein offenes Beratungsangebot zu bieten, welches frühzeitig und niedrigschwellig allen Familien, die sich Sorgen um die Entwicklung ihres Kindes machen, auch ohne ärztliche Überweisung zur Verfügung steht (§§5 Abs. 2 FrühV). Ihm geht häufig ein telefonischer Erstkontakt voraus, bei dem bereits wichtige Informationen über das Anliegen und die Dringlichkeit ausgetauscht werden. Im gemeinsamen Erstgespräch hat vorrangig das Anliegen der Eltern Raum, um zu klären, was deren Sorgen sind, wie sich Probleme im Alltag zeigen, was bisher schon probiert wurde, welche Ressourcen die Familie hat und wie das Anliegen an die Frühförderung aussieht. Beim Erstgespräch geht es weniger um das Aufschreiben faktischer Daten (kann in der Anamnese erfolgen), als vielmehr zu erfahren, wie die Eltern die Situation mit ihrem Kind erleben und schildern. Zudem werden Informationen über die Frühförderung, deren Angebote, Möglichkeiten, Abläufe und Finanzierung gegeben (für eine weiterführende ausführliche Erläuterung, z.B. auch über den Ort der Förderung – bei

3.2 Diagnostische Verfahren und Methoden

der Familie, in der Kita oder in der Frühförderstelle –, siehe Thurmair et al. 2010, 41).

Wenn nach einem Erstkontakt entschieden wird, dass die Familie oder Bezugsperson mit ihrem Kind das Angebot der Frühförderstelle wahrnehmen möchte, bedarf es – je nach Bundesland und Fall – einer Überweisung eines niedergelassenen Kinderarztes bzw. des Gesundheitsamtes, des SPZ, eines kinderneurologischen Zentrums o. Ä., um die interdisziplinäre Eingangsdiagnostik zu veranlassen. Diese erfolgt im ersten Schritt meist über eine Anamneseerhebung, die nach Naggl und Höck (2009) in Form eines Beratungsgesprächs meist durch Heilpädagog:innen, Sozialpädagog:innen oder Psycholog:innen, die der Familie bestenfalls bereits durch den Erstkontakt bekannt sind, gestaltet wird

Der Begriff »Anamnese« leitet sich aus dem Griechischen »Erinnern« ab und kann auch mit »die Lebensgeschichte erhellen« gedeutet werden (Bundschuh 2010, 134). Ziel ist es im Kontext der Frühförderung, etwas über die Schwangerschaft, Geburt, Entwicklung, Krankheiten, das Verhalten des Kindes, Gegebenheiten des Kindes und seiner Familie/Bezugspersonen und die sozialen Bezüge (s.u.) zu erfassen. Dabei kann zwischen einer Eigenanamnese (Mitteilung der Person selbst) und einer Fremdanamnese (Gespräch mit einer wesentlichen Bezugsperson, z.B. Eltern, Pflegeeltern) unterschieden werden (Bundschuh 2010). Aufgrund des Alters der Kinder in der Frühförderung wird hier überwiegend von der Möglichkeit der Fremdanamnese Gebrauch gemacht.

Verschiedene Autor:innen weisen darauf hin, dass die Atmosphäre während der Anamneseerhebung entscheidend ist. Den Gesprächspartner:innen sollte ein »völlig repressionsfreies Gespräch in partnerschaftlicher Kommunikation und Atmosphäre« auf der Grundlage positiver Wertschätzung und hinreichenden Verständnisses ermöglicht werden (Bundschuh 2010, 137). Naggl und Höck (2009) vertreten die Auffassung, dass die Anamnesesituation als Beratungsgespräch gesehen werden sollte und nicht als schematische Abfrage von Informationen. Sie schlagen folgende Bereiche vor, aus denen ein umfassender Fragenkatalog entwickelt werden kann und die eine

3 Diagnostik und Förderplanung in der Zusammenarbeit mit Kindern

Orientierung für das Beratungsgespräch bieten können (Naggl & Höck 2009, 28):

- [2]Erwartungen und Einstellungen der Eltern
- Vorgeschichte (z.B. Schwangerschaft, Geburt, Neugeborenen-, Säuglings- und Kleinkinderzeit, Gesundheit und Krankheit, Bindungserleben)
- Allgemeine Entwicklung (Motorik, Sensomotorik, Sprache, Kognition, soziale und emotionale Entwicklung, Selbstständigkeit)
- Entwicklungsbedingungen (Pflege und Versorgung, Krankenhausaufenthalte, Erziehung, Familie, Krippe und Kindergarten, soziale Situation)[2].

In den oben eingeführten Fallbeispielen wurden bereits Ergebnisse aus Anamnesegesprächen und zum Teil auch der Eingangsuntersuchungen dargestellt. Im Folgenden finden Sie die Ergebnisse des Erstgesprächs und der Anamnese von Svea.

Fallbeispiel Svea, Kind mit Zerebralparese (3;7 Jahre alt), Erstgespräch und Anamnese
Die Mutter kommt zusammen mit Svea zum Erstkontakt. Svea ist ein zartes Mädchen, das während des Gesprächs mit der Leiterin der IFF und der Kinderärztin auf dem Schoß der Mutter sitzen bleibt.

Die Mutter schildert, dass sie kürzlich hergezogen sind mit dem Hintergrund, jetzt wieder in der Nähe der Großeltern zu wohnen, die die Familie unterstützen können, was als sehr förderlich angesehen wird (*Engster Familienkreis* e310).

Frau K. ist medizinische Fachangestellte und arbeitet derzeit nicht, kümmert sich ausschließlich um Svea. Der Vater ist Ingenieur, ist beruflich stark gefordert und wenig zu Hause. Wenn er zu Hause ist, kümmert er sich um Svea, auch um seine Frau zu entlasten (*Eltern-Kind-Beziehung* d7600).

Frau K. berichtet, dass sie im letzten Jahr eine Phase durchlebt hat, in der ihr das Leben mit Svea, das viele Termine und Krankenhausaufenthalte notwendig macht, über den Kopf gewachsen sei. Sie beschreibt Svea als ›anstrengend‹ und ›dickköpfig‹. Diese Überforderungssituation hat zu dem Umzug der Familie in die Heimat beigetragen. Svea besuchte an ihrem alten Wohnort halbtags eine integrative Kindertagesstätte, mit dem neuen Kindergartenjahr wird sie in einer ähnlichen Einrichtung aufgenommen werden (*Dienste des Bildungs- und Ausbildungswesens* e5850). Bisher hat sie am neuen Wohnort wenig Kontakt zu anderen Kindern (*Informelle Beziehungen zu Seinesgleichen (Peers)* d7504).

Frau K. äußert ihre Sorge darüber, dass Svea in der letzten Zeit keine ›richtigen‹ Fortschritte mehr gemacht habe. Sie ist sehr an der Interdisziplinären Frühförderung interessiert und möchte alles umsetzen, was ihre Tochter unterstützen könnte (*Individuelle Einstellungen engster Familienkreis* e410).

Frau K. geht sehr liebevoll und vorsichtig mit Svea um, sie beschreibt sich selbst als verunsichert in ihrem Erziehungsverhalten, da Svea wütend wird, wenn sie ihren Willen nicht durchsetzen kann und sich dann ›wegschreit‹ (*Reaktionen auf Anforderungen* d 2501).

Svea verweigert sich der kinderärztlichen Untersuchung, beim Anblick des Stethoskops fängt sie an zu weinen. Die Mutter möchte die Untersuchung auf einen späteren Zeitpunkt verschieben, wenn Svea vertrauter geworden ist.

Im weiteren Verlauf des Gesprächs werden die Erwartungen an die Interdisziplinäre Frühförderung formuliert:

Frau K. möchte, dass Svea eine Möglichkeit eröffnet wird, sich selbstständig fortzubewegen (*Sich auf andere Weise fortbewegen* d455). Sie nimmt die Bauchlage nur ungern ein, bewegt sich selbst nicht fort. Im gehaltenen Stand übernimmt sie etwas Gewicht, zeigt deutlich, wohin sie möchte, und wird in der Regel von einer erwachsenen Person dorthin getragen, zu Hause von Mutter oder Vater, in der Kindertagesstätte von einer Erzieherin.

Frau K. sucht nach Sicherheit in der Erziehung von Svea. Sie reflektiert, dass sie sich von ihrer Tochter bestimmen lässt, lebt aber ständig in der Angst, dass diese in Rage gerät und dies zu einem Herzstillstand (in Form eines Affektkrampfes) führt (*Reaktionen auf Anforderungen* d 2501).

Für Svea formuliert Frau K. den Wunsch, mit anderen Kindern zu spielen (*Informelle Beziehungen zu Seinesgleichen (Peers)* d7504).

3.2.2 Diagnostik der allgemeinen Entwicklung und vertiefende fachspezifische Diagnostik der motorischen Entwicklung

Die medizinische Diagnostik erfolgt im Kontext der entwicklungspädiatrischen Untersuchung und wird hier nur im Rahmen der Fallbeispiele darstellend aufgegriffen. Zu den Methoden, Inhalten und Abläufen der medizinischen Diagnostik sei auf das Buch von Seidel (2022) in dieser Reihe verwiesen.

Verhaltensbeobachtung und Screenings

Die *Verhaltensbeobachtung* sollte im Rahmen der verschiedenen Diagnostikphasen der Frühförderung als willkürlicher, bewusster und mit der Intention der Erkenntnisgewinnung verbundener Prozess verstanden werden (Bundschuh 2010). Dabei wird aufmerksam und zielgerichtet auf ein situationsspezifisches Verhalten (z.B. die Bewegungsvielfalt eines Kindes oder sein Blickkontaktverhalten in Interaktionssituationen) geachtet. Bei Verhaltensbeobachtungen können verschiedene Formen unterschieden werden: Beobachtung von natürlichen oder künstlichen, d.h. konstruierten Situationen; Standardisierungen, also freie Beobachtung oder Beobachtung anhand von Kodierschemata/Protokollbögen, z.B. des Beobachtungsbogens »Entwicklungsbeobachtung und Dokumentation« (EBD) (Petermann et al. 2016); des Weiteren kann nach Häufigkeit und Partizipationsgrad der Beobachtenden, also teilnehmende oder nicht teilnehmende Beobachtung, getrennt werden. Notwendig ist die Bewusstheit über mögliche Fehlerquellen, denen die Beobachter:innen unterliegen können (Bundschuh 2010):

- Halo-Effekt – Hervortretende Einzelmerkmale, z.B. Mimik bei einem Kind mit einer Zerebralparese, beeinflussen das Ergebnis der Beobachtung in Richtung Verallgemeinerung;
- Generosity-Error – Sympathiegefühle, Mitleid etc. können sich auf die Objektivität auswirken;
- zentrale Tendenz – Vermeidung von extremen Beurteilungen und Bevorzugung neutraler Beschreibungen.

Eine Selbstreflexion des Beobachters ist aus Qualitätsgründen unerlässlich. Für eine weiterführende Vertiefung der Thematik sei u. a. auf folgende Publikationen verwiesen: Bundschuh (2010), Schmidt-Atzert et al. (2012) sowie Faßnacht (1995).

Im Fokus einer Verhaltensbeobachtung von Kindern mit körperlich-motorischen Beeinträchtigungen können u. a. folgende Aspekte stehen:

- Wie bewegt sich das Kind: Fortbewegungsmöglichkeiten, Hilfsmittel, Unterstützungsnotwendigkeiten, Handlungsplanung?
- Wie werden Bewegungen ausgeführt: Koordination, Muskeltonus, Zielgerichtetheit, Geschwindigkeit, Krafteinsatz?
- Wohin bewegt sich das Kind: Was interessiert es? Wie weit erschließt es sich den Raum/die Umgebung?
- Wie ist das Spielverhalten des Kindes: Womit spielt es? Wie spielt es? Wie lange ist die Konzentration/Aufmerksamkeit?
- Wie gestaltet sich das Interaktionsverhalten des Kindes: Wie und mit wem nimmt es Kontakt auf? Wie kann es den Kontakt halten?
- Wie reagiert das Kind auf Wahrnehmungsreize: Wird Interesse durch auditive/visuelle Reize geweckt? Wie reagiert es auf taktile, vestibuläre, vibratorische und kinästhetische Anregungen? Wel-

che Intensität benötigt ein Kind, um Reize identifizieren zu können?
• Welche Aktivitäten kann das Kind ausführen: Wie gestaltet sich die Teilhabe des Kindes an Tagesabläufen, Spielsituationen mit anderen etc.?

Die Verhaltensbeobachtung kann einen ersten Aufschluss zur Planung einer weiterführenden, standardisierten Diagnostikphase geben. Dabei kann die Verhaltensbeobachtung auch durch andere Institutionen, wie Kita, durchgeführt und die Erkenntnisse im Rahmen der interdisziplinären Diagnostik eingebracht werden. Für eine Einschätzung sozial-emotionalen Problemverhaltens mittels standardisierter Fragebögen kann z.B. die CBCL (Child-Behavior-Checklist) (Achenbach 2000) in Form eines Elternfragebogens für das Alter 1,5–5 Jahre eingesetzt werden. Ergänzend liegt eine Version für Erzieher:innen vor. Die CBCL umfasst 99 Items aus den folgenden Bereichen: emotionale Reaktivität; ängstlich/depressiv; körperliche Beschwerden; sozialer Rückzug; Schlafprobleme; Aufmerksamkeitsprobleme und aggressives Verhalten. Ein ähnliches Verfahren ist der Verhaltensbeurteilungsbogen für Vorschulkinder (VBV) (Döpfner et al. 2018). Mit diesem können Verhaltensauffälligkeiten und Kompetenzen aus der Sicht von Eltern (53 Items) und Erzieher:innen (93 Items) erfasst werden. Der VBV umfasst die Dimensionen: (1) sozial-emotionale Kompetenzen, (2) oppositionell-aggressives Verhalten, (3) Unaufmerksamkeit und Hyperaktivität versus Spielausdauer sowie (4) emotionale Auffälligkeiten. Seit 2018 liegt eine Kurzform vor.

Ein sehr umfassendes Verfahren, das in Form eines Interviews mit den Eltern/Bezugspersonen durchgeführt wird, ist das »Verfahren zur Früherkennung entwicklungsgefährdeter Kinder bis 6 Jahre und die Ermittlung des Unterstützungsbedarfs« (FegK 0–6, Burgener Woeffray 2014). Hierin werden personale und psychosoziale Risiko- und Schutzfaktoren erfragt und hinsichtlich ihrer Wirkung eingeschätzt. Das Verfahren bezieht sich dabei auf das bio-psycho-soziale Modell der ICF und bildet 26 Risiko- und Schutzfaktoren als persön-

3.2 Diagnostische Verfahren und Methoden

liche Landkarte ab. Nach einer Synthesephase erfolgt eine Maßnahmenempfehlung, die entweder eher kindorientiertes oder umfeldorientiertes Arbeiten empfiehlt oder aber die Kombination beider Ansätze.

Screeningverfahren bieten die Möglichkeit einer zeitökonomischen ersten Einschätzung – meist in Form einer dichotomen Klassifikation in »auffällig« oder »nicht-auffällig«. Dabei geht es nicht um eine differenzierte Diagnostik, sondern um einen ersten Schritt für einen folgenden ausführlichen Diagnostikprozess (Esser & Petermann 2010). Aufschlussreiche Screeningverfahren für die Frühförderung, die sich auf verschiedene Entwicklungsbereiche beziehen, sind z. B:

- die Denver Entwicklungsskalen (DES) für Kinder im Alter von 0 bis 6 Jahren (Flehmig et al. 1973)
- die erweiterten Vorsorgeuntersuchungen (EVU), die vor allem von Kinderärzt:innen eingesetzt werden können, bei Kindern im Alter von drei bis 64 Monaten (Melchers et al. 2003)
- das neuropsychologische Entwicklungsscreening (NES) für Kinder im Alter von drei bis 24 Monaten (Petermann & Renziehausen 2005)
- das Dortmunder Entwicklungsscreening (DESK 3-6 R), das besonders für den Einsatz in der Kita für Kinder im Alter von drei bis sechs Jahren geeignet ist (Tröster et al. 2016)
- die Basisdiagnostik Umschriebener Entwicklungsstörungen im Vorschulalter – Version III (BUEVA III), ursprünglich als Screeningverfahren konzipiert, ermöglicht durch eine Kurzform (6 Untertests) sowie eine Langform (11 Untertests) eine Diagnostik umschriebener Entwicklungsstörungen bzw. allgemeiner Entwicklungsrückstände im Alter von 4 bis 6,5 Jahren (Esser & Wyschkon 2016).
- BIKO-Screening zur Entwicklung von Basiskompetenzen für 3- bis 6-Jährige (BIKO 3-6), das gut in Kindertageseinrichtungen für ein allgemeines Entwicklungsscreening in verschiedenen Bereichen, u. a. den motorischen, sprachlichen, numerischen Kompetenzen, genutzt werden kann (Seeger et al. 2014).

3 Diagnostik und Förderplanung in der Zusammenarbeit mit Kindern

Normbasierte, standardisierte allgemeine entwicklungsdiagnostische Verfahren

Eine Entwicklungs- und/oder Intelligenzdiagnostik wird als obligatorisch in der Interdisziplinären Frühförderstelle erachtet (Thurmair et al. 2010). Allgemeine Entwicklungs- bzw. Intelligenztests sollen durch das Erfüllen einer Vielzahl standardisierter Aufgaben, die auf einem theoretischen Entwicklungsmodell, Testgütekriterien und einem Testkonstruktionsmodell basieren, den Entwicklungsstand eines Kindes in entsprechenden Funktionsbereichen (Motorik, Kognition, Sprache etc.) erfassen. Die Erfassung kann individuelle Entwicklungsdefizite und -ressourcen im Vergleich zur Altersnorm, aber auch im intraindividuellen Bereich (also dem Kind selbst und seiner individuellen Entwicklung) abbilden.

Um standardisierte Testverfahren durchführen zu können, müssen zum einen die Verfahren an sich Gütekriterien (Haupt- und Nebengütekriterien) erfüllen, zum anderen stellen sich an die durchführenden Fachpersonen hohe Anforderungen, um z. B. die Gütekriterien einhalten zu können. Dabei ist, in Anlehnung an Lienert und Raatz (1998), zu beachten, dass die Durchführung von Tests unter standardisierten Bedingungen stattfindet und nur bestimmte abgrenzbare Eigenschaften, nämlich diejenigen, welche die theoretische Testkonstruktion zulässt, untersucht werden. In einem standardisierten Test sind die Gütekriterien in einem befriedigenden Maß erfüllt (s. u.). Das Verhalten des Testleiters ist z. B. durch verbindliche Aufgabenformulierungen oder standardisierte Reaktionen auf das Verhalten des Kindes und verbindliche Auswertungsrichtlinien vorgegeben. Die Untersuchungssituation ist zudem häufig exakt festgelegt (z. B. zu verwendende Materialien, Abstandsmessungen, Anordnung von Materialien, Reihenfolgen).

Als Hauptgütekriterien werden nach Schmidt-Atzert et al. (2012, 131) folgende Kriterien genannt:

- »Objektivität: Wie stark hängt das Ergebnis davon ab, wer die Testdurchführung leitet, den Test auswertet und interpretiert?

- Reliabilität: Wie genau oder zuverlässig ist das Messergebnis? Wie stark verändert sich das Ergebnis beispielsweise bei einer Testwiederholung?
- Validität: Wie gut gelingt es, genau das Merkmal zu messen, das mit dem Test gemessen werden soll (und nicht ein anderes)?
- Normierung: Wie gut lässt sich das Testergebnis mit den Ergebnissen anderer Menschen vergleichen?«

Wenn die Hauptgütekriterien erfüllt sind, bedeutet dies für die Objektivität, dass »die Ergebnisse eines diagnostischen Verfahrens unabhängig davon zustande kommen, wer die Untersuchung, die Auswertung und die Interpretation durchführt« (Schmidt-Atzert et al. 2012, 133). Bei einer hohen Reliabilität verändert sich das Messergebnis auch bei mehrmaliger Messung nicht bedeutsam, d.h., das Messergebnis ist nicht zufällig zustande gekommen. Bei der Validität wird betrachtet, wie gut ein Test das Merkmal, welches er zu messen vorgibt, auch misst (z.B. Gleichgewicht und nicht etwa Schnelligkeit). Dies gibt an, wie gut von dem gemessenen Verhalten auf das tatsächliche Verhalten geschlossen werden kann (Schmidt-Atzert et al. 2012). Die Normierung stellt einen Bezugsrahmen zur Verfügung, um zu beurteilen, was die gemessenen Werte, d.h. die Leistung des Kindes, im Vergleich zu einer repräsentativen Stichprobe von anderen Kindern aussagen, also ob eine Leistung über oder unter der Norm liegt oder ob diese der Norm entspricht.

Zur vertiefenden Auseinandersetzung mit Testgütekriterien sowie Nebengütekriterien, u.a. Zumutbarkeit, Fairness, Akzeptanz, sei beispielsweise auf Schmidt-Atzert et al. (2012) oder Bundschuh (2010) verwiesen.

Beispiele für standardisierte und normierte Testverfahren: Entwicklungstests und Motoriktests

Exemplarisch werden im Folgenden einige häufig in der Frühförderung angewendete und aktuelle allgemeine Entwicklungstestverfahren sowie Motoriktests thematisiert. Spezifische Testverfahren für einzelne Wahrnehmungsbereiche und andere Entwicklungsbereiche werden hier nicht weiter vertieft.

Allgemeine Entwicklungstests verfolgen das Ziel, eine zusammenfassende Aussage über verschiedene Entwicklungsbereiche zu treffen. Dabei wird ein breites Spektrum abgebildet, das folgende Dimensionen umfassen kann:

- Körpermotorik/Grobmotorik
- Handgeschicklichkeit, Auge-Hand-Koordination (Visuomotorik)/ Feinmotorik
- Wahrnehmung
- Kognition
- Sprache
- sozial-emotionale Entwicklung
- Selbstständigkeit.

In Tabelle 4 werden gebräuchliche Entwicklungstestverfahren kurz zusammengefasst dargestellt.

Vertiefende Darstellung des ET 6–6

Das entwicklungsdiagnostische Inventar »Entwicklungstest 6 Monate bis 6 Jahre« (ET 6–6) ist 1999 entwickelt worden und liegt seit 2013 in der Revisionsform ET 6–6-R vor (Petermann & Macha 2013). In der Frühförderung wird dieses Verfahren häufig angewendet.

Es werden Aufgaben zu folgenden fünf Entwicklungsbereichen angeboten: Körpermotorik, Handmotorik, kognitive Entwicklung, Sprachentwicklung, sozial-emotionale Entwicklung (+ Subtest Nachzeichnen ab einem Alter von 4 Jahren). Je nach Alter des Kindes findet eine differenziertere Untergliederung statt, es gibt insgesamt 13 altersgruppenspezifische Zusammenstellungen von Testaufgaben. Insgesamt besteht das Inventar aus 166 Items (Testaufgaben) und 79 Elternfragen

Dem Verfahren liegt kein spezifisches Entwicklungsmodell zugrunde. Es werden jedoch interindividuelle und intraindividuelle

3.2 Diagnostische Verfahren und Methoden

Tab. 4: Übersicht Entwicklungstestverfahren

	ET 6-6-R	Bayley III	MFED	WET	GES	FREDI 0-3
Autoren und Erscheinungsjahr	F. Petermann & T. Macha (2013)	N. Bayley – deutsche Übersetzung G. Reuner & J. Rosenkranz (2014)	T. Hellbrügge (1994)	P. Deimann & U. Kastner-Koller (2012)	I. Brandt & E.J. Sticker (2001)	C. Mähler, F. Cartschau & K. Rohleder (2016)
Altersbereich	6 Monate – 6 Jahre	1–42 Monate	1.–3. Lebensjahr	3–6 Jahre	1–24 Monate, sowie ältere Kinder mit Retardierungen / Behinderungen	1–36 Monate aufgeteilt in 18 Altersbereiche
Items	166 Aufgaben, Nachzeichentest, 79 Elternfragen	5 Untertests mit insgesamt 324 Items	1. Lebensjahr: 8 Bereiche mit insgesamt 80 Items; 2.–3. Lebensjahr: 7 Bereiche mit insgesamt 181 Items	13 Subtests, Elternfragebogen	208 Aufgaben	Zwischen 13–32 Aufgaben je Altersbereich in 4 Subskalen; zwischen 11–27 Elternfragen je Altersbereich in 4 Subskalen

Tab. 4: Übersicht Entwicklungstestverfahren – Fortsetzung

	ET 6-6-R	Bayley III	MFED	WET	GES	FREDI 0-3
Inhaltsbereiche	Körper- und Handmotorik, kognitive Entwicklung, sprachliche Entwicklung, Sozialentwicklung über die Elternauskunft, emotionale Entwicklung, ab 4 Jahren: Untertest Nachzeichnen	Kognition, Sprache rezeptiv, Sprache expressiv, Feinmotorik, Grobmotorik	1. Lebensjahr: Krabbeln, Sitzen, Laufen, Greifen, Perzeption, Sprechen, Sprachverständnis, Sozialverhalten 2. & 3. Lebensjahr: Statomotorik, Handmotorik, Wahrnehmungsverarbeitung, Sprechen, Sprachverständnis, Selbständigkeit, Sozialverhalten	Motorik, visuelle Wahrnehmung, Gedächtnis, kognitive, sprachliche, sozial-emotionale Fähigkeiten	Motorik, persönlich-sozial, Hören und Sprechen, Auge und Hand, Leistungen	Motorik, Sprache, kognitive und sozial-emotionale Entwicklung

Diese Tabelle stellt nur eine Auswahl der gebräuchlichsten Entwicklungstests im Kontext der Frühförderung dar und erhebt keinen Anspruch auf Vollständigkeit.

Variabilitäten sowie Inkonsistenzen (s. o.) berücksichtigt. Zudem orientiert sich die Konzeption des ET 6-6-R am Prinzip der Grenzsteine (Michaelis et al. 2013; Michaelis 2004): Die Entwicklung weist, egal wie variabel und vielfältig sie verläuft, bestimmte Knotenpunkte auf. Dem Prinzip der Grenzsteine liegt die Annahme/Erkenntnis zugrunde, dass zu einem bestimmten Zeitpunkt 90–95 % der gesunden bzw. nicht entwicklungsbeeinträchtigten Kinder bis zum angegebenen Alter den Grenzstein erreichen. Wird dieser nicht erreicht, kann die Entwicklung als verzögert angenommen werden (▶ Kap. 1.2.3: Die Entwicklung der Körper- und Feinmotorik).

Folgende Gütekriterien werden im Manual des Testverfahrens beschrieben: Die Objektivität ist durch (überwiegend) standardisierte Materialien und Instruktionsanleitungen gegeben, die Auswertung erfolgt regelgeleitet und führt zu eindeutigen Testwerten. Es handelt sich um einen standardisierten Test. Kennzahlen zur Objektivität werden nicht angegeben (Hasselhorn & Margraf-Stiksrud 2012). Die Reliabilität ist wenig ausführlich untersucht worden, gerade in Bezug auf die Re-Testreliabilität wird angegeben, dass aufgrund der Gefahr von Übungseffekten (d. h. dass das Kind durch die mehrmalige Durchführung die Lösung der Aufgabe übt) auf diese verzichtet wurde.

Die Normierung wurde 2011–2012 anhand von N = 1053 Kindern vorgenommen. Hierbei wurden Kinder ohne *gravierende* Entwicklungsauffälligkeiten integriert, d. h., es waren auch Kinder mit geringerem Geburtsgewicht, Frühgeburt, chronischer Erkrankung und entwicklungsrelevanten Befunden in U-Untersuchungen (zu jeweils ca. 5 %) in der Stichprobe enthalten.

Als Ergebnis erhält man ein Entwicklungsprofil (siehe Fallbeispiel Svea) mit bereichsspezifischem Entwicklungsquotienten (EQ), der in einem Wertebereich von 1 bis 19 liegen kann. Hierdurch wird bereits eine erste globale Einschätzung individueller Ressourcen oder Beeinträchtigungen sowie eine Visualisierung typischer Muster ermöglicht. Zusätzlich können anhand der gelösten Aufgaben absolvierte Grenzsteine der Entwicklung überprüft werden. T-Werte und

Prozentränge können angegeben und anhand der Normalverteilung einfach interpretiert werden. Durch den entstehenden Entwicklungsquotienten und durch eine grafische Darstellung gut interpretierbar, werden folgende Bereiche unterschieden:

- Durchschnittlicher Normalbereich (-1SD bis +3SD): Die Ergebnisse sind klinisch nicht bedeutsam, das Kind ist in diesem Bereich altersgerecht entwickelt (grün) (T-Wert ≥ 40; Prozentrangwert ≥ 15,9 %; EQ ≥ 7) bzw. ab +2 SD überdurchschnittlich gut entwickelt, keine weiterführende Diagnostik notwendig.
- Risikobereich (-1SD bis -2SD): Es liegt eine Entwicklungsverzögerung vor (gelb) (T-Wert 30–39; Prozentrangwert 2,3 %–15,8 %; EQ 4–6), weiterführende Diagnostik ist notwendig.
- Bereich gravierender Defizite (-2SD bis -3SD): Die Entwicklungsverzögerung ist schwerwiegend (rot) (T-Wert ≤ 29; Prozentrangwert ≤ 2,2 %; EQ ≤ 3), weiterführende Diagnostik kann notwendig sein.

Für die Durchführung des Einzeltests wird eine Durchführungszeit von 20 bis 30 Minuten im Säuglings- und Kleinkindalter sowie 40–50 Minuten im Vorschulalter angegeben. Die Auswertungszeit wird auf 10 Minuten manuelle Auswertung im Entwicklungsprofil geschätzt.

Vor- und Nachteile des ET-6-6 in Bezug auf Kinder mit motorischen Beeinträchtigungen sind (Hasselhorn & Margraf-Stiksrud 2012; Hegner 2015; Petermann & Macha 2013):

- + Hohe Akzeptanz, abwechslungsreiches und ansprechendes Material, präzise Aufgaben und Interpretationen, Schulungsvideo, Zusatzmaterialien: Grenzsteinposter, Grenzsteinprotokollbogen und türkische Elternfragebögen
- + Möglichkeit, Test zu unterbrechen (genaue Angaben je nach Alter, wann weitergeführt werden soll)

3.2 Diagnostische Verfahren und Methoden

- \+ Möglichkeit, gemäß dem Entwicklungsstand und nicht dem chronologischen Alter zu testen, um vorhandene Ressourcen zu dokumentieren
- +/- Überarbeitete Gütekriterien im Vergleich zu der Ursprungsversion, aber immer noch mit Mängeln behaftet (Zuverlässigkeit, Validität)
- +/- Hinweis auf Sprachgebundenheit und motorische Gebundenheit, jedoch wenig Information, wie damit umgegangen werden soll.

Auch wenn die Autoren selbst das Verfahren als Inventar bezeichnen, schätzen es andere Fachpersonen eher als Screening-Verfahren ein (Hasselhorn & Margraf-Stiksrud 2012), das ermöglicht, einen ersten groben Überblick über den Entwicklungsstand eines Kindes zu erhalten. Eine weiterführende Diagnostik in einzelnen Entwicklungsbereichen ist unerlässlich. Dies deckt sich auch mit den Einschätzungen aus der praktischen Anwendung in der Frühförderung.

> **Fallbeispiel Svea, Kind mit Zerebralparese (3;7 Jahre alt), Entwicklungsdiagnostik**
> In der Befundphase wird der ET 6-6-R von der Heilpädagogin und der Psychologin im Rahmen eines Hausbesuchs durchgeführt.
> Sveas aktuelles Alter liegt bei 43 Monaten, weshalb der ET 6-6R für die Altersspanne von 42 bis 48 Monaten angewandt wurde.
> Svea zeigte sich in der Diagnostiksituation als offenes und neugieriges Mädchen, das sich gut auf die verschiedenen Aufgaben des Entwicklungstestes einlassen konnte. Sie zeigte durchgehend gute Motivation während der Testsituation. Ihr Erscheinungsbild entspricht insgesamt nicht dem eines 3;7 Jahre alten Kindes. Laut Auswertung des ET 6-6-R liegt eine gravierende Entwicklungsverzögerung vor, die sich auf alle Entwicklungsbereiche auswirkt.
> Das Entwicklungsprofil weist auf die vorliegende Einschränkung der Körper- und Handmotorik hin. Die im ET 6-6-R geforderten Aufgaben in den Bereichen der Grob- und Feinmotorik konnten

aufgrund der körperlichen Beeinträchtigungen Sveas nicht valide überprüft werden. Die absolvierten Aufgaben der Testung im kognitiven Bereich weisen darauf hin, dass die rezeptive Sprache deutlich besser ausgeprägt zu sein scheint als die expressive Sprache. Es gelang Svea beispielsweise, ihre Körperteile zu zeigen, eins-zu-eins zuzuordnen und Objekte jeweils nach Form, Farbe und Größe mit einer Dimension auszuwählen.

Die sozial-emotionale Entwicklung, die anhand eines Elternfragebogens beurteilt wird, zeigt ebenfalls Auffälligkeiten, wie die Mutter auch schon im Anamnesegespräch berichtet hat.

Eine besonders zu fördernde Schlüsselqualifikation scheint nach Auswertung des Testes die expressive Kommunikation zu sein.

Insgesamt scheint es, als beeinflusse die motorische Einschränkung die Ergebnisse im Bereich der kognitiven Entwicklung. Das Lösen eines dreiteiligen Puzzles innerhalb von 60 Sekunden war beispielsweise aufgrund der feinmotorischen Beeinträchtigung nicht möglich und musste demnach als nicht erfüllt gewertet werden. Daher kann bezüglich der kognitiven Entwicklung keine verlässliche Einschätzung vorgenommen werden.

Zur weiteren Überprüfung wird angedacht, Svea im Vorschulalter motorik-unabhängig mit einem IQ-Testverfahren zu untersuchen.

In folgender Tabelle werden die Entwicklungsbereiche mit den jeweiligen Aufgaben sowie die Ergebniswerte Sveas dargestellt:

Tab. 5: Entwicklungsbereiche, Aufgaben und Ergebniswerte ET 6 – 6 – R Svea

Entwicklungsbereich	Aufgaben	Ergebnisse
Körpermotorik	Es werden in elf Aufgaben verschiedene grobmotorische Fähigkeiten überprüft und beurteilt: abspringen, rennen,	Rohwert: 0 Entwicklungsquotient: 1 Prozentrang: 0,1 %

3.2 Diagnostische Verfahren und Methoden

Tab. 5: Entwicklungsbereiche, Aufgaben und Ergebniswerte ET 6–6-R Svea – Fortsetzung

Entwicklungsbereich	Aufgaben	Ergebnisse
	fangen, werfen, hüpfen (Schlusssprung und einbeinig), balancieren, rückwärts laufen.	Bereich gravierende Entwicklungsdefizite
Handmotorik	Im feinmotorischen Bereich werden in neun Aufgaben Griff, Koordination, Kraftdosierung, das Einhalten von Begrenzungen sowie die Stiftführung beurteilt.	Rohwert: 0 Entwicklungsquotient: 3 Prozentrang: 1,0 % Bereich gravierende Entwicklungsdefizite
Kognitive Entwicklung	Der kognitive Bereich macht mit 25 Aufgaben den Großteil des Testes aus. Hier werden logisches und räumliches Denken, Allgemeinwissen, Merkfähigkeit, Zeichenentwicklung, Kategoriebildung, das Erfassen von bis zu drei Merkmalen sowie Mengen- und Formkenntnisse abgefragt.	Rohwert: 6 Entwicklungsquotient: 4 Prozentrang: 2,3 % Bereich gravierende Entwicklungsdefizite
Sprach-Entwicklung	Der Bereich der Sprachentwicklung umfasst sechs Aufgaben, die das Benennen von Farben und Gegensätzen, sowie das Bilden von Plural- und Vergangenheitsformen umfassen. Außerdem werden die Pronomen sowie die Äußerung von Sechs- bis Acht-Wort-Sätzen erfasst.	Rohwert: 0 Entwicklungsquotient: 6 Prozentrang: 9,1 % Risikobereich
Sozial-emotionale Entwicklung	Die sozial-emotionale Entwicklung wird anhand eines Elternfragebogens erfasst, der 24 Fragen beinhaltet.	Rohwert: 6 Entwicklungsquotient: 3 Prozentrang: 1,0 %

Tab. 5: Entwicklungsbereiche, Aufgaben und Ergebniswerte ET 6–6-R Svea – Fortsetzung

Entwicklungsbereich	Aufgaben	Ergebnisse
		Bereich gravierende Entwicklungsdefizite
Untertest Nachzeichnen	Im Untertest Nachzeichnen wird auf zwei Arbeitsblättern das Nachzeichnen von Linien und Formen beurteilt.	wird nicht erhoben, da Svea unter 4 Jahre alt ist.

Exkurs: Diagnostik perzeptiv-kognitiver Funktionen von Kindern mit körperlich-motorischen Beeinträchtigungen

Für die Entwicklungsdiagnostik in Bezug auf die Kognition und/oder die Wahrnehmungsfähigkeit sollten für Kinder mit körperlich-motorischer Entwicklungsbeeinträchtigung Verfahren gewählt werden, bei denen die Kinder nicht benachteiligt werden (s. u.). Es bieten sich Verfahren an, die z. B. sprachfrei sind: in Bezug auf die Kognition z. B. der SON-R 2–8 non-verbaler Intelligenztest (Tellegen et al. 2018), die nonverbalen Skalen des KABC-II (Melchers & Melchers 2015) oder Verfahren, die Aufgaben beinhalten, die nicht motorikgebunden sind. Hierfür müssen Testverfahren gewählt werden, die auf Skalenebene ausgewertet werden können, gegebenenfalls können motorikabhängige Skalen ausgelassen werden. Es sollte darauf geachtet werden, ob es auf die z. B. grafomotorische Genauigkeit ankommt oder ob motorikgebundene Aufgaben zeitliche Begrenzungen haben, die gegebenenfalls nicht erfüllt werden können. Des Weiteren sollte beachtet werden, dass die Verfahren relativ aktuelle Normierungen besitzen (z. B. beim WPPSI-IV [Wechsler 2018]), die angebotenen Items nicht veraltet sind (KABC erste Fassung) und der Test fair, z. B. in Bezug auf Kultursensibilität ist (KABC II [Melchers & Melchers 2015]). Generell gilt zu bedenken, dass sich eine Intelligenzdiagnostik nicht auf die Anwendung eines einzelnen Verfahrens stützen, sondern die Kombination mehrerer Verfahren darstellen sollte, um möglichst alle CHC-Faktoren der Cattell, Horn und Carroll Intelligenztheorie erfassen zu können (Renner & Mickley 2015). Auch sollte bei den einzelnen Intelligenztestverfahren gerade bei schwerer beeinträchtigten Kindern darauf geachtet werden, ob Bodeneffekte (d.h., der Test misst bei schwachen Leistungen nicht mehr zuverlässig) erreicht werden (Sarimski 2017).

Diagnostik der motorischen Kompetenzen

Im Vordergrund der folgenden Ausführungen stehen Verfahren, die für die Diagnostik der motorischen Entwicklung genutzt werden können. Dies kann durch standardisierte Motoriktests, wie z.B. die Movement ABC-2 (Petermann 2015), den MOT 4-6 (Zimmer 2015) oder BOT-2 (Bruininks & Bruininks 2014) geschehen.

Eine andere Möglichkeit der Diagnostik der Motorik sind Beobachtungen und Befunderhebungen, z.B. nach dem Bobath-Konzept (siehe Fallbeispiel Svea).

Motoriktests und Befunderhebungen geben in der Regel einen Stand über die ICF-Komponenten Körperfunktion und Aktivität wieder. Teilweise werden diese durch einen Elternfragebogen ergänzt, sodass auch das Bewegungsrepertoire der Kinder in deren Alltag abgebildet wird, worüber Aufschluss über die Partizipation erfolgen kann.

Standardisierte Motoriktests liefern einen Überblick über die motorischen Fähigkeiten eines Kindes. Wie in Entwicklungstests werden die Abweichungen in der Regel über Standardabweichungen zum altersentsprechenden Durchschnitt angegeben, wobei die Normierung meist durch Kinder ohne motorische Einschränkung erfolgte (Leyendecker 2005).

Für die Diagnosestellung von UEMF wird nach den Leitlinien einer der beiden folgenden Tests empfohlen: BOT-2 oder Movement ABC-2 (s.o.).

Schwierig ist die standardisierte Testung bei Kindern mit starken motorischen Einschränkungen, wie fehlender Gehfähigkeit oder starker Verlangsamung der Bewegung durch eine Spastik, da für diese die Durchführung vieler Aufgaben nicht möglich und somit das Ergebnis nicht aussagekräftig wäre.

Aus diesen Gründen liegen spezielle standardisierte Methoden für spezifische Schädigungsbilder vor.

Für Kinder mit Zerebralparese gibt es die GMFM (Gross Motor Function Measure) (Russell et al. 2016), um die Mobilität zu erfassen, und den AHA (Assisting Hand Assessment) (Krumlinde-Sundholm & Eliasson 2003), um die bilaterale Handfunktion zu beurteilen. Das GMFCS (Gross Motor Function Classification System) (Palisano et al. 1997) und das MACS (Manual Ability Classification System) (Eliasson et al. 2006) sind Skalen bzw. Klassifikationsinstrumente, um die Gehfähigkeit und die Handfunktion von Kindern mit Zerebralparese zur genaueren Erläuterung ihrer Diagnose zuverlässig und international verständlich zu beschreiben (Döderlein 2015). Für Kinder mit fortschreitenden (progredienten) motorischen Beeinträchtigungen bietet sich z. B. Motor Function Measure (MFM) an, das auf dem Gross Motor Function Measure basiert. Das MFM dient der Bewertung der Bewegungsfähigkeit für den Rumpf sowie der oberen und unteren Gliedmaßen. Die Skala MFM-32 ist für Menschen zwischen sechs und 60 Jahren anwendbar, das MFM-20 für Kinder unter sechs Jahren. Das MFM kann in allen Krankheitsstadien neuromuskulärer Erkrankungen durchgeführt werden (MFM Study Group 2022).

Vertiefende Darstellung des BOT-2

Die deutschsprachige Version des BOT-2 (Bruininks-Oseretzky-Test der motorischen Fähigkeiten, Bruininks & Bruininks 2014) wurde von Blank, Jenetzky und Vinçon für die Altersgruppe der 4.00- bis 14.11-Jährigen herausgegeben. Es werden Aufgaben aus 4 motorischen Bereichen in Form von 8 Untertests angeboten:

Tab. 6: Übersicht über standardisierte Motoriktests

	BOT-2	M-ABC-2	LoMo 3–6	MOT 4–6	GMFM-88, 66	MOVE 4–8
Autoren und Erscheinungsjahr	R.H. Bruninks & B.D. Bruninks, 2014	F. Petermann, K. Bös, J. Kastner, 2. Aufl. 2015	J. Jascenoka, F. Petermann, 2018	R. Zimmer, 3., neu normierte Aufl. 2015	D. Russel, P.L. Rosenbaum et al., 2., überarbeitete Aufl. 2016	A. Wyschkon, K. Jurisch, H. Bott, G. Esser, 2018
Altersbereich	4,0–14,11 Jahre	3,0–16,11 Jahre	3,0–6,11 Jahre	4,0–6,11 Jahre	0,6–16 Jahre	4,00–8,11 Jahre
Zielgruppe	Kinder ohne schwere körperliche Beeinträchtigung	Kinder ohne schwere körperliche Beeinträchtigung	Kinder ohne schwere körperliche Beeinträchtigung	Kinder ohne schwere körperliche Beeinträchtigung	Kinder mit Zerebralparese, bis Fertigkeitenniveau 5 Jahre	Kinder mit schwachen koordinativen Leistungen (UEMF)
Items	8 Untertests mit insgesamt 53 Items Kurzform mit 19 Items	3 Altersgruppen, je 8 Items	2 Altersgruppen. Version A (3,0–4,5 J.): 22 Items. Version B (4,6–6,11 J.) 32 Items.	17 Items	88 Items 66 Items	15 Untertests/Items Altersgruppe 4 J.: 8 Altersgruppe ab 5 J.: 15 Items
Inhaltsbereiche	Feinmotorische Steuerung, Handkoordinati-	Handgeschicklichkeit, Ballfertigkeit, Fähig-	Handmotorik und Körpermotorik	Gesamtkörperliche Gewandtheit und Koordinati-	Liegen und Rollen, Krabbeln und Knien, Sit-	Feinmotorik, Ganzkörperkoordination

Tab. 6: Übersicht über standardisierte Motoriktests – Fortsetzung

BOT-2	M-ABC-2	LoMo 3-6	MOT 4-6	GMFM-88, 66	MOVE 4-8
on, Körperkoordination, Kraft und Geschicklichkeit; 8 Subtests: Feinmotorische Genauigkeit, Feinmotorische Integration, Handgeschicklichkeit, Beidseitige Koordination, Gleichgewicht, Schnelligkeit und Geschicklichkeit, Ballfertigkeiten, Kraft	keit zur statischen und dynamischen Balance	Alltägliche motorische Aktivitäten durch Elternfragebogen Handpräferenz durch Beobachtung	onsfähigkeit, feinmotorische Geschicklichkeit, Gleichgewichtsvermögen, Reaktionsfähigkeit, Sprungkraft, Bewegungsgeschwindigkeit, Bewegungssteuerung	zen, Stehen, Laufen Rennen und Springen	

Diese Tabelle stellt nur eine Auswahl der gebräuchlichsten Motoriktests im Kontext der Frühförderung in Bezug auf die Motorik und damit verbundene Aktivitäten dar und erhebt keinen Anspruch auf Vollständigkeit.

1. Feinmotorische Steuerung (Subskalen Feinmotorische Genauigkeit und Feinmotorische Integration),
2. Handkoordination (Subskalen Handgeschicklichkeit und Ballfertigkeiten),
3. Körperkoordination (Subskalen Beidseitige Koordination und Gleichgewicht),
4. Kraft und Geschicklichkeit (Subskalen Schnelligkeit und Geschicklichkeit) sowie Kraft (► Abb. 3).

Ein Gesamtwert der motorischen Fähigkeiten kann – ebenso wie Einzelwerte für die Untertests – errechnet werden.

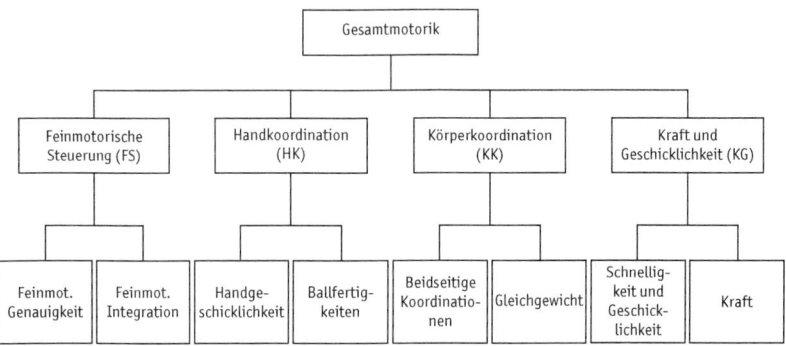

Abb. 3: Testaufbau BOT-2 (Quelle: Irblich 2016, 145)

Insgesamt besteht der Test aus 53 Aufgaben, wobei es eine Kurzform mit 19 Aufgaben gibt. Dem Test wird kein theoretisches Modell explizit zugrunde gelegt. Die Gütekriterien wurden für die deutschsprachige Version neu untersucht. Die Reliabilität wurde mittels verschiedener Methoden analysiert und ist als gut bis befriedigend, in Abhängigkeit vom Alter und den Subskalen manchmal jedoch als nicht ausreichend, zu bezeichnen (Irblich 2016). Die Re-Test-Reliabilität überzeugt, wurde jedoch an einer sehr kleinen Stichprobe durchgeführt. Im englischen Original ist diese als sehr gut zu bezeichnen.

Die Normierung wurde in den Jahren 2012–2013 in Deutschland, Österreich und der Schweiz durchgeführt. Hierzu wurden N = 1177 Kinder ohne klinische Auffälligkeiten rekrutiert, jedoch Kinder mit UEMF nicht explizit ausgeschlossen (Irblich 2016). Bezüglich der Validität ist die Aussagekraft eher eingeschränkt, im Gegensatz zum amerikanischen Original lässt sich die Struktur der Skalen durch eine Faktorenanalyse nicht nachweisen, was sich jedoch auf die vorliegende Normierungsstichprobe, die sich nach Aussage der Autor:innen aus nicht-klinisch auffälligen Kindern zusammensetzt, zurückführen lässt (Irblich 2016; Wagner 2015). Zur Erhöhung der Durchführungs- und Auswertungsobjektivität wurden im Manual Anpassungen vorgenommen, die jedoch nicht immer ausreichend erscheinen (Irblich 2016). Die Reihenfolge der Aufgaben soll nicht verändert werden. Die Durchführung wird im Handbuch mit 50–60 Minuten in der Langfassung angegeben, in der Praxis zeigt sich jedoch eine längere Durchführungsdauer von ca. 1,5 Stunden (Irblich 2016). Die Ergebnisse lassen sich als Entwicklungsprofil darstellen.

Vor- und Nachteile des BOT-2

- \+ umfassendes Bild der motorischen Fähigkeiten in sämtlichen Bereichen
- \+ Möglichkeit auch nur einen Bereich (Grobmotorik, Feinmotorik …) zu testen
- \+ Kurzform vorhanden als Screening
- \+ übersichtliches Material
  - die Langform benötigt viel Zeit, was für Kinder mit motorischen Schwierigkeiten oder Aufmerksamkeits-/Ausdauerproblemen frustrierend sein kann
  - wird eher für Kinder ab 5,0 Jahren empfohlen aufgrund o.g. Ermüdungserscheinungen (Vinçon 2013)
- \+ / – für jedes Alter dieselben Aufgaben (erleichtert dem Untersucher die Durchführung, jüngere Kinder kommen aber schnell an ihre Grenzen, was zu Frustration führen kann).

Für eine weiterführende praxisbezogene Rezension sei auf Irblich (2016) verwiesen.

Mit Max wurde aufgrund der Verdachtsdiagnose UEMF, die auf den Ergebnissen des ET 6-6-R und den Beobachtungen im Alltag beruhen, durch die Physiotherapeutin der Frühförderstelle der BOT-2 durchgeführt.

Fallbeispiel Max, Kind mit UEMF (5;5 Jahre alt), Entwicklungsdiagnostik und Motodiagnostik
Entwicklungsdiagnostischer Befund:

Zur Entwicklungsdiagnostik in den folgenden Terminen wurde der ET6-6-R der Altersstufe von 60 bis 72 Monaten verwendet. Max war zum Zeitpunkt der Untersuchung 65 Monate alt.

Die Ergebnisse lauten wie folgt:

- Grobmotorik: Alle Testwerte lagen unterhalb der Altersnorm.
- Feinmotorik: Die Testwerte lagen signifikant unterhalb der Altersnorm.
- Kognitive Entwicklung: Drei Testwerte lagen innerhalb der Altersnorm, ein Wert (Körperbewusstsein) unterhalb der Altersnorm.
- Expressive Sprache: Der Testwert lag innerhalb der Altersnorm.
- Soziale Entwicklung: Der Testwert lag im unteren Grenzbereich der Altersnorm.
- Emotionale Entwicklung: Der Testwert lag im unteren Grenzbereich der Altersnorm.

In der Untersuchungssituation zeigte sich Max als ein lebhaftes und kontaktfreudiges Kind. Er erwiderte den Blickkontakt und griff Anregungen zum Spiel auf. Der Junge bemühte sich, vorgemachte Handlungen zu imitieren, war dabei allerdings leicht ablenkbar. Ausdauer und Konzentration waren nicht konstant. Feinmotorische Aufgaben fielen ihm sichtlich schwer und wurden teilweise verweigert. Sprachlich zeigte er sich kommunikativ und

konnte sich gut ausdrücken.
Motorischer Befund:
Da die motorischen Fähigkeiten im Entwicklungstest auffällig waren, führte die Physiotherapeutin in der folgenden Stunde den BOT2-Test durch.
Hier ergab sich folgender Befund:

Tab. 7: Befund Fallbeispiel Max

Bereich	T-Wert / Prozentrang	Bewertung
Feinmotorische Steuerung	T-Wert 20 Prozentrang <0,1%	Weit unterdurchschnittlich
Handkoordination	T-Wert 25 Prozentrang <1%	Weit unterdurchschnittlich
Körperkoordination	T-Wert 30 Prozentrang 2,3%	An der oberen Grenze von des unterdurchschnittlichen Bereiches
Kraft und Geschicklichkeit	T-Wert 35 Prozentrang 6,68%	Unterdurchschnittlich

Zusammenfassung:
Max war motiviert und wollte alle Aufgaben schnell schaffen. Für die Items mit dem Stift wirkte er unmotiviert. Grobmotorische Aufgaben machten ihm mehr Freude. Die besten Werte erzielte er im Bereich Kraft und Geschicklichkeit. Insgesamt zeigt er in allen motorischen Bereichen Werte unter dem Altersdurchschnitt.

Wie zu Beginn beschrieben, bildet der Motoriktest zwar Max' motorische Fähigkeiten ab, jedoch nicht seine Alltagsmotorik. So ist er im BOT-2 auffällig in allen Bereichen, aber z.B. im Bereich der Kraft und Geschicklichkeit in seinem Alltag eher nicht eingeschränkt. Auffälligkeiten im Alltag zeigen sich überwiegend im Bereich der Koordination.

3.2 Diagnostische Verfahren und Methoden

Ein standardisierter Motoriktest ist somit eine gut ergänzende Informationsquelle für einen objektiven Eindruck und die Diagnosestellung, ersetzt aber auch für die Förderplanung keine Anamnese und Erhebung der Partizipation bzw. Beeinträchtigung der Teilhabe (▶ Kap. 3.2.2: Diagnostik der allgemeinen Entwicklung und vertiefende fachspezifische Diagnostik der motorischen Entwicklung).

Ergänzend zu den vorgestellten standardisierten Diagnostiken wird im Folgenden auf eine qualitative Beobachtung und Befunderhebung der Motorik eingegangen. Diese wird in der Regel von Ergo- und Physiotherapeut:innen erhoben und basiert im nachfolgenden Beispiel auf dem physiotherapeutischen Ansatz nach Bobath (▶ Kap. 4.1: Physiotherapie).

Fallbeispiel Svea, Kind mit Zerebralparese (3;7 Jahre alt), physiotherapeutische Befunderhebung
Die Physiotherapeutin erhebt den motorischen Befund nach dem Bobath-Konzept
Motorischer Befund:
Der muskuläre Tonus ist auf der linken Körperseite normoton, rechts sind Arm und Bein hyperton (*Funktion des Muskeltonus* b735)

Der Rumpf ist sitzend symmetrisch, der rechte Arm verschwindet häufig unter der Tischplatte (*in sitzender Position verweilen* d4153). Elevation (Heben) und Abduktion (Abspreizen des Arms) sind im linken Schultergelenk aktiv und ohne Einschränkung möglich.

Rechts wird der Arm aktiv auf ca. 160° angehoben (Normwert: 180°), die Abduktion ist bis 80° frei (Normwert: 90°). Passiv ist das Bewegungsausmaß vollständig, es sind keine Kontrakturen vorhanden (*Funktionen der Gelenkbeweglichkeit* b710).

Die Hände sind ebenfalls passiv frei, links ist die Greiffunktion bis zum Pinzettengriff ausgereift (*Feinmotorischer Handgebrauch* d440), rechts ist die Daumenopposition nur langsam möglich, die Hand wird häufig gefaustet und mit eingeschlagenem Daumen gehalten. (*Tonus der Muskeln einer einzelnen Extremität* b7351). Eine

Silikonhandorthese ist vorhanden, Svea befindet sich gerade in der Gewöhnungsphase (*Produkte und Technologien zum persönlichen Gebrauch im alltäglichen Leben* e115).

Die Kopfbeweglichkeit ist frei (*Funktionen der Gelenkbeweglichkeit* b710). Svea trägt eine Brille und es erfolgt eine Okklusionsbehandlung: das linke Auge wird vormittags für drei Stunden abgeklebt (*Produkte und Technologien zum persönlichen Gebrauch im alltäglichen Leben* e115).

Das aktive Bewegungsausmaß in der Hüfte ist stark eingeschränkt (*Funktionen der Gelenkbeweglichkeit* b710).

Das linke Knie wird vollständig gestreckt, rechts bleibt es aktiv bei 10° (Normwert: 0°), passiv ist die vollständige Streckung möglich.

Svea kann selbstständig aus der Rückenlage in den Sitz kommen und diesen aktiv über 10 bis 15 Minuten halten (*Eine elementare Körperposition wechseln* d410, *In einer Körperposition verbleiben* d415). Dabei zeigt sie eine großbogige Kyphose, d.h. einen Rundrücken, und eine Seitneigungstendenz nach rechts. Wenn sie ermüdet, kommt sie über die Seitenlage auf den Rücken, beide Positionen können gehalten und variiert werden. Die Bauchlage wird vermieden. Eine aktive Fortbewegung kann mit starker Motivation erreicht werden, wird aber von Svea nicht genutzt (*Krabbeln/robben* d4550).

Svea zeigt keine Tendenz, sich hochzuziehen. Sie fordert im Stand festgehalten zu werden (*In stehender Position verbleiben* d4154).

Ihre Arme und Hände sind in dieser Position frei, sie möchte gern hantieren und explorieren (*Einen Gegenstand handhaben* d4402).

Der linke Fuß ist in den Sprunggelenken frei, der rechte Fuß wird kaum aktiv bewegt und meist in einer pronierten (einwärts gedrehten) Spitzfußstellung gehalten. Passiv ist die vollständige Flexion (Beugung) im Sprunggelenk nicht möglich. Svea trägt

3.2 Diagnostische Verfahren und Methoden

Orthesenschuhe, die das Sprunggelenk umfassen (*Produkte und Technologien zum persönlichen Gebrauch im alltäglichen Leben* e115).

Diese Befunderhebung ermöglicht aufgabenfokussiert und in Bezug auf Alltagsfertigkeit einzuschätzen, wie die weitere Förderung von Svea konzipiert werden könnte.

Anregungen zur kritischen Reflexion von standardisierten und normierten Testverfahren

Entwicklungstestverfahren sind in der Regel nicht speziell an die Bedürfnisse von Kindern, insbesondere von Kindern mit z.B. körperlich-motorischen Beeinträchtigungen, angepasst. Dies kann zu Verfälschungen von Testergebnissen führen. Als Beispiele seien Testitems in Intelligenztests genannt, die motorisch gelöst werden müssen, wie z.B. das Zusammenlegen von geometrischen Figuren. Hier sind Kinder mit einer zerebralen Bewegungsbeeinträchtigung, die z.B. auch die Feinmotorik betrifft, deutlich im Nachteil (Stadskleiv 2020). Verzerrende Ergebnisse können sich zudem ergeben, wenn Kinder auf Grund von veränderter Gestik oder Mimik, verwaschener oder schwer verständlicher Aussprache (Dysarthrien) oder der veränderten Bewegungsfähigkeit gerade in Bezug auf ihre kognitiven Kompetenzen unterschätzt werden (Junglas und Simon 2020).

Leyendecker und Thiele (2003) empfehlen daher in diagnostischen Situationen von Kindern mit körperlich-motorischen Beeinträchtigungen folgendes zu beachten:

3 Diagnostik und Förderplanung in der Zusammenarbeit mit Kindern

Tab. 8: Mögliche Kriterien zur eingeschränkten Anwendbarkeit von standardisierten Testverfahren bei Kindern mit körperlich-motorischen Beeinträchtigungen

Kriterium	Beispiel
Berücksichtigt der Test die Konzentrationsdefizite und Müdigkeit?	Kinder mit körperlich-motorischen Beeinträchtigungen sind u. U. weniger belastbar, schneller irritierbar und somit nicht in der Lage, in der Testsituation die wahre Leistungsfähigkeit zu zeigen.
Wie lange dauert der Test? Ist er teilbar?	Kann das Verfahren auf Grund von geringerer Belastbarkeit auf 2 Sitzungen aufgeteilt werden, ohne die Gütekriterien negativ zu beeinflussen?
Sind Zeitbegrenzungen ausdrücklich vorgesehen?	Werden Kinder mit motorischen Schwierigkeiten ggfls. benachteiligt, weil sie die Bewegungsqualität zum schnellen Durchführen einer Aufgabe nicht aufweisen oder sich z. B. bei Anstrengung der Muskeltonus erhöht und die Zielgenauigkeit damit negativ beeinflusst wird?
Müssen zusätzliche Leistungen erbracht werden, um die eigentlichen Aufgaben zu bewältigen?	z.B. Sprachproduktion oder Feinmotorik, um eine Aufgabe im Bereich der visuellen Wahrnehmung zu bewältigen? Kann ein Testverfahren von Kindern, die nicht über eine lautsprachliche Kommunikationsmöglichkeit verfügen, bewältigt werden?
Können Aussagen zu Teilbereichen ermittelt werden?	Ist es möglich, z. B. motorik-abhängige und motorik-unabhängige Teilbereiche auszuwerten? Dies ist z. B. beim FEW-2 möglich.
Erlaubt der Test Modifikationen?	Kann die Aufgabenstellung ggfls. angepasst werden, ohne dass die Reliabilität leidet?
Wie sind die Materialien gestaltet?	Grundsätzlich sollte genau beobachtet werden, ob die Handhabbarkeit von Testmaterialien für Kinder mit körperlich-motorischen Beeinträchtigungen gegeben ist – sind die Materialien z. B. sehr glatt oder sehr klein und können daher von einem Kind mit einer Zerebralparese weniger gut gegriffen werden?
Wie ist die Übersichtlichkeit der Aufgabe/Präsentation der Aufgabe gestaltet	Werden Kinder z. B. mit zerebral bedingten Sehstörungen z. B. hinsichtlich Größe, Kontraste der Aufgaben benachteiligt?

Die Leistungsfähigkeit von Entwicklungstests, deren theoretische Konstruktion, die Erfüllung von Testgütekriterien sowie die Interpretierbarkeit werden von Esser und Petermann sehr ausführlich dargestellt (2010). Sie weisen unter Bezug auf verschiedene Autor:innen darauf hin, dass Entwicklungstests nicht immer auf einem einheitlichen Entwicklungsmodell basieren. Gerade die Reliabilität wird häufig nicht befriedigend erfüllt. Persönlichkeitsmerkmale wie Temperament oder Bindungsverhalten, aber auch Erfahrungen mit häufiger Testung, Behandlungssituationen, dem Nicht-Erfüllen von Erwartungen an eine standardisierte Vorgabe der Testdurchführung werden meist nicht erfasst. Häufig bleibt unberücksichtigt, dass die Unterscheidung zwischen Normalität und Abweichung vor dem Hintergrund der individuellen, nicht-linearen Entwicklungsverläufe (▶ Kap. 1.2.2: Motorische Entwicklungstheorien) nicht immer eindeutig verläuft. Hinterfragt werden muss zudem – gerade bei Kindern, die sich unter den irreversiblen Bedingungen z. B. einer zerebralen Hirnschädigung (▶ Kap. 2.2: Zerebralparese) entwickeln –, welchen Sinn ein Vergleich mit der Altersnorm nicht beeinträchtigter Kinder überhaupt macht. Sinnvoller wäre hier eine Vergleichsgruppe mit Kindern, die eine ähnliche Funktionsbeeinträchtigung aufweisen. Diese Form der Normierung ist jedoch in gängigen Testverfahren nicht zu finden (Reuner & Renner 2019). Lelgemann (2010) plädiert dafür, eine sogenannte kontrollierte Subjektivität in der Diagnostik einzunehmen und Bewertungskriterien sowie verzerrende Effekte kritisch zu hinterfragen. Umsichtig muss jedoch mit der Veränderung von Items, Erläuterungen oder Hilfestellungen/assistiven Anpassungen in standardisierten Testverfahren umgegangen werden. Diese dürfen nicht mehr für eine normbasierte Auswertung herangezogen werden, sondern höchstens qualitativ auswertend beschrieben werden. Hierüber können sie jedoch hochwertige Erkenntnisse liefern, um auf das vorhandene Leistungspotenzial des Kindes zu schließen (Huber 2000).

Die Nutzung der Ergebnisse der standardisierten Testverfahren für eine Antragstellung von Frühfördermaßnahmen erscheint auf den ersten Blick plausibel: Weicht ein Kind (i. d. R.) mehr als 1 Standardabweichung (SD) von der nicht-beeinträchtigten Vergleichsgruppe nach unten ab, liegt ein Entwicklungsrisiko vor. Bei einer SD von ≥ - 2 wird von einer Entwicklungsbeeinträchtigung ausgegangen. In beiden Fällen könnte dies zu einer Begründung von Frühfördermaßnahmen herangezogen werden. Ob und wie sich jedoch die Entwicklungsbeeinträchtigung auf die Partizipation [Teilhabe] auswirkt oder welche Maßnahmen in Absprache mit der Familie und dem Kind getroffen werden sollen, um die Partizipationsbeeinträchtigung zu verändern, geht aus dieser rein funktionellen Perspektive nicht hervor. Personbezogene Faktoren ebenso wie umweltbezogene Faktoren werden als Kontextfaktoren bei der Verwendung dieser Diagnostikinstrumente in der Regel vernachlässigt bzw. sind nicht vorgesehen. Sie werden meist ergänzend in Begründungen mit einbezogen. Folglich bleibt festzuhalten: Die quantitative Messung von Aktivitäten oder entsprechenden Items, die für einen Entwicklungsstand als repräsentativ erachtet werden (oder deren qualitative Ausführung), stellt noch keine Messung der Partizipation dar. Es kann lediglich vermutet werden, welcher Zusammenhang bestehen könnte bzw. wie sich diese auf die Partizipation auswirken könnte (Bendixen et al. 2014; Chien et al. 2014). Daher empfiehlt es sich, ergänzend weitere Erhebungsverfahren einzusetzen, die im nächsten Kapitel beschrieben werden.

Standardisierte Fragebögen/Interviews zur Beurteilung von Aktivitäten und Partizipation

Der nachfolgenden Betrachtung von ausgewählten Partizipationsmessinstrumenten muss eine kurze theoretische Einführung zugrunde gelegt werden. Nach Einführung der ICF wurde in der Wissenschaft die theoretische Konzeption des Konstrukts Partizipation weiterentwickelt. Aktuell wird von einem internationalen Konsens ausgegangen, der Partizipation im Kontext eines mehrdimensionalen Konstrukts versteht. Was sich dabei in vielen Arbeiten herausgestellt hat, ist die grundlegende Einteilung von Partizipation in zwei Komponenten:

- So muss zwischen der reinen Anwesenheit einer Person »Attendance«, definiert als »*Dabei-Sein*« (gemessen als Häufigkeit der Teilnahme und/oder Reichweite oder Unterschiedlichkeit von Aktivitäten), und
- der Beteiligung, dem »*Eingebunden-Sein*«, dem »Involvement« (Erfahrungen während der »Anwesenheit« – umfasst Elemente wie Engagement, Motivation, Ausdauer, soziale Verbindung und die Ebene des Affekts) – unterschieden werden (Imms et al. 2017).

Neben diesen beiden Komponenten konnten weitere relevante Konstrukte identifiziert werden, sodass insgesamt fünf Konstrukte/Elemente als zur Familie der partizipationszugehörigen Konstrukte (»family of participation-related constructs, fPRC«) zugehörig markiert werden (Abb. 4).

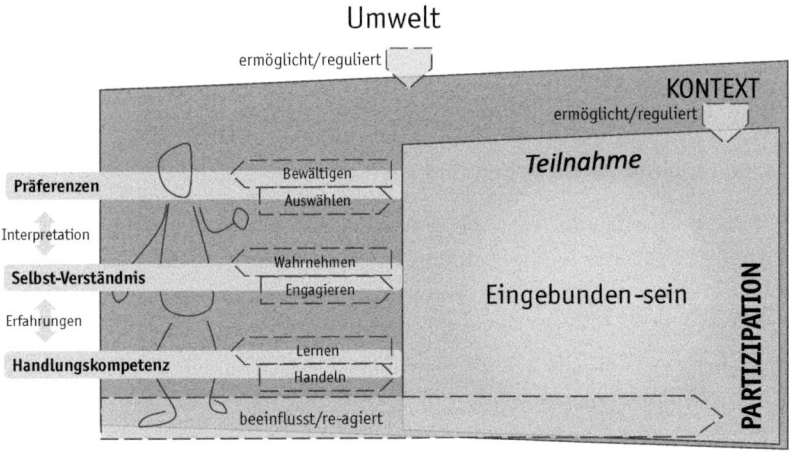

Abb. 4: fPRC-Modell in Anlehnung an Imms et al. (2017) und Spreer et al. (2019) (Quelle: Spreer, Dawal 2024)

Die hier formierten Konstrukte und der entsprechende Rahmen sind geeignet, die Beziehungen zwischen intrapersonellen Faktoren zu beschreiben. Diese Konstrukte, die individuellen »Präferenzen«, das

»Selbst-Verständnis« und die »Kompetenz zur Ausführung von Aktivitäten« (Handlungskompetenz), sind durch bisherige individuelle Partizipationserfahrungen geprägt und beeinflussen wiederum gegenwärtige und zukünftige Partizipations-Situationen (Spreer et al. 2019).

Deutschsprachig liegen derzeit nur wenige allgemeine Fragebögen zur Messung von Partizipation vor. Der CASP (Child and Adolescent Scale of Participation) (Bedell 2011; Urschitz et al. 2016) und das PEM-CY (Participation and Environment Measure for Children and Youth) (Coster et al. 2010; Krieger et al. 2020) sind deutschsprachig publiziert (https://www.canchild.ca/en/shop) und decken das Fundament der ICF-CY vollständig ab. Da das PEM-CY erst ab einem Alter von 5 Jahren einsetzbar ist, wird an dieser Stelle das für den Altersbereich 1-5 Jahre im Anschluss entwickelte Verfahren YC-PEM (Young Children Participation and Environment Measure) (Khetani et al. 2013; Krieger et al. 2024) beschrieben. Die deutschsprachige Version ist ebenfalls bei CanChild (https://www.canchild.ca/en/shop) publiziert.

Young Children Participation and Environment Measure (YC-PEM)

Mit dem YC-PEM können Eltern und Fachpersonen mehr über die aktuelle Teilhabe eines jungen Kindes erfahren und gleichzeitig Problemlösungsstrategien für das entsprechende Umfeld entwickeln, um das größtmögliche Ausmaß an Teilhabe der Kinder zu erreichen. Das YC-PEM kann für Kinder zwischen 0 und 5 Jahren mit oder ohne Beeinträchtigung eingesetzt werden. Es beschreibt die Partizipation (Teilhabe) von jungen Kindern an Aktivitäten in drei Settings: zu Hause (13 Items, z.B. zu Hause spielen, Körperpflege), bei der außerhäuslichen Betreuung (3 Items, z.B. Zusammensein mit anderen Kindern) und in der Gesellschaft (11 Items, z.B. öffentliche Einrichtungen wie einen Zoo besuchen). Es werden die Häufigkeit der Teilnahme erfasst (8 Antwortoptionen von nie bis ein- bis mehrmals pro Tag), wie das Kind einbezogen ist bzw. wie engagiert das Kind in der Aktivität ist (5er-Rating von nicht sehr engagiert bis sehr engagiert) und ob Veränderungen der Teilhabe des Kindes an den Aktivitäten erwünscht sind (6 Antwortoptionen). Zu jedem Item in jeder Dimension werden die für die Teilhabe wichtigen Umweltfaktoren beschrieben und erfragt, welchen Einfluss diese (z. B. hindernd) auf die Teilhabe an den Aktivitäten haben. Die psychometrischen Eigenschaften der englischsprachigen Originalversion sind in zwei Studien untersucht worden. Die Re-Test-Reliabilität ist ausreichend bis zufriedenstellend. Um die Messgenauigkeit zu überprüfen, wurden internale Konsistenzen berechnet, die zufriedenstellend sind, abhängig von der Skala. Es konnten Unterschiede sicher erkannt werden zwischen Kindern mit Beeinträchtigungen und ohne Beeinträchtigungen hinsichtlich der Teilhabe und der notwendigen Unterstützung (Khetani et al. 2013; Lim et al. 2018).

Child and Adolescent Scale of Participation (CASP)

Der CASP besteht aus 20 Items verteilt auf vier Skalen. 25 % der Items messen Aktivitäten im Sinne der ICF, 75 % tatsächlich Partizipation, mit den Schwerpunkten »Teilnahme« (Attendance) und zu kleinerem Anteil »Eingebunden-sein« (Involvement) in den Bereichen »zu Hause«, »im näheren Umfeld bzw. der Nachbarschaft«, »Schule bzw. KiTa« und »Aufgaben zu Hause oder im näheren Umfeld«.

Der CASP misst über die Befragung der Eltern das Ausmaß, mit dem Kinder zwischen 3 und 18 Jahren im Vergleich zu ihren Altersgenossen in Aktivitäten einbezogen sind. Das Messinstrument ist sehr kurz. Im CASP kann nicht zwischen den beiden Kernelementen von Partizipation, Teilnahme und Eingebunden-sein, unterschieden werden. Die Antworten der Eltern werden auf einer Skala von *altersgemäß* (4) über *etwas eingeschränkt* (3) und *sehr eingeschränkt* (2) bis hin zu *nicht in der Lage* (1) erfasst. Eine weitere fünfte Kategorie *nicht zutreffend* ist für alle Items prinzipiell ankreuzbar, wodurch mit demselben Instrument z. B. auch die verschiedenen Altersgruppen (3–18 Jahre) untersucht werden können. Der Punktwert rangiert zwischen 0 % und 100 %, wobei eine höhere Prozentpunktzahl eine bessere Partizipation widerspiegelt. Diese Aussage ist jedoch sehr vorsichtig zu interpretieren, da die Partizipation ein höchst individuelles Konstrukt ist, das aus verschiedenen Komponenten besteht (Imms et al. 2017). Zusätzlich werden im CASP über drei offene Fragen Informationen erfragt, die für eine individuelle Therapieplanung wichtig sein können (z. B. Was hilft Ihrem Kind, sich zu beteiligen bzw. welche Hilfen nutzt es derzeit?).

Der CASP zeigt sehr gute Reliabilitätswerte und differenziert gut zwischen Kindern mit und ohne Beeinträchtigungen (Bedell 2009). Die deutsche Validierungsstudie (Bock et al. 2019) ergab ebenfalls sehr gute psychometrische Eigenschaften. Bei der deutschen Stichprobe (N = 215 Kinder mit und ohne chronische Erkrankungen) lag der mittlere CASP-Prozentwert bei 98.2 (± 5.1). Kinder mit »leichten« chronischen Erkrankungen hatten deutlich höhere Werte (meist > 80) als Kinder mit schweren chronischen Erkrankungen (meist zwischen 50 und 80), sodass mit dem CASP die mögliche Beeinträchtigung der Teilhabe sehr gut abgebildet werden kann. Jedoch muss berücksichtigt werden, dass dieses Verfahren nur wenige Items umfasst und der Kontext wenig fokussiert wird.

PEDI (Pediatric Evaluation of Disability Inventory)

PEDI steht für das »Assessment zur Erfassung von Aktivitäten des täglichen Lebens bei Kindern mit und ohne Beeinträchtigungen« (Haley et al. 2014). Die deutsche Version ist als PEDI-D gekennzeichnet. Die konzeptionellen Grundlagen des PEDI beruhen zum großen Teil auf den Grundkonzepten der ICF, vorrangig auf der Ebene der Aktivitäten/Partizipation sowie der Umweltfaktoren. Die *Leistungen* von Kindern bei der Ausübung von Aktivitäten des täglichen Lebens werden in den ICF-Domänen »Selbstversorgung«, »Mobilität« und »Soziale Kompetenzen« erfasst. Die *Leistungsfähigkeit* wird mit der Skala »funktionelle Fertigkeiten« in ebendiesen drei Bereichen gemessen, wohingegen die *tatsächliche Leistung* indirekt über den Grad der erforderlichen Unterstützung durch Betreuungspersonen in diesen drei Bereichen gewertet wird (Skala »Unterstützung durch Betreuungspersonen«). Die Skala »funktionelle Fähigkeiten« enthält

197 Items und wird dichotom mit »0« = »Nein, ist nicht oder nur beschränkt fähig, diese Aufgabe in den meisten Situationen auszuführen«, bzw. »1« = »Ja, ist fähig, diese Aufgabe in den meisten Situationen auszuführen oder hat die Aufgabe bereits früher gemeistert und die funktionellen Fertigkeiten haben sich bereits über dieses Stadium hinweg entwickelt«, bewertet. Die zweite Skala »Unterstützung durch Bezugspersonen« enthält 20 Items und wird als 6-er ordinal skalierte Ratingskala (0 = totale Unterstützung bis 5 = keine Unterstützung) ausgewertet. Die Skala »Modifikationen« wird deskriptiv anhand von vier Kriterien N = keine Modifikationen, K = Kindspezifische Modifikationen (z.B. Hocker, Schnabeltasse), R = Rehabilitative Modifikationen (z.B. Greifhilfen, Schienen) und U = Umfassende Modifikationen (z.B. Rollstuhl, feste Wannengriffe) eingeschätzt (Haley et al. 2014). Gerade die Einarbeitung in die drei Skalen bedarf eines etwas größeren Zeitaufwands.

Als Hauptziel wird die frühe Identifikation von Kindern, die eine Entwicklungsverzögerung haben, angegeben. Auch die Dokumentation und Kontrolle von Therapiefortschritten, z.B. in der Frühförderung, ist Ziel des Instrumentes. Das PEDI kann bei 6 Monate bis 7,5 Jahre alten Kindern mit angeborenen oder erworbenen Beeinträchtigungen verwendet werden. Bei älteren Kindern kann das PEDI eingesetzt werden, sofern deren Leistungsfähigkeit und Leistung nicht altersentsprechend ist und unter 7,5 Jahren liegt. Für die deutschsprachige Version des PEDI-D wurden die Test-Retest- und die Interrater-Reliabilität berechnet und für sehr gut bzw. gut befunden (Schulze et al. 2014). Eine Computerversion (PEDI-CAT), in der die Befragung digital erfolgt und die Auswertung erheblich vereinfacht wird, ist ebenfalls deutschsprachig seit 2020 über den Pearson Verlag zugänglich.

Fallbeispiel Svea, Kind mit Zerebralparese (3;7 Jahre alt), Diagnostik
Die Ergotherapeutin führt mit Frau K. den PEDI-D durch, um einen Einblick in die Partizipation von Svea zu erhalten. Frau K ist er-

staunt, wie detailliert nach ganz alltäglichen Dingen gefragt wird. Manche Fragen machen sie nachdenklich. An einigen Stellen äußert sie, dass ihr die Antwort schwerfällt, weil sie sich darüber noch keine Gedanken gemacht hat.

Die Bearbeitung des Fragebogens hat noch einen weiteren Effekt: Frau K. sieht, dass Svea in fast allen Alltagssituationen von ihr oder einer anderen Person abhängig ist. Obwohl sie das bereits wusste, wird es ihr durch das Interview nochmals deutlich. Sie ist traurig und frustriert und äußert dies gegenüber der Ergotherapeutin: Die Anstrengungen, die sie und ihre Tochter auf sich nehmen, haben augenscheinlich nicht den gewünschten Erfolg. Frau K. erkennt, dass sie sehr viel für ihre Tochter tun muss und dass ihre Erschöpfung gut nachvollziehbar ist: Ihr Alltag mit ihrer Tochter ist anstrengend und erfordert viel Organisation.

Durch das PEDI-D und die Reflexion des Alltags ist ihr auch deutlich geworden, wo ›Stolpersteine‹ liegen und wo sie gerne ansetzen möchte: Die Situation des morgendlichen Anziehens von Svea benötigt bisher viel Zeit und versursacht häufig Stress. Frau K. möchte an dieser Stelle etwas verändern, damit ihr Alltag leichter wird.

Sie ist sich sicher, dass Svea auch deshalb so fordernd und dickköpfig ist, weil sie ständig von jemandem abhängig ist. Sie hofft, dass sich ihre Tochter zufriedener fühlt, wenn sie selbstständiger wird, wofür das Anziehen ein guter Ansatzpunkt ist.

Ein weiterer Bereich, bei welchem Frau K. sich Veränderung wünscht, ist die Mobilität. Auch hier soll Svea eigenständiger unterwegs sein können.

Nach der Auswertung des PEDI-D ergibt sich folgendes Bild:

Svea zeigt im Bereich der Mobilität die größten Schwierigkeiten (mehr als 2 SD Abweichung), während die sozialen Kompetenzen im Vergleich zu den anderen Bereichen ihre Stärke sind.

Aus der Analyse des Fragebogenabschnitts ›Modifikation‹ ergibt sich, dass es für die Mobilität noch keine rehabilitativen Maßnahmen gibt. In den folgenden Stunden wird überlegt und getestet,

3.2 Diagnostische Verfahren und Methoden

> wie Svea in diesem Bereich unterstützt werden kann, z. B. in Bezug auf Hilfsmittel.

Zusammenfassend kann mit Bezug auf Sarimski (2012) das Ziel der interdisziplinären Diagnostik wie folgt beschrieben werden: Es sollen weniger Defizite in allen Entwicklungsbereichen beschrieben werden, um hieraus die Förder- und Behandlungsplanung zu gestalten. Es geht vielmehr darum, soziale Partizipation im Kontext der Familie zu analysieren, um zielgerichtet z. b. funktionale Kompetenzen zu fördern, die sich auf die soziale Teilhabe auswirken. Dabei sollte bei der Durchführung der Diagnostik die Familienorientierung in der Frühförderung im Sinne des bio-psycho-sozialen Modells der WHO in den Blick genommen werden: Nicht die Funktionsbeeinträchtigung auf Ebene der Körperfunktionen und Strukturen muss somit zwangsläufig der Ausgangs- und Ansatzpunkt der Förder- und Behandlungsplanung, gerade in Bezug auf die Zielformulierung, sein (Sarimski 2017). Es geht vielmehr in der Diagnostikphase darum, ein umfassendes Bild über Stärken, Ressourcen, aber auch Beeinträchtigungen auf Ebene der Aktivitäten/Partizipation sowie der Umweltfaktoren zu erlangen, um partizipationsorientierte Förderziele gemeinsam mit der Familie formulieren zu können. Dies bedeutet, dass z. B. Belastungen und Bedürfnisse der primären Bezugspersonen (im Sinne des Erfassens von Kontextfaktoren) in den Blick genommen werden.

Kontextfaktoren im sozialen und familiären Umfeld erfassen und beurteilen

Im Zuge der Diagnostik gilt es, die Familien und ihre individuelle Lebenssituation im Kontext des Entwicklungsrisikos des Kindes zu erfassen und einzuschätzen. Dies ist ein sehr persönlicher Lebensbereich, der eine gute Vertrauensbasis benötigt, damit sich Eltern hier öffnen. Kontextfaktoren müssen in enger Wechselwirkung zu den anderen Komponenten, gerade Aktivitäten und Partizipation, gesehen werden und bedürfen daher einer expliziten Thematisierung im Rahmen der Diagnostik. Es geht folglich darum, relevante Einflussfaktoren (Umweltfaktoren und personbezogene Faktoren) auf die Funktionsfähigkeit des von Behinderung betroffenen oder bedrohten Kindes zu erkennen, mit diesem bzw. seinen Eltern zu thematisieren und die daraus abgeleitete Bewertung transparent zu dokumentieren und in die Förder- und Behandlungsplanung mit einfließen zu lassen. Es geht dabei nicht um Kontextfaktoren per se, sondern um die Wirkung von Kontextfaktoren. Die Wirkungen von Kontextfaktoren sind mit den Betroffenen zu besprechen, abzustimmen und möglichst einvernehmlich zu beschreiben. Die Deutungshoheit obliegt der betroffenen Person – ihre Perspektive ist die bestimmende –, je nach Alter des Kindes übernehmen hier Bezugspersonen eine stellvertretende Funktion.

In einem Gespräch können verschiedene Methoden unterstützend, z. B. durch Visualisierung, eingesetzt werden. Soziale Netzwerkkarten bieten die Möglichkeit, bedeutsame Personen aus dem Umfeld der Familie (Verwandte, Freund:innen, Nachbarn, Arbeitskolleg:innen, Fachpersonen...) zu benennen und hinsichtlich möglicher Unterstützungs-, aber auch Belastungsfaktoren hin zu analysieren. Soziale Netzwerkkarten können in verschiedenen Formen mit unterschiedlichem Differenzierungsgrad durchgeführt (siehe z. B. Sarimski et al. 2013b, 50; Wendt 2021, 156) und in Bezug auf Größe, Umfang, Nähe und Distanz, Wechselseitigkeit oder Einseitigkeit (u. a.) hin besprochen werden. Es kann hier jedoch explizit auch um individuelle Einstellungen (siehe Kapitel 8.4 im Bereich Umweltfaktoren der ICF) gehen.

Es können auch – wenn für sinnvoll erachtet – in diesem Zusammenhang Verfahren eingesetzt werden, die z. B. das Belastungserleben der Eltern beleuchten. Damit könnte – bezogen auf die gesamte Familie – mit Hilfe des Familienbelastungs-Fragebogens (FaBel) (Ravens-Sieberer et al. 2001) anhand von 33 Items aus fünf Bereichen, wie tägliche und soziale Belastung, persönliche Belastung und Zukunftssorgen, Belastung der Geschwister, eine Einschätzung vorgenommen werden.

Als kurzes Screening-Instrument bietet sich der ca. 10 Minuten in Anspruch nehmende Fragebogen Eltern-Belastungs-Inventar (EBI) an (Tröster 2010). In diesem werden die Eigenschaften und Verhaltensweisen des Kindes, aus denen sich spezifische Anforderungen an die Eltern ergeben (z.B. in Bezug auf Stimmung, Anpassungsfähigkeit), sowie die Einschränkungen elterlicher Funktionen, die die Ressourcen beeinträchtigen, die die Eltern zur Bewältigung der Situation benötigen (z.b. soziale Isolation, Gesundheit, Depression), erhoben.

Der SOEBEK (Soziale Orientierungen von Eltern behinderter Kinder) ist ein Verfahren zur Messung des elterlichen Bewältigungsverhaltens (Krause & Petermann 1997). Der Fragebogen besteht aus 58 Items zu Bewältigungsreaktionen von Eltern und Fragen zur Zufriedenheit mit sozialer Unterstützung.

Eine aktuelle Übersicht über standardisierte familiendiagnostische Verfahren und deren (leider wenig systematischen und seltenen) Einsatz in Sozialpädiatrischen Zentren liefern Homes und Sydow (2019).

Auch wäre es möglich, in diesem Zusammenhang das Interaktionsverhalten der Bezugspersonen mit ihrem Kind ressourcenorientiert in den Blick zu nehmen. Hierzu bieten sich video-basierte Verfahren wie z.B. Video-Home-Training oder Marte Meo an, ebenso wie die Entwicklungspsychologische Beratung (EPB). Diese Verfahren werden im Kapitel 4 (▶ Kap. 4: Förder- und Behandlungskonzepte) kurz aufgegriffen.

3.3 Förder- und Behandlungsplanung

Im Anschluss an die Eingangsdiagnostik erfolgt, nachdem eine interdisziplinäre Fallberatung im Team stattgefunden hat, die interdisziplinäre Erstellung des Förder- und Behandlungsplans. Das heißt, »der gesamte diagnostische Prozess mündet in die Förderplanung und ergibt in seiner Summe die Basis für das Arbeitsbündnis« (Schmid-Krammer & Naggl 2006, 137), welches die Frühförderfachkräfte mit den Eltern/Bezugspersonen des Kindes vereinbaren. Laut Qualitätsstandards der VIFF (Engeln et al. 2020, 15) gilt es u. a. in diesem:

- »abzuklären, welche Teilhabeziele für das Kind und die Familie bedeutsam sind und aus fachlicher Sicht innerhalb eines Jahres bzw. eines festgelegten Zeitraumes erreichbar erscheinen, welche dieser partizipationsorientierten Ziele grundlegend für die weitere Entwicklung des Kindes sind und daher die Planung der (heil-)pädagogischen und medizinisch-therapeutischen Leistungen bestimmen sollten,
- Ressourcen und Fähigkeiten des Kindes/der Familie zu erkennen und die benannten Teilhabeziele daran anzuknüpfen, um sie weiter zu stärken,
- festzulegen, durch wen, wo und in welcher zeitlichen Dauer und Häufigkeit die Frühförderleistungen erbracht werden sollen,
- diese Planung mit der Familie des Kindes abzustimmen und die Familienorientierung der (heil-)pädagogischen und medizinisch-therapeutischen Leistungen sicherzustellen«.

Folgende Funktionen können in Anlehnung an Popp et al. (2011) zusammengefasst und auf die Förder- und Behandlungsplanung innerhalb der interdisziplinäre Frühförderung bezogen werden:

- Zielführende Funktion, um eine gemeinsame Handlungsbasis zu schaffen (im Team, mit den Bezugspersonen).
- Legitimations- und Dokumentationsfunktion, um die Refinanzierung vom Kostenträger zu gewährleisten. Der Förder- und Behandlungsplan ersetzt die in anderen Arbeitsfeldern der Eingliederungshilfe erforderlichen Bedarfsermittlungsbögen (Engeln et al. 2020).
- Evaluationsfunktion zur Kontrolle und Qualitätssicherung.

3.3 Förder- und Behandlungsplanung

- Koordinierende Funktion, zum Austausch der am Förderprozess bzw. der Begleitung der Familie beteiligten Fachkräfte/Einrichtungen im Sinne des BTHGs.
- Reframingfunktion: Möglichkeit eines neuen Rahmens für Entwicklung und Verhalten gegeben, wenn eine fachdisziplinenübergreifende Sichtweise auf denselben Sachverhalt eingenommen wird (z. B. könnte unaufmerksames Verhalten ein Zeichen für Unterforderung und Langeweile und nicht einer Konzentrationsstörung sein).
- Motivationsfunktion: Durch eine gemeinsame Zielvereinbarung mit dem Kind/den Eltern/den Bezugspersonen können die Interessen und Sichtweisen aller involvierten Personen einbezogen und berücksichtigt werden, um Akzeptanz und aktive Mitarbeit zu erreichen.

Wie Ziele in der Förder- und Behandlungsplanung partizipationsorientiert formuliert werden können, wird in der aktuellen Fachliteratur umfangreich beschrieben, z. B. in Pretis (2019), Seidel und Schneider (2021) oder Kraus de Camargo et al. (2019). Dazu wird vielfach empfohlen, die Ziele SMART zu formulieren. Das bedeutet, dass ein Ziel spezifisch (S), messbar (M); attraktiv (A); realistisch (R) und terminiert (T) sein sollte.

Im folgenden Fallbeispiel Svea wird die Zielformulierung praxisorientiert beschrieben.

> **Fallbeispiel Svea, Kind mit Zerebralparese (3;7 Jahre alt), Zielformulierung**
> Nach Abschluss der Eingangsdiagnostik werden die Ergebnisse und die von der Mutter formulierten Wünsche/Aufträge zusammengetragen und die Ziele für die nächsten 6 Monate erstellt.
> Im Teamgespräch wird diskutiert, an welchen Stellen die Förderung Sveas ansetzen soll. Als wichtigstes Kriterium werden hierbei die Wünsche und Ziele der Eltern gewählt. Die Mutter nennt folgende Bereiche, in denen sie sich Veränderung und somit

mehr Selbstständigkeit für Svea wünscht: das An- und Ausziehen, Sveas Mobilität und ihre Kommunikation.

Die Eltern und Fachkräfte vermuten, dass Svea gerne Fahrradfahren können möchte, da sie oft auf andere Kinder, die mit dem Fahrrad unterwegs sind, zeigt. Zudem ist dies für ihre motorischen Fähigkeiten eine gute Übung, z.B., um Kraft aufzubauen und Beweglichkeit zu erhalten.

Alle drei genannten Bereiche werden als Zielbereiche für den Förderzeitraum festgelegt. Die Kommunikation fällt in den Bereich der Heilpädagogin, das Fahrradfahren wird von der Physiotherapeutin betreut, und die Ergotherapeutin entwickelt mit Mutter und Kind Strategien zum selbstständigen An- und Ausziehen.

Exemplarisch wird hier die Behandlungsplanung im Bereich »Fahrradfahren« und »Anziehen« anhand der ICF dargestellt:

SMARTe partizipationsorientierte Förderziele:

- Svea fährt im März im Garten der Kindertagesstätte eine Runde auf dem gepflasterten Weg mit ihrem Fahrrad (*Ein Fahrzeug fahren d475*).
- Svea zieht in 4 Monaten morgens selbstständig ihr T-Shirt zu Hause im Badezimmer an (*Kleidung anziehen d5400*).

Teilziele, um die Partizipationsziele zu erreichen, werden auf Ebene der Aktivitäten formuliert.

- Fahrradfahren:
  – Svea tritt bis in 6 Wochen zwei Umdrehungen mit den Pedalen ihres Fahrrades.
  – Svea fährt in 10 Wochen mit ihrem Fahrrad selbst an.
  – Svea hält den Lenker in 10 Wochen selbst fest.
  – Svea steuert den Lenker in 14 Wochen selbst.
- An- und Ausziehen:

– Svea bleibt bis in 6 Wochen ruhig im Badezimmer sitzen, bis sie angezogen ist.
– Svea zieht in 8 Wochen ihr T-Shirt alleine über den Kopf.

Zur Erreichung der Ziele wird u.a. an Körperfunktionen, wie dem Öffnen und Schließen der Hand, und dem Körperschema gearbeitet.

Im Bereich der Umweltfaktoren wird Sveas Mutter durch die Fachkräfte so gestärkt, dass sie das morgendliche Anziehen liebevoll und konsequent begleiten kann.

Eine Alternative für das Fahrradfahren ist das Nutzen eines Therapiefahrrads.

Planen, Plan umsetzen, Überwachen

Diese Ziele werden in den Förder- und Behandlungsplan aufgenommen.

Die Physiotherapeutin, die Ergotherapeutin und die Heilpädagogin arbeiten, gemeinsam mit der Mutter, am Erreichen der Teilziele mit Svea.

Im Förderzeitraum wird pro Quartal eine Fallkonferenz mit allen beteiligten Fachkräften und den Eltern durchgeführt, bei der die Fortschritte des Kindes und der Behandlungsverlauf überprüft werden.

Falls es Abweichungen gibt, wird die Planung angepasst und gegebenenfalls andere Berufsgruppen hinzugezogen. Hierzu wird mit einer Zielerreichungsskala gearbeitet.

Für die konkrete Überprüfung, ob das Förderziel erreicht wurde, bietet es sich an, mit einer Zielerreichungsskala (Goal Attainment Scaling, GAS) zu arbeiten. Diese wurde von Kiresuk und Sherman 1968 entwickelt und findet international gerade im pädiatrischen, familienbezogenen und partizipativen Arbeiten weite Verbreitung (Carpenter 2020). Der Vorteil dieser Methode ist, dass diese leicht anwendbar, reliabel und valide und vor allem für Eltern sehr gut verständlich ist. In der Studie von Sharp und Read (2011) über die Anwendung der GAS in Rahmen von Frühförderprogrammen für Kinder mit visuellen Beeinträchtigungen werden folgende Schlüsse gezogen: Eltern wurden motiviert und empowert, die Kommunikation über die Ziele der Förderung wurde zwischen allen Beteiligten verbessert, die Zusammenarbeit verbessert und eine Kultur etabliert, die die Zielerreichung und die damit verbundenen Fortschritte mehr in den Fokus gerückt haben. Konkretisierung und Strukturierung im Frühförderprozess kann hierüber also gut erreicht werden und (überhöhte) Erwartungen an Fortschritte durch die Frühförderung auf ein realistisches Maß begrenzt werden.

Im Folgenden wird die Arbeit mit der Zielerreichungsskala (GAS) kurz erläutert: Zunächst muss das Förderziel (oder mehrere Förderziele) SMART formuliert und festgelegt werden – im gemeinsamen, partizipativen Prozess mit allen relevanten Personen (s. o.). Für das Ziel wird dann ein Indikator festgelegt, mit dessen Hilfe die Zielerreichung überprüft werden kann. Dieser Indikator sollte bedeutsam, genau, messbar und leicht verständlich sein. Häufig können die Ziele als Indikator übernommen werden. Dieser Indikator wird dann in eine 5-stufige Skala übertragen. In der Mitte steht dabei das erwartete Ergebnis (Stufe 3). Von dieser Mitte ausgehend, werden je zwei Stufen nach oben (»mehr als erwartet« und »viel mehr als erwartet«) und zwei Stufen nach unten (»weniger als erwartet« und »viel weniger als erwartet«) gebildet.

Tab. 9: Beispiel für das Goal Attainment Scaling am Fallbeispiel Svea

Ziel/Indikator: Svea fährt im März im Garten der Kindertagesstätte eine Runde auf dem gepflasterten Weg mit ihrem Fahrrad	
+ 2 = viel mehr als erwartet	Svea fährt im März mit dem Fahrrad von der Mutter begleitet zur Kindertagesstätte.
+ 1 = mehr als erwartet	Svea fährt im März mehrere Runden auf dem Gelände der Kindertagesstätte.

Tab. 9: Beispiel für das Goal Attainment Scaling am Fallbeispiel Svea – Fortsetzung

Ziel/Indikator: Svea fährt im März im Garten der Kindertagesstätte eine Runde auf dem gepflasterten Weg mit ihrem Fahrrad	
0 = erwartetes Ergebnis	Svea fährt im März im Garten der Kindertagesstätte eine Runde auf dem gepflasterten Weg mit ihrem Fahrrad.
- 1 = weniger als erwartet	Svea fährt im März eine 3 Meter lange gerade Strecke mit aktivem Treten und selbständigem Lenken auf der Einfahrt der Kindertagesstätte.
- 2 = viel weniger als erwartet	Svea tritt im März aktiv die Pedale des Fahrrads auf dem gepflasterten Weg in der Kindertagesstätte und wird beim Lenken durch eine Person unterstützt.

4 Förder- und Behandlungskonzepte

Nachdem im vorherigen Kapitel die sich aus der Diagnostik ergebende Förder- und Behandlungsplanung dargestellt wurde, erfolgt in diesem Kapitel die Darstellung der praktischen Therapie und Förderung. Dabei kann in Anbetracht der Fülle der verschiedenen Ansätze und Möglichkeiten lediglich eine Auswahl dargestellt werden.

Zu unterscheiden sind einerseits eher medizinisch-therapeutische Ansätze aus den Disziplinen Physiotherapie, Ergotherapie und Logopädie sowie aus dem Bereich der Hilfsmittelversorgung. Hier stehen die direkte Förderung und Unterstützung motorischer Aktivitäten, d.h. von Bewegungsabläufen im Vordergrund. Ansätze zur Förderung von Sprache und Kommunikation, die vorrangig in den Zuständigkeitsbereich der Logopädie fallen, werden in diesem Buch nicht weiter aufgegriffen. Kurz verwiesen sei an dieser Stelle vor allem auf den Ansatz der Unterstützen Kommunikation (UK). Für einige Kinder mit körperlich-motorischen Beeinträchtigungen, die sich auch auf die Fähigkeit lautsprachlich zu kommunizieren, speziell sich lautsprachlich verständlich auszudrücken, auswirken können, kann durch den Einsatz Unterstützter Kommunikation (Gebärden, grafische Symbole, technische Kommunikationshilfen etc.) Selbstbestimmung und Partizipation gesichert werden. Denn über eine bessere Verständigung und Mitteilungsmöglichkeiten können der Alltag und die Interaktion mit anderen Personen selbstbestimmt gestaltet werden.

Psychologisch-pädagogische Ansätze andererseits, z.B. aus der heilpädagogischen Fachdisziplin, zielen eher auf die Persönlichkeitsförderung über die Förderung von Wahrnehmungs- und Bewegungsprozessen ab. Zugleich nehmen die Förderung der kindlichen Spieltätigkeit und Betätigungen im Alltag, über die sich das Kind seine Welt selbstständig und selbsttätig erschließt, ebenso wie die Förderung der Interaktion zwischen Bezugsperson und Kind einen wichtigen Stellenwert innerhalb der psychologisch-pädagogischen Ansätze ein.

Für Kinder mit motorischen Beeinträchtigungen können medikamentöse Therapien, z.B. zur Senkung des Muskeltonus oder zur Behandlung von Epilepsien ein wichtiger Behandlungsbaustein sein, der hier jedoch nicht näher beleuchtet wird. Ebenso geht es um die Versorgung mit Hilfsmitteln, um den Alltag zu erleichtern und selbsttätiges Handeln zu unterstützen.

Alle Ansätze – die Förderung der Motorik, die Persönlichkeitsförderung, die Spielförderung sowie die Interaktionsförderung über Bewegungs- und Wahrnehmungserfahrungen (▶ Kap. 1.5: Bedeutung von Bewegung, Motorik und Sensomotorik) – sind für die kindliche Entwicklung bedeutsam, um Teilhabe am alltäglichen Leben in der Gemeinschaft zu ermöglichen. Im Zuge des Grundprinzips der Interdisziplinarität im Rahmen der Komplexleistung Frühförderung »[...] sind die Angehörigen einzelner Berufsgruppen gefordert, berufsspezifische Kernkompetenzen in das Team einzubringen, berufsgruppenübergreifend zu denken und zu handeln sowie Kernkompetenzen der angrenzen Fachgebiete zu achten« (Röse & Flick 2014, 69). Diese Aussage deutet auf die notwendige Arbeitsweise und professionelle Haltung der Fachkräfte innerhalb der Frühförderung hin.

Ziel von Therapie- und Föderansätzen – so argumentieren Law et al. (2011) in Bezug auf Kinder mit Zerebralparese – sollte weniger und vor allem nicht ausschließlich die Veränderung von Faktoren, die bei dem Kind selbst liegen (Körperfunktion und Struktur), sondern viel mehr Veränderungen des Kontextes fokussieren. Gemeint ist hiermit das Ziel, spezifische Aufgaben und Herausforderungen, die sich im Alltag des Kindes ergeben, in den Blick zu nehmen, direkt mit und an diesen zu üben und Veränderungen herzustellen. Dies kann z.B. durch die Nutzung eines Hilfsmittels geschehen oder die Unterstützung des Kind dabei, neue Bewegungsstrategien, zu entwickeln, mit denen es sein Ziel erreichen kann. Hierbei spielen die Familienorientierung und die gemeinsame Abstimmung der partizipationsorientierten Förder- und Therapieziele eine wesentliche Rolle (s. o.). In der Förderung sollte zudem beachtet werden, dass Kinder mit Zerebralparese und Kinder mit Spina bifida ein erhöhtes Risiko für psychische Auffälligkeiten aufweisen, die mit einer Beeinträchtigung der sozialen Teilhabe einhergehen können. Eine Früherkennung ist wichtig, um spezifische Unterstützung anbieten zu können (Kohleis et al. 2019).

4.1 Physiotherapie

Physiotherapie wird vom deutschen Verband für Physiotherapie als Oberbegriff verwendet. Physiotherapie umfasst aktive (durch das Kind aktiv und selbstständig durchgeführte Bewegungen, Hands-off-Therapie) und passive (z. B. durch Therapeut:innen geführte Bewegungen, Hands-on-Therapie) Therapieformen. Als Wesensbeschreibung der Physiotherapie formuliert Probst (2018, 102) »[die] *sensomotorische Selbstbestimmtheit* von Individuen und von den Individuen in sozialen Gruppen zu fördern, zu erhalten, wiederherzustellen und wenn nötig, Kompensationsmechanismen für eine weitest gehende sensomotorische Selbstbestimmtheit zu entwickeln«. Es geht darum, Menschen Selbstständigkeit, Selbstbestimmtheit und Ausdrucksformen zu ermöglichen. Dabei wird vor einem bio-psycho-sozialen Ansatz davon ausgegangen, dass der Lebenshintergrund einer Person von hoher Wichtigkeit ist: z. B. »gesundheitsbezogene Einstellungen, Überzeugungen, Erwartungen, Wünsche der Patient:innen« ebenso wie gesundheitlich relevante Kontextfaktoren wie die Familie (Hoßfeld 2018, 122).

Zudem zählt die physikalische Therapie (z. B. Massagen, Elektrotherapie, Hydrotherapie und Thermotherapie) zur Physiotherapie – die jedoch häufig zur Begleitung oder Vorbereitung bewegungstherapeutischer Maßnahmen eingesetzt wird (Hoßfeld 2018). Die Elemente der Physiotherapie sind sehr vielfältig.

- Es geht einerseits um die Mobilisierung und Vertikalisierung (Anbahnung, Erlernen und Fördern von Bewegungsabläufen und der Fortbewegung),
- Muskelkräftigung und Steigerung der Ausdauer- und Koordinationsfähigkeit (z. B. gerätegestützte Trainingstherapie, Krafttraining sowie Ausdauer- und Koordinationstraining mit einem Laufband oder einer Vibrationsplatte),
- Kontrakturprophylaxe (Verminderung oder Verhinderung von Bewegungs- und Funktionseinschränkungen der Gelenke durch verkürzte Sehnen, Muskeln und Bänder),
- aber auch um Hilfsmittelversorgung sowie Hilfsmitteloptimierung (Müller-Felber & Schara 2015).

Dies muss immer integriert in Bezug auf das Erleben und Verhalten der Person, d. h. auf ihre Lebenswelt, ihr Belastungserleben und ihre Ressourcen, gesehen werden (Hoßfeld 2018). Innerhalb der Physiotherapie werden verschiedene Konzepte, Methoden und Techniken angewendet. Konzepte sind dabei übergreifende Ansätze, die modellhafte Vorstellungen von Bewegung in eine bestimmte Bewegungsvermittlung und -aneignung übertragen. Hieraus entstehen dann Methoden und Techniken.

Bevor auf ein konkretes Konzept anhand eines Fallbeispiels eingegangen wird, werden – eher ernüchternd wirkende – Ergebnisse eines systematischen Reviews verschiedener Therapieansätze für Kinder mit Zerebralparese kurz vorgestellt. Novak et al. (2020) stellen in einem Ampelsystem dar, dass überwiegend passive Therapieansätze, z. B. Vojta (therapeutische Aktivierung der Reflexlokomotion, um Bewegungsmuster im zentralen Nervensystem zu bahnen) oder Petö (pädagogisches Programm zum Erlernen/Verbessern motorischer Abläufe), eher weniger Evidenz zeigen und nur eine geringe Wirkung auf die Verbesserung von Bewegungsfähigkeiten haben. Es sind vielmehr die Ansätze effektiv, die auf theoretischer Basis motorische Lernprozesse integrieren und eher trainingsbasiert konzipiert sind, z. B. aufgabenspezifisches Training oder constraint induced movement therapy (CIMT-Training, indem die betroffene Seite bei Kindern mit Hemiplegie spezifisch trainiert wird). Insbesondere die Ansätze, die die Anpassung der Umgebung und der Aufgabe an die Bedürfnisse und Kompetenzen des Kindes (s. o.) im Fokus haben, erweisen sich als sehr effektiv. Dabei wird von folgenden Wirkmechanismen ausgegangen: Aufgaben und Aktivitäten aus dem realen Leben kommen häufig vor und können damit mit hoher Intensität/Häufigkeit durchgeführt werden. Dabei ist ein unmittelbarer Bezug zu den von dem Kind oder den Eltern gesetzten Ziel zu sehen, der motiviert. Erfolgreiches aufgabenspezifisches Üben wird von den Kindern als lohnenswert empfunden und es macht ihnen Spaß, sodass regelmäßig und spontan im Alltag entsprechend gehandelt wird. Dabei sind die Eigenaktivität und Motivation des Kindes sowie die individuellen Entwicklungspotenzen höchst relevant. So wirken therapeutische Impulse indirekt, d. h. in erster Linie durch das aktive Zutun der Kinder (Stuhlfelder & Ackermann 2022).

Schlussfolgernd lässt sich aus dieser Studie resümieren, dass von einer direkten und kurativen Wirkung von spezifischen Therapiemethoden (z. B. Vojta) nach derzeitigem Erkenntnisstand nicht ausgegangen werden kann. Eine ähnliche unzureichende Befundlage für die Therapiemethoden nach Vojta und auch nach Bobath in seiner ursprünglichen Form zeigt sich auch bei Kindern mit Spina bifida. Studien ab dem Kindergartenalter belegen auch hier eher die positive Wirkung von gezielten Übungs- und Krafttrainings (Hubert 2022). Jedoch muss bei dieser Befundlage immer auch das Alter des Kindes berücksichtigt werden. Gerade im Säuglings- und Kleinkindalter sind Therapieverfahren, die vorrangig auf der Eigenaktivität des Kindes beruhen (Hands-off-Therapie), häufig noch gar nicht einsetzbar und Kinder mit neurologischen Erkrankungen profitieren daher von einem entwicklungs- und schädigungsspezifischen Handling, um einen direkten Einfluss auf Haltung und Bewegung einzunehmen (Abel 2022).

Dieser Aspekt wird in dem ausführlichen Beispiel zur Physiotherapie (Fallbeispiel Hanna, s. u.) anhand des Bobath-Konzepts, das in seiner aktuellen Fassung aktives motorisches Lernen integriert hat (Hengelmolen-Greb 2020), aufgegriffen. In dieser Form entspricht das Bobath-Konzept nur bedingt den in dem systematischen Review von Novak et al. (2020) untersuchten Studien, die sich als weniger effektiv erweisen. Auf das Vojta-Konzept wird in diesem Buch nicht weiter eingegangen, da ein Fokus auf aktivitäts- und partizipationsförderliche Ansätze gelegt wird.

Bobath-Konzept

Das von Berta Bobath (Gymnastiklehrerin und Krankengymnastin, 1907–1991) und Karel Bobath (Neurologe und Psychiater, 1906–1991) in den 1940er-Jahren entwickelte Konzept wird im englischsprachigen Raum Neuro-Developmental-Treatment (NDT) genannt. Interdisziplinarität wird im Bobath-Konzept als grundlegend angesehen. Das Konzept ist weltweit verbreitet. Zunächst wurde durch den Nachweis, dass die Spastizität (zu hoher Muskeltonus) durch Therapietechniken beeinflussbar ist, davon ausgegangen, dass durch diese Techniken Haltungs- und Bewegungsmuster von Kindern mit einer Zerebralparese normalisiert werden können (Ritter et al. 2014). Das Konzept wurde kontinuierlich weiterentwickelt. In seiner aktuellen Fassung berücksichtigt das Bobath-Konzept 10 grundlegende Prinzipien (Ritter et al. 2014) und ist ganzheitlich und interdisziplinär konzipiert, d. h., die Zusammenarbeit verschiedener Berufsgruppen kann mit und über das Konzept sehr gut verwirklicht werden (Grafmüller-Hell 2008).

Ziel der Therapie nach dem Bobath-Konzept ist es, Selbstständigkeit und Lebensqualität von Kind und Familie zu verbessern. Das selbstständige Durchführen alltagsrelevanter Aktivitäten (z. B. Spiel, Selbstversorgung, Fortbewegung) steht dabei im Vordergrund. Dies kann eine Hilfsmittelversorgung (▶ Kap. 4.3: Orthesen, Prothesen sowie weitere Hilfsmittel) miteinschließen, aber auch die Prävention von Muskel- und Sehnenverkürzungen oder ein Schmerzmanagement. Gerade bei jungen Kindern können eine Begleitung und Anleitung der Eltern zentraler Bestandteil sein. Hier bekommen sie Erläuterungen und konkrete Ideen, wie sie die Bewegungen und die Haltung des Kindes gut unterstützen können. Das können beispielsweise bestimmte Positionen auf dem Schoß, das Nutzen von Unterlagen zur Rumpfstabilisierung oder Hilfsmöglichkeiten der Haltungskontrolle sein.

Fallbeispiel Hanna, Kind mit Spina bifida (jetzt 3;1 Jahre alt), Planung nach dem Bobath-Konzept
Exkurs: Besonderheiten in der Bewegungsentwicklung bei Kindern mit Spina bifida

In der physiologischen motorischen Entwicklung werden Seitwärtsschritte an Möbelstücken häufig vor dem Vorwärtsgehen erlernt. Kinder mit Spina bifida meiden diesen Entwicklungsschritt oftmals, da sie sich in der sicheren Körpermitte, wie im symmetrischen Stand, wohler fühlen. Zusätzlich ist es für diese Kinder meist sehr schwierig, ihr Gleichgewicht über ein Standbein dynamisch und ökonomisch zu bewahren, also das Becken über dem Standbein zu stabilisieren.

Zusammenfassende Einschätzung: Aktueller Befund und Therapieplanung

Hannas motorische Schwierigkeiten werden im Stand sichtbar. Die fehlende Stabilität und die Unsicherheiten im Gleichgewicht kompensiert Hanna, indem sie sich mit einer Hand festhält oder abstützt oder ihre Unterstützungsfläche vergrößert, indem sie sich mit dem Bauch anlehnt. Deutlich zeigen sich in der Standposition die systemischen Schwierigkeiten in der Haltungskontrolle, wie hypotoner Rumpf und Extremitäten, verminderte Sensibilität in der unteren Extremität, Koordinationsstörungen und Kraftdefizite.

Hanna kann ihre Füße und Zehen nicht aktiv bewegen. Sie trägt beidseits Unterschenkelorthesen sowie orthopädische Schuhe. Zum dritten Geburtstag hat sie jetzt von ihren Großeltern einen Verkaufsladen bekommen. Dieser motiviert Hanna sehr, auch im Stand zu spielen. Ihr Großvater hat diesen speziell für sie angefertigt. Nach Vorschlägen der Bobath-Therapeutin wurden therapeutische Gesichtspunkte wie Stabilität, Höhe und Tiefe des Tresens und für Hanna besser erreichbare Regalbretter berücksichtigt. Der Verkaufsladen besteht aus einem sehr stabilen Verkaufstresen, an dessen rechten und linken Ende jeweils ein standfestes Regal für die Verkaufsware steht. Der neue Verkaufsladen wird in Hannas Zimmer parallel vor die Zimmerwand gestellt, sodass Hanna durch eine hintere Begrenzung ebenfalls Sicherheit erfährt. Immer wieder spielt Hanna begeistert zusammen mit ihrer Freundin, einem Mädchen aus der Nachbarschaft, Einkaufen. Hanna übernimmt hier häufig die Rolle der Einkäuferin und packt die eingekauften Sachen dann in ein Körbchen.

Wie das andere Mädchen möchte Hanna auch die Rolle der Verkäuferin übernehmen. Allerdings schränken ihre motorischen Unsicherheiten sie bei dieser gewünschten Spieltätigkeit deutlich ein. Zwar hat Hanna mit vergrößerter Unterstützungsfläche im angelehnten Stand beide Hände frei zum Hantieren, um die gewünschte Verkaufsware in ein Körbchen zu verpacken und die Kasse zu bedienen. Allerdings hat Hanna Schwierigkeiten, die gewünschte Verkaufsware aus den Regalen zu holen. Dies verlangt von ihr seitliche Gewichtsverlagerungen auf ein Standbein. Sie würde hierdurch also die für sie sichere Körpermitte verlassen. Seitwärtsschritte, um an die gewünschte Verkaufsware zu gelangen, kann Hanna eigenständig nicht umsetzen. Es fehlen ihr hierfür sowohl die Handlungs- als auch die Bewegungsplanung.

Die Spielsituation Verkaufsladen bietet somit eine optimale Therapie- und Fördersituation, da sie Hannas persönliches Anliegen, die Rolle der Verkäuferin übernehmen zu können, berücksichtigt. Diese Situation ist zudem alltags- und handlungsorientiert. Hannas Handlungsmöglichkeiten im Alltag erweitern sich deutlich, wenn sie die Bewegungsübergänge in und um den Stand angstfrei bewältigen kann.

SMARTes partizipationsorientiertes Therapieziel:

In acht Wochen holt Hanna beim Spielen mit einer Freundin im Kaufladen auch weiter entfernte Ware aus dem Regal und nimmt die Rolle als Verkäuferin in einer Rollenspielsituation über einen Zeitraum von 10 Minuten ein.

Teilziele, um das Partizipationsziel zu erreichen, werden auf Ebene der Aktivitäten formuliert.

Hanna hält im Stand ihre Körperposition für 10 Minuten aufrecht und ändert diese eigenständig (*Seinen Körperschwerpunkt verlagern d4106*).

Hanna macht zwei beidhändig abgestützte Seitwärtsschritte am Kaufmannsladen (*Sich in seiner Wohnung umher bewegen d4600*).

Bedeutung der Umfeldgestaltung im Bobath-Konzept

In der Bobath-Therapie bildet die Umfeldgestaltung einen grundlegenden Bestandteil des Therapiekonzeptes. Dabei wird das Umfeld u. a. durch eine Auswahl von Stütz- und Haltemöglichkeiten und durch gezielten Einsatz von Spielzeug strukturiert (Grafmüller-Hell 2008). Eine sorgsam ausgewählte Umfeldgestaltung erleichtert Bewegungshandeln oder macht dieses ggf. erst möglich.

Bei Hanna, wie bei vielen Kindern mit der Diagnose Spina bifida, hat sich bewährt, das Erlernen von Seitwärtsschritten in einem Raum mit vorderer und hinterer Begrenzung zu üben, sozusagen in »räumlichen Gassen«. Daher hat die Bobath-Therapeutin zusammen mit Hannas Opa den Aufbau des Kaufmannsladens genau geplant. Studien belegen ebenfalls, dass der Lernerfolg am größten ist, wenn die Therapie in der konkreten Alltagssituation stattfindet (s. o.). Einen Transfer neu gewonnener Bewegungsmöglichkeiten von einer isolierten Therapiesituation in den Alltag gelingt häufig nicht. Aus diesen Gründen findet die Physiotherapie nach Bobath zurzeit im häuslichen Rahmen eingebettet in diesen Spielprozess statt.

Sensomotorische Kooperation im Bobath-Konzept: Bewegungshandeln begleiten

Die Bobath-Therapie bedient sich einer fachspezifischen Sprache mit genau definierten Fachbegriffen, um Bewegungen exakt zu beschreiben. Im folgenden Praxisbeispiel wird teilweise auf die Verwendung einiger fachspezifischer Begriffe aus Gründen der besseren Verständlichkeit verzichtet, da diese einer genaueren Definition bedürften. Ziel dieses Praxisbeispiels ist es, einen Einblick in die Arbeit nach dem Bobath-Konzept zu bekommen. Nach den Prinzipien für motorisches Lernen ist es von grundlegender Bedeutung, dass Hanna die Bewegung des Seitwärtsschrittes möglichst selbstständig ausführt (Friedhoff & Schieberle 2014). Die Aufgabe der Therapeutin ist, Hanna bei dieser möglichst selbstständigen Bewegungsausführung zu begleiten. »Hierzu muss sie eine Vorstellung aus Sicht des Kindes entwickeln« (Ritter 2004, 5), es muss also voraussehen, welche zukünftige Bewegung das Kind macht, und seine Bewegungsstrategien erkennen. Sie nutzt ihr Fachwissen und wählt aus ihrem Repertoire an therapeutischen Techniken gezielt einzelne Elemente aus. Diese setzt sie spezifisch und dosiert an das Kind und dessen Bewegung angepasst ein. Im Folgenden wird daher eine kleine Behandlungssequenz detailliert in einzelnen Schritten beschrieben.

> **Fallbeispiel Hanna, Kind mit Spina bifida (jetzt 3;1 Jahre alt), Physiotherapie nach Bobath**
> Zu Beginn der Übungssequenz erfolgt die Abstimmung des Handlungszieles (Ritter 2004): Hanna möchte den roten Apfel aus ihrem Verkaufsregal holen, um ihn in ihre Obsttüte einzupacken. Aufgabe der Therapeutin ist es, den folgenden Bewegungsablauf sorgfältig vorzubereiten. Hanna benötigt eine sichere und stabile Standpo-

sition, aus der ihr zielgerichtetes Handeln gelingt. Beispielsweise wird Hanna von der Therapeutin aufgefordert, ihre Fußstellung eigenständig zu korrigieren, sodass ihre Füße ca. hüftbreit auseinander stehen. Ein weiterer wichtiger Aspekt für die Vorbereitung der geplanten Handlung ist, dass die Therapeutin sich vorausschauend überlegt, wo sie das Zielobjekt, den gewünschten Apfel, im Regal positioniert. Der Abstand zwischen Hanna und dem Apfel muss so groß sein, dass Hanna zu einem Seitwärtsschritt motiviert wird, um an den gewünschten Apfel zu gelangen, ohne sie dabei zu überfordern. Außerdem überlegt die Therapeutin gut, auf welcher Höhe sie ihn positioniert. Sie weiß aufgrund ihrer Bewegungsanalyse, dass Hanna ihren Oberkörper bei Gewichtsverlagerungen über ein Standbein am besten stabilisieren kann, wenn sie ihren Oberkörper leicht nach vorne strecken muss. Die dadurch physiologisch weiterlaufende Vorfußbelastung ermöglicht Hanna, eine aufrechte Körperhaltung zu bewahren und somit diesen Bewegungsablauf möglichst eigenständig auszuführen.

Die Therapeutin wählt ihre eigene Körperposition sorgsam aus, um Hanna beim Üben der Seitwärtsschritte bestmöglich begleiten zu können. Sie positioniert sich zunächst schräg links hinter Hanna. Sie sitzt auf einem rollbaren Hocker und gibt ihr mit ihrem Körper eine Begrenzung, so dass Hanna sich sicherer fühlt. Wichtig ist, dass die Initiative für die Bewegung von Hanna ausgeht. Die Therapeutin wartet ab, bis Hanna die Bewegung einleitet.

Wichtiges Kriterium ist die visuelle Fixation des gewünschten Apfels. Für das Erlernen des Bewegungsablaufes eines Seitwärtsschrittes wird dieser in verschiedene Teilschritte untergliedert. Zunächst findet eine Gewichtsverlagerung auf das linke Standbein statt, damit der rechte Fuß frei für den Seitwärtsschritt wird. Bevor aber der rechte Fuß zur Seite gesetzt werden kann, muss das linke Bein als Standbein, welches das Körpergewicht trägt, gesichert werden. Hierbei hat Hanna Schwierigkeiten, ihr Gleichgewicht auf jetzt nur einem Bein aufrecht zu halten. Die Therapeutin unterstützt Hanna mit ihren Händen stabilisierend am Becken, um den Moment der Gewichtsverlagerung abzusichern. Sobald es Hanna gelingt, ihr Gleichgewicht selbstständig zu halten, löst die Therapeutin diese Unterstützung durch die Hände wieder auf. Anschließend setzt Hanna den rechten Fuß zur Seite. Es erfolgt eine Gewichtsverlagerung auf das rechte Bein, um den linken Fuß heranziehen zu können. Auch hierbei muss das rechte Bein als Standbein zunächst stabilisiert werden.

Hanna stützt sich während des gesamten Bewegungsablaufes mit beiden Händen am Verkaufstresen ab, um ihren Oberkörper zu stabilisieren. Die Bewegung war erfolgreich. Nachdem Hanna ihre neue Standposition stabilisiert hat, kann sie den gewünschten Apfel ergreifen, worüber sie sich gemeinsam mit der Therapeutin freut.

Nach den Prinzipien für motorisches Lernen ist es unabdingbar, dass Hanna den Bewegungsübergang des Seitwärtsschrittes möglichst eigenständig übt, variationsreich wiederholt und eigene Problemlösungsstrategien entwickelt. Beispielsweise experimentiert Hanna mit der Länge des Seitwärtsschrittes und variiert diese. Sie testet aus, wie groß der Schritt zur Seite sein kann, sodass sie ihre Haltung während des Bewegungsüberganges eigenständig bewahren kann. Wann ist die Schrittlänge zu groß, sodass Hanna eigenständig merkt, dass sie mit der Bewegungsausführung überfordert ist? Ein weiterer bedeutender Aspekt ist die Position der Therapeutin. Während der Übungssequenzen variiert die Therapeutin immer wieder ihre Position. Neben der Vermittlung von Sicherheit steht auch die Interaktion mit Hanna im Vordergrund, die am besten in einer Position Hanna gegenüber auf Augenhöhe gelingt. Ebenfalls ist die sprachliche Begleitung ein wichtiges Kriterium. Hanna benötigt vertrauensvolle und einfühlsame Aufforderungen, um sich auf die Bewegungssequenz einlassen zu können bzw. diese bis zum Ende durchzuführen.

> **Behandlungsergebnis**
>
> Das Therapieziel wird erreicht: Nach acht Wochen übernimmt Hanna stolz die Rolle der Verkäuferin beim Spielen mit ihrer Freundin. Sie geht die zwei benötigten Seitwärtsschritte selbstständig, um an die gewünschte Verkaufsware zu gelangen. Dabei stützt sie sich mit beiden Händen ab. Sie packt die Verkaufsware in ihre Brusttasche, geht die Seitwärtsschritte eigenständig zur Theke zurück und bedient ihre Kasse. Für Hanna ist es schwierig, mit der Verkaufsware in den Händen die Seitwärtsschritte zurück zur Theke zu gehen, weshalb die Mutter die Idee hatte, Hanna eine Latzhose mit Brusttasche anzuziehen, was hervorragend gelingt.

4.2 Ergotherapie

Nach Götsch (2015b, 6) kann Ergotherapie, basierend auf einem bio-psycho-sozialen Verständnis, wie folgt definiert werden:

> »Ergotherapie ist dafür zuständig, Menschen, die durch Krankheit und Behinderung in der Ausführung von Aktivitäten beeinträchtigt sind, dahingehend zu unterstützen und/oder zu beraten, dass diese Menschen die Aktivitäten ausführen können, die sie für ihre gegebenen Rollen in den Lebensbereichen der Selbstversorgung, Produktivität und Beschäftigung als wichtig erachten.«

Bei der Zielerreichung werden person- und umweltbezogene Faktoren berücksichtigt, damit die Betroffenen die für sie relevanten Handlungskompetenzen erwerben können, um zufriedenstellend am Leben teilhaben zu können. Die ergotherapeutische Fachdisziplin bedient sich verschiedener Bezugswissenschaften, wobei folgende drei Kerntheorien aus der Sozialwissenschaft wesentlich sind: Handlungstheorien, Rollentheorien und Systemtheorien. Folglich steht im Zentrum der ergotherapeutischen Praxis die Handlungsfähigkeit des Menschen in seinen unterschiedlichen Rollen vor dem Hintergrund des Personen-Umwelt-Systems.

Verschiedene ergotherapeutische Handlungsmodelle wurden entwickelt, um die menschliche Betätigungs- und Handlungsfähigkeit zu konzeptionalisieren. In der Pädiatrie sind international insbesondere das Canadian Model of Occupational Performance (CMOP) sowie das Model of Human Occupation (MOHO) bekannt (Pätzold 2015; Strebel 2015). Aktuell werden ergotherapeutische Prozesse sowohl nach einem funktionsorientierten Bottom-up-Ansatz, bei dem der Behandlungsauftrag auf der Körperfunktionsebene liegt, als auch nach einem Top-down-Ansatz, bei dem der Behandlungsauftrag auf Aktivitäts-, Partizipations- und/oder Betätigungsebene liegt, gestaltet. Dem Bottom-up-Ansatz sind z.B. die Sensorische Integrationstherapie (Ayres 2002) und das Affolter-Modell (Bischofberger & Affolter 2014) zuzuordnen. Hier liegt der Schwerpunkt in der direkten Behandlung der Patient:innen bzw. des Kindes (Kindzentrierung) (Romein & Espei 2015). Beim Top-down-Ansatz hingegen entscheiden die Therapeut:innen über die betätigungsorientierten Ziele mit den Patient:innen bzw. Eltern und Kindern, wobei das soziale Umfeld mit einbezogen wird. Dies wird im nachfolgenden Fallbeispiel aufgegriffen.

Ziel der Ergotherapie bei Kindern mit körperlich-motorischen Beeinträchtigungen ist z.B. die Förderung der Alltags- und Spielgestaltung, der handmotorischen Fähigkeiten und der Wahrnehmung (Mlynczak-Pithan 2015).

> **Fallbeispiel Max, Kind mit UEMF (jetzt 5;10 Jahre alt), Ergotherapie**
>
> Ein wichtiger Schwerpunkt der Frühförderung ist bei Max die Förderung der Feinmotorik. Wie in der Eingangsdiagnostik festgehalten, malt und bastelt Max bisher nicht gerne bzw. vermeidet feinmotorische Aufgaben. Die Stifthaltung ist noch unreif und verkrampft. Die Händigkeit ist noch nicht festgelegt. Bis zur Ein-

schulung soll Max schulrelevante Fertigkeiten wie Stifthaltung, Grundkenntnisse der Schrift usw. erlernen.

SMARTes partizipationsorientiertes Therapieziel:

Max hält in 3 Monaten einen Stift unverkrampft und setzt diesen über einen Zeitraum von 10 Minuten ein, um zum Schulbeginn dem Schreiblernprozess im Unterricht motiviert folgen zu können (*Einen Gegenstand handhaben d4402*).

Die Ergotherapeutin schafft für Max motivierende Spielsituationen und verpackt die Übungen zur Feinmotorik und Grafomotorik in für Max faszinierende und fesselnde Geschichten. So gelingt es ihr, die feinmotorischen Lernsituationen in bedeutungsvolle Aktivitäten und Handlungen für Max zu verwandeln. Max interessiert sich besonders für Fußball und Autos, vor allem »Cars« von Walt Disney. In einer Therapieeinheit baut Max sein Lieblingsauto von Cars. Max malt selbstständig mit einem dicken roten Farbmarker eine Plastikschachtel von Streichkäse rot an. Als Räder werden von Max schwarz angemalte Wattekugeln verwendet, die auf Holzstäben als Achsen befestigt werden. Die Augen und Lichter des Autos werden aus Tonpapier ausgeschnitten und aufgeklebt. Max ist stolz auf sein neues Auto. Das Basteln seines Lieblingsautos hat ihn sehr motiviert und ist für ihn so bedeutungsvoll, dass er mit Spaß dabei ist und sich gut auf die feinmotorischen Tätigkeiten einlassen kann. Die Ergotherapeutin hat Max während des Angebotes begleitet und unterstützt, sodass er dabei herausgefordert, aber nicht überfordert wird.

In der nächsten Therapieeinheit spielen beide Autorennen. Hierzu bringt die Ergotherapeutin ebenfalls ein nachgebasteltes Auto von Cars mit. An beiden Autos ist eine 1 m lange Schnur befestigt, deren anderes Ende an der Mitte eines dicken Stabes gebunden ist. Das Wettrennen beginnt. Die Autos werden durch Aufrollen der Schnur herangezogen. Max ist ganz gespannt, ob sein Auto als erstes die Ziellinie überfährt und trainiert so für ihn ganz nebenbei seine Fingergeschicklichkeit und Konzentrationsfähigkeit. Als sein Auto als erstes das Ziel erreicht, jubelt er vor Freude. Zusammen mit der Ergotherapeutin vereinbart er, dass derjenige, der es schafft, sein Auto dreimal als erstes über die Ziellinie fahren zu lassen, Tagessieger wird, wobei Max haushoch gewinnt.

In der Ergotherapie wurde zuvor Max' Händigkeit überprüft mit dem Ergebnis, dass er Linkshänder ist. In den gemeinsamen Gesprächen mit der Mutter werden hierfür wichtige Informationen und Tipps weitergegeben. Das nächste Ziel ist, Max fokussiert an Vorschulübungen heranzuführen. Die Ergotherapeutin empfiehlt eine Schreibhilfe. Diese unterstützt das Einüben der Stifthaltung im Dreipunktgriff. Um Max' Motivation und Freude an Vorschulübungen zu fördern, empfehlen die Frühförderin und die Ergotherapeutin einen für Max motivierenden Vorschulblock zu finden. Mit Max wird vereinbart, dass er sowohl zu Beginn der Ergotherapie-Stunde als auch zu Beginn der Frühfördereinheit eine Seite dieses ausgewählten Heftes bearbeiten wird. Aufgrund der eingeschränkten zeitlichen Ressourcen von Max' Mutter wird zunächst bewusst darauf verzichtet, dass die Mutter in das Ausfüllen des Vorschulblockes miteingebunden wird. Die Einbeziehung der Mutter wird zu einem späteren Zeitpunkt nochmals in Erwägung gezogen, um die Familie dann auf das zukünftige Bewältigen von Schulhausaufgaben vorzubereiten. Max sucht sich beim Einkauf einen Kindergartenblock mit Lernspielen und Ausmalbildern sowie Kreativmalseiten aus. Er ist sehr motiviert und hat Freude an den Aufgaben. Er macht große Fortschritte bei einem ausdauerneren Einsatz eines Stifts, um zu malen und den Block auszufüllen (10 Minuten am Stück, dann erfolgt eine Pause). Außerdem entwickelt er eine gute Arbeitshaltung und freut sich darauf, in der Schule schreiben zu lernen.

4.3 Orthesen, Prothesen sowie weitere Hilfsmittel

Orthesen

»Eine Orthese (aus griechisch ὀρθός ›aufrecht‹) ist ein medizinisches Hilfsmittel, das zur Stabilisierung, Entlastung, Ruhigstellung, Führung oder Korrektur von Gliedmaßen oder des Rumpfes eingesetzt und industriell oder durch einen Orthopädie(schuh)techniker auf ärztliche Verordnung hin hergestellt wird« (Baumann et al. 2018, 351).

Orthesen können für verschiedene Körperteile konzipiert sein. Kinder mit Spina bifida tragen häufig Orthesen an den Beinen, die der Korrektur von Fehlbildungen dienen oder die Steh- und Gehfunktion unterstützen. Kinder mit einer unilateralen Zerebralparese werden häufig mit Hand-Orthesen versorgt, um z.B. die Greiffunktion zu verbessern. Es kann bei schwerer betroffenen Kindern bei einer Orthesenversorgung jedoch auch um die Lagerung gehen, um Kontrakturen oder Deformitäten zu verhindern.

Eine moderne ICF-basierte Orthesenversorgung bezieht neben den oben genannten funktionellen und strukturellen Aspekten das Kind, seine Familie und vor allem die Kontextfaktoren in die Planung und Versorgung mit ein (s.u.) – eine schlecht sitzende, zu schwere Orthese, die nicht getragen wird, hilft niemandem weiter.

Prothesen

Prothesen sind ein künstlicher Ersatz eines fehlenden, amputierten oder unvollständig ausgebildeten Körperteils. Prothesen können aber auch als Funktionshilfe zum Erreichen eines bestimmten Handlungsziels eingesetzt werden und damit neue Handlungsmöglichkeiten eröffnen. Es geht also in erster Linie eher um eine Funktionsverbesserung zur Förderung der Teilhabe, jedoch auch um kosmetische Aspekte, die z.B. für die Steigerung des persönlichen Wohlbefindens und der Lebensqualität relevant sein können.

Hilfsmittel

In den letzten Jahren ist die Erkenntnis gewachsen, dass sich Kinder mit Zerebralparese generell zu wenig bewegen und diese Kinder von Aktivität, Bewegung wie auch von Krafttraining und funktioneller Physiotherapie profitieren können (Damiano 2006) (s.o.). Um diese Aktivitäten zu ermöglichen, sollen Kinder mit geeigneten Hilfsmitteln versorgt werden. Diese grundlegende Aussage kann auch auf die Lebenssituation von Kindern mit anderen motorischen Beeinträchtigungen bezogen werden.

Hilfsmittel sind Produkte, die dazu dienen, bestehende Einschränkungen der Teilhabe am öffentlichen und kulturellen Leben in der Gemeinschaft aufgrund einer Schädigung/Funktionsstörung auszugleichen. Hilfsmittel sollen dabei den Kontakt der leistungsberechtigten Person mit ihrer Umwelt ermöglichen. Behinderungsbedingte Begleitumstände sollen dabei behoben werden (z.B. Rollstuhl zur Fortbewegung, wenn die Gehfunktion beeinträchtigt ist).

Laut § 47 SGB IX umfassen »(1) Hilfsmittel (Körperersatzstücke sowie orthopädische und andere Hilfsmittel) nach § 42 Absatz 2 Nummer 6 [...] die Hilfen, die von den Leistungsberechtigten getragen oder mitgeführt oder bei einem Wohnungswechsel mitgenommen werden können und unter Berücksichtigung der Umstände des Einzelfalles erforderlich sind, um

1. einer drohenden Behinderung vorzubeugen,
2. den Erfolg einer Heilbehandlung zu sichern oder
3. eine Behinderung bei der Befriedigung von Grundbedürfnissen des täglichen Lebens auszugleichen, soweit die Hilfsmittel nicht allgemeine Gebrauchsgegenstände des täglichen Lebens sind«.

Hilfsmittel sollen die Aktivitäten des täglichen Lebens unterstützen, die motorische Förderung in alle Körperstellungen (Liegen, Sitzen,

Stehen) und in der Fortbewegung unterstützen, um somit Partizipation [Teilhabe] zu ermöglichen – gleichzeitig aber z. B. auch Deformitäten vermeiden (Baumann et al. 2018).

In der Entwicklungsphase des Liegen, in der Bauch- oder Rückenlage, erkunden die Kinder aktiv die Welt und können mit Keilen/Kissen etc. unterstützt werden, um z. b. auch in Bauchlage bei mangelnder Rumpfkontrolle die Hände einsetzen zu können und damit ein Spielzeug zu erkunden.

Eine gute Sitzversorgung ist gerade auch für die kindlichen Bildungs- und Lernprozesse sehr wichtig. Aus einer stabilen Sitzposition heraus kann sich das Kind mit Tätigkeiten des alltäglichen Lebens beschäftigen, ohne sich auf das Sitzen selbst konzentrieren und sich z. B. mit den Händen abstützen zu müssen, um die Sitzhaltung zu bewahren (Baumann et al. 2018). Aber auch die Versorgung mit sogenannten Stehtrainern für Kinder, die keine eigenständige Stehfähigkeit haben, ist für die Entwicklung u. a. kognitiver Funktionen wie Konzentrationsspanne und Aktivitäten wie Lernen, Kommunikation und Interaktion, aber auch Perspektivwechsel von der Horizontalen in die Vertikale bedeutsam.

In Bezug auf die Versorgung mit einem Rollstuhl stehen Eltern häufig vor einer schwierigen Entscheidung, die fachlich und emotional gut begleitet werden muss. Selbstständig gehen zu können und die ersten freien Schritte zu machen, sind ein herausfordernder Entwicklungsmeilenstein für die Kinder und ein wichtiges Ereignis für die Eltern. Das Kind lernt die Welt in einer aufrechten Körperhaltung kennen und aus einer neuen Dimension zu erforschen. Biringen et al. (2008) beschreiben die aufrechte Fortbewegung (Gehen) als ein dramatisches Ereignis im Leben des Kindes und der Familie, das zu erheblichen Veränderungen in der affektiven Kommunikation (Interaktion) und der Eltern-Kind-Bindung führen kann. Da soeben Gehen lernende Kind wird als euphorisch bezeichnet, wenn es die Fähigkeit, sich aufrecht von der Mutter/Bezugsperson weg zu bewegen, entwickelt. Die Fähigkeit des Gehens ist also eng mit einem Entwicklungsschritt in der Autonomieentwicklung des Kindes assoziiert. Gerade die Eltern von Kindern mit Zerebralparese sind mit der

Frage konfrontiert, ob, wie und wann ihr Kind frei gehen lernen wird (Cherng et al. 2007). Das Gehen hat für die Bewältigung des Alltags und die Integration in das soziale Leben eine hohe Bedeutung. Stehen und gehen zu können fördert die Unabhängigkeit von Hilfsmitteln und Hilfspersonen, Barrieren können besser bewältigt werden. Die Versorgung mit einem Rollstuhl kommt Eltern daher manchmal wie eine Entscheidung gegen das Gehenlernen vor. Gemeinsam mit dem Kind sollte eine alternative Perspektive erarbeitet werden, welche Partizipationsmöglichkeiten sich aus der Fortbewegung mit einem Rollstuhl ergeben können – genauso schnell wie andere Kinder zu sein, längere Strecken ohne Anstrengung bewältigen zu können, selbstständig zu entscheiden, wohin es fahren möchte etc. Für die Fortbewegung können neben einem Rollstuhl weitere Hilfsmittel, wie Therapiedrei- oder Therapiefahrräder, eingesetzt werden.

Darüber hinaus gehören Kommunikationshilfen, aber auch Ess-, Trink- und Schreibhilfen zu einer umfassenden Hilfsmittelversorgung dazu, wenn sie im individuellen Fall notwendig sind.

Grundlage für die Finanzierung von Hilfsmitteln, die in der Regel bei Kindern durch die Krankenkasse erfolgt, ist eine ärztliche Verordnung. Die Beantragung des Hilfsmittels müssen die Eltern selbst übernehmen – sollten hierbei jedoch umfassend beraten und unterstützt werden, denn eine gelungene Hilfsmittelversorgung setzt in der Regel ein gut strukturiertes Versorgungskonzept voraus: »Die Zielsetzung und die Bedarfsermittlung sollten in einem interdisziplinären Team erarbeitet werden, welches aus dem Kind [...] oder Jugendlichen selber, seiner Familie, seinen Therapeuten und Ärzten sowie dem zuständigen Betreuungspersonal besteht« (Jahn 2022, 114). Dieses Verständnis schließt die Frühförderung, aber z.B. auch Kindertageseinrichtungen als wichtige Akteure im Kontext des Hilfsmittelversorgungsprozesses mit ein. Eine Beantragung von Hilfsmitteln sollte unter der Gesamtbetrachtung aller Faktoren der ICF erfolgen, da dies eine gute Argumentationsgrundlage gegenüber den Kostenträgern ermöglicht (Jahn 2022). Hilfreiche Unterlagen hierzu stellt der Verein rehaKIND e.V. zur Verfügung (www.reha kind.de). Hier finden Eltern zudem leicht verständliche Informationsblätter (auch in verschiedenen Sprachen), die sie bei der Beantragung von Hilfsmitteln unterstützen. Hilfsmittel gibt es in einer sehr großen Vielfalt – eine umfassende Übersicht zu den aktuell 38 Produktgruppen zuzüglich der 4 Pflegehilfsmittelproduktgruppen ist dem Hilfsmittelverzeichnis des GKV-Spitzenverbandes zu entnehmen (https://hilfsmittel.gkv-spitzenverband.de Stand 1/2023).

Die Frühförderung kann in verschiedenen Rollen in die Hilfsmittelversorgung eingebunden sein. Im medizinisch-therapeutischen Arbeitsbereich kann eine Hilfsmittelberatung und -versorgung initiiert werden, oder aber die Eltern und andere Fachkräfte (z.B. aus der Kita, s.u.) werden über die Nutzung und Integration des Hilfsmittels in den kindlichen und familiären Alltag informiert und geschult. Grundsätzlich haben alle Fachdisziplinen der Frühförderung die Aufgabe, die Hilfsmittelversorgung mit zu gestalten – aus pädagogisch-psychologischer Perspektive ist eine Einschätzung, wie hilfreich ein Hilfsmittel ist oder ob Kontextfaktoren in ausreichendem Maß berücksichtigt wurden, hilfreich. Hierzu gehören z.B. die Fragen: Passt ein Rehabuggy in das Auto der Familie? Wird ein Therapiestuhl in der Kita gut genutzt? Wie ist der Zugang zur Wohnung der Familie? Wo kann ein Elektrorollstuhl abgestellt werden? Toleriert das Kind eine Orthese oder wird das tägliche Anziehen zu einer Belastung für Eltern und Kind?

4.4 Psychomotorische Bewegungs- und Wahrnehmungsförderung

Das auf den Sportpädagogen und Akrobaten Ernst Jonny Kiphard zurückgehende Konzept wurde seit seiner Entstehung in den 1950er-Jahren fortlaufend ausdifferenziert und unter Berücksichtigung verschiedener Bezugstheorien verwissenschaftlicht. Aktuell lassen sich die verschiedenen in der Praxis gängigen psychomotorischen Kon-

4.4 Psychomotorische Bewegungs- und Wahrnehmungsförderung

zepte vier übergeordneten Perspektiven zuordnen (Krus 2015a): (1) medizinisch-funktionale Perspektive, (2) erkenntnisstrukturierende, selbstkonzeptorientierte Perspektive, (3) identitätsbildende, sinnverstehende Perspektive und (4) systemisch-ökologische Perspektive. Diese bewegen sich zwischen den Polen eher funktional ausgerichteter Verfahren mit physiologischer Orientierung über eher anthropologische Perspektiven der Betrachtung des Leiblichkeit bis zu eher psychotherapeutisch ausgerichteten Ansätzen (Fischer 2009). Die Psychomotorik bedient sich verschiedener entwicklungstheoretischer Perspektiven und Bezugsdisziplinen, die ausführlich in Fischer (2009) sowie Kuhlenkamp (2017) beschrieben werden.

Der kindlichen Selbstgestaltungsfähigkeit wird im Konzept der Psychomotorik ein wichtiger Stellenwert eingeräumt. Ziel der psychomotorischen Förderung ist es, die vorhandenen Fähigkeiten des Kindes, sich über Wahrnehmungsprozesse und Bewegungshandeln mit seiner Umwelt aktiv auseinandersetzen zu können, auszubauen (Gebhard & Kuhlenkamp 2012). Nach Neuhäuser (2011) soll über die Vermittlung positiver Handlungserfahrungen unter dem Einbezug der Interaktion zwischen personaler, sozialer und materieller Umwelt die kindliche Entwicklung angeregt werden. »Förderziele sind demzufolge eine Unterstützung bei der Ausbildung eines guten Körpergefühls, des Selbstbewusstseins und des Selbstvertrauens, damit sich das Kind zu einem aktiven und mündigen Mitglied in unserer Gesellschaft entwickeln kann« (Gebhard & Kuhlenkamp 2012, 221).

Psychomotorische Angebote innerhalb der Frühförderung können einerseits eine pädagogische Ausrichtung haben und durch pädagogisches Fachpersonal z.B. Heilpädagog:innen mit psychomotorischer Weiterbildung oder Motopäd:innen erbracht werden. Jedoch hat die Psychomotorik andererseits als Handlungs- und Gestaltungsprinzip auch in therapeutischen Angeboten der Physio- und Ergotherapie sowie Logopädie einen hohen Stellenwert (Möllers 2015; Neuhäuser 2011). Dabei wird ein psychomotorisches Förderangebot überwiegend in einer Kleingruppe angeboten, Gestaltelemente und Prinzipien psychomotorischen Handelns können aber auch in Einzelsituationen implementiert werden.

Der Personenkreis der Kinder mit körperlich-motorischen Beeinträchtigungen ist sehr heterogen: von leicht motorisch beeinträchtigten Kindern, bei denen z. b. die eigenständige Spiel- und Bewegungsfähigkeit eher unterschätzt oder wenig anerkannt wird (Hachmeister 2006); über Kinder mit verkürzten Lebenserwartungen, bei denen die Förderung des Selbstkonzepts im Vordergrund steht (Irmler 2015); bis hin zu Kindern mit komplexen Beeinträchtigungen, die vorrangig sehr basale Wahrnehmungsreize verarbeiten können (Behrens & Fischer 2011). Demzufolge gestaltet sich ein psychomotorisches Förderangebot in der Frühförderung sehr vielfältig und vor allem individuell. Auf personaler Ebene kann die Förderung der Ich-Identität über Bewegungsangebote, um sich mit dem eigenen Körper zu identifizieren, das Körper-Selbstbild auszudifferenzieren und den eigenen Körper mit seinen Handlungsmöglichkeiten anzunehmen, indiziert sein (Bergeest & Boenisch 2019). Die Förderung des Selbstkonzeptes nimmt dabei einen wichtigen Stellenwert ein (Irmler & Gebhard 2016). Auf sachlicher Ebene steht die Auseinandersetzung mit der dinglich-materiellen Umwelt im Vordergrund. Dazu gehören vielfältige Bewegungs- und Wahrnehmungserfahrungen sowie die handelnde Auseinandersetzung mit (Alltags-)Gegenständen. Damit Kinder Dinge betasten, fühlen, begreifen, schmecken, riechen, sehen, hören und motorisch erreichen können, bedarf es häufig einer wohlüberlegten Material- (z. B. Schwere, Griffigkeit, Kontrastreichtum), Raum- (z. B. räumliche Anordnung, Distanz, Verkleinerung des Raums) und Positionsgestaltung (z. B. durch Lagerungshilfen oder Hilfsmittel). Auf sozialer Ebene können das gemeinsame Handeln mit anderen, die eigene Integration in Spiel- und Handlungsabläufe sowie das Lösen von Konflikten handlungsleitend für ein psychomotorisches Förderangebot sein. Alle genannten Erfahrungsebenen sind in enger Zusammenarbeit und Absprache mit den Kindern sowie ihren Eltern und Bezugspersonen auszuwählen und zu gestalten, um deren bisherige Erfahrungen und aktuelle Bedürfnisse einfließen zu lassen, aber auch, um neue Ansätze und Möglichkeiten in den Lebensalltag des Kindes – außerhalb der Frühfördereinheit – zu transferieren. Die dargestellten Grundlagen lassen den hohen Stellenwert von psychomotorisch orientierten Förderangeboten im Zusammenhang mit Partizipation als Endziel erkennen: Wie im theoretischen Modell der Familie partizipationszugehöriger Konstrukte (fPRC) (▶ Kap. 3.2.2: Diagnostik der allgemeinen Entwicklung und vertiefende fachspezifische Diagnostik der motorischen Entwicklung) dargestellt, sind das Selbstverständnis, das unter anderem Selbstbewusstsein, Selbstkonzept und Selbstvertrauen beinhaltet, sowie die Handlungskompetenz wesentliche Komponenten, die sich auf Partizipation auswirken.

Didaktisch-methodische Prinzipien und Kennzeichen psychomotorischer Ansätze in der Frühförderung

Als Basisprinzipien psychomotorischer Förderung nennt Keßel (2014) Echtheit und Wertschätzung – d.h., die Gruppenleitungen sind um eine grundlegende Atmosphäre, in der sich jedes Kind angenommen und geschätzt wird, bemüht. Dabei sehen sich die Erwachsenen als Entwicklungsbegleiter, die weniger lenken, als vielmehr gemeinsam einen kreativen Dialog ermöglichen, wobei die Bedürfnisse der Kinder im Vordergrund stehen (Dialog und Begleitung). Unter Bezug auf Kiphard (2004) hebt Krus (2015b) hervor, dass die Persönlichkeit der Psychomotoriker:innen eine Moderatorvariable für eine erfolgreiche Förderung bildet. Dazu gehören neben den von Keßel (2014) genannten Prinzipien auch eine sympathisierende Anteilnahme, Begeisterungsfähigkeit, Kreativität und Humor. Nach Passolt (2006) ist die Reflexion der eigenen theorie- und erfahrungsbasierten Haltung sowie der leiblichen Erfahrung notwendig. Weitere Prinzipien psychomotorischen Handelns werden in der psychomotorischen Grundlagenliteratur ausführlich beschrieben (Keßel 2014; Krus 2015b; Möllers 2015; Zimmer 2001) und im Folgenden nur kurz aufgelistet: Individuumszentrierung; Gestaltung offener Handlungssituationen; Freiwilligkeit der Teilnahme; Gestaltung phantasievoller, kreativer und lebensnaher Bewegungsangebote; Selbsttätigkeit; Selbstwerterhöhung; kognitive und affektive Reflexion; Prozess- und Ressourcenorientierung; Bewertungsvermeidung; Kommunikationsorientierung.

Die Anzahl der teilnehmenden Kinder einer Gruppe im Rahmen der Frühförderung ist meist auf ca. 6 Kinder begrenzt. Je nach Alter und Schwerpunkt gibt es Gruppen mit und ohne Elternbegleitung. Die Wahl der Sozialform auch innerhalb einer Kleingruppe ist ein bestimmendes Merkmal u. a. für die sozial-emotionale Kompetenzentwicklung und Interaktionsförderung. Die Gruppenförderung kann die Handlungskompetenz und Kommunikationsfähigkeit der teilnehmenden Kinder erweitern. Außerdem bietet eine Kleingruppe eine optimale Lernsituation für das Voneinander-Lernen und die Erweiterung sozialer Kompetenzen. Soziale Interaktion wird erleichtert, denn über Bewegung können die Kinder miteinander in Kontakt treten. Sie lernen, Rücksicht auf andere zu nehmen, ihre eigenen Bedürfnisse im gemeinsamen Spiel zu erkennen, konstruktiv umzusetzen und evtl. zurückzustellen (Zimmer 2001).

Die Gruppenförderung findet häufig in Bewegungsräumen statt. Hier können u. a. anregungsreiche Bewegungslandschaften aufgebaut werden, die die Möglichkeit für vielfältige Bewegungserfahrungen bieten. Die Kinder können beispielsweise frei wählen zwischen Klettern, Rutschen, Balancieren und Schaukeln. Zum einen finden die Kinder bekannte Bewegungselemente vor. Hier können die Kinder ihre Bewegungskoordination festigen und erfahren Sicherheit durch die Wiederholung. Zum anderen verfügt die Bewegungslandschaft über ein bis zwei neue Bewegungselemente, die zu neuen herausfordernden Bewegungsanforderungen anregen und die Möglichkeit bieten können, bereits Gelerntes auf neue Situationen zu übertragen.

Die verschiedenartige Wirkung von Raum und Material beinhaltet, welche Freiräume, welche Gestaltungsräume, welchen Appellcharakter und welche kreativen Veränderungsmöglichkeiten sich den Kindern bieten, und diese sollten sorgfältig im Vorfeld abgewogen und geplant werden. »Gerade die Offenheit der Gestaltungsmöglichkeit sowie die Zweckentfremdung eröffnen kreative Handlungs-

4.4 Psychomotorische Bewegungs- und Wahrnehmungsförderung

›Spielräume‹ und Dialoge zwischen Material und Individuum« (Krus 2015b, 59). Gerade Alltagsmaterialien (wie Zeitungen, Becher, Folien, Bürsten) und Alltagsgegenstände (Stühle, Tische, Leitern, Bälle) spielen neben spezifischen psychomotorischen Materialien wie dem Pedalo, Rollbrett und Schwungtuch eine wesentliche Rolle in psychomotorischen Förderprozessen.

Jede Kleingruppe wird individuell gestaltet, wobei die momentanen Bedürfnisse der teilnehmenden Kinder sorgsam berücksichtigt werden, d. h., der Stundenaufbau erfolgt bedürfnis- und prozessorientiert (Krus 2015b). Dennoch weist jede Kleingruppe ihre eigene gleichförmige Struktur und festen Rituale auf, damit sich die Kinder daran orientieren können und Sicherheit erleben.

Fallbeispiel Mia, Kind mit UEMF (jetzt 4;2 Jahre alt), psychomotorische Förderung
SMARTe partizipationsorientierte kurzfristige Förderziele:
Mia nimmt in vier Wochen ohne Begleitung der Mutter an der psychomotorischen Fördergruppe teil (*Beziehungen eingehen* d7200; *Verbleiben in einem Programm der Vorschulbildung* d8151).
Mia beteiligt sich in 6 Wochen aktiv handelnd und kommunizierend an zwei verschiedenen Spielsequenzen einer Förderstunde mit anderen Kindern, ohne aktive Initiierung dieser Interaktion durch die Frühförderfachkraft (*Mit Gleichaltrigen umgehen* d7402).
Mia nimmt im Rahmen der Frühförderung an der Kleingruppe Psychomotorik teil. Zunächst wird sie von ihrer Mutter begleitet. Mia ist sehr ängstlich und unsicher und zeigt kaum Eigeninitiative. Die Kontaktaufnahme zu den Gruppenleiterinnen ist sehr schwierig und zu Beginn fast nur über die Mutter möglich. Mia bleibt lieber am Rand der Bewegungslandschaft sitzen, da sie im Gleichgewicht sehr unsicher ist und sich motorisch wenig zutraut. Sie beobachtet die anderen Kinder bei der spielerischen Auseinandersetzung mit der Bewegungslandschaft genau. Besonderes Interesse gilt dem bodennahen Balancierpfad, mit dem sich zwei Mädchen ausgiebig beschäftigen. Dieser Pfad besteht aus Balan-

cierbrettern mit unterschiedlichen Oberflächen, die sowohl zum Balancieren als auch zum Fühlen und Tasten mit Händen und Füßen anregen. Einige Balancierbretter liegen auf dem Boden, während andere in einen Trapezblock eingehängt sind, sodass eine niedrige schiefe Ebene entsteht. So werden die Kinder behutsam an den Umgang mit kleinen Höhen und Hindernissen herangeführt. Mia ist außerdem ganz fasziniert von dem »Murmelbahn-Balancierbrett«. Auf diesem kann eine Murmel in Schlangenlinien entlangrollen. Das Brett ist an jedem Ende an einem Trapezblock eingehängt, sodass eine kleine Höhe entsteht und es waagerecht zum Boden liegt. Die Murmel wird zum Rollen gebracht, indem man sie mit dem Fuß anstupst. Am Ende des Balancierbrettes fällt sie in einen Eimer. Mit Spannung und Neugier sieht Mia den anderen Mädchen zu, wie sie abwechselnd die Murmel über das Brett rollen lassen und sich freuen, wenn diese in den Eimer fällt. Die Gruppenleiterinnen registrieren Mias Begeisterung und bieten in der nächsten Psychomotorik-Einheit wieder den Balancierpfad als Bewegungselement an. Ziel ist es, dass Mias Neugier und ihre Freude am Entdecken durch den Aufbau eines geschützten Rahmens wachsen und sie zur Eigentätigkeit angeregt wird. Zum einen begleitet die Mutter als vertraute Bindungsperson Mia so lange bei den Psychomotorik-Einheiten, wie diese es benötigt, um sich sicher zu fühlen. Zum anderen wählen die Gruppenleiterinnen den Bewegungsaufbau sehr sorgsam aus. Sie gestalten den Bewegungsraum so, dass Mia ebenfalls Sicherheit erfährt. Dies gelingt z. B. durch bekannte Bewegungselemente wie den bodennahen Balancierpfad und durch Bewegungselemente, die Mia herausfordern, ohne sie zu überfordern.

In der nächsten Psychomotorik-Einheit verlässt Mia die Beobachterposition und wird selbst aktiv. Sie geht zielgerichtet auf das »Murmelbahn-Balancierbrett« zu und lässt die Murmel auf diesem in Schlangenlinien entlang und in den Eimer rollen. Zunächst rollt sie die Murmel mit den Händen. Sehr bald entwickelt sich ein abwechselndes Spiel mit der Murmel mit einem anderen

Kind. Schließlich traut sie sich selbst zu, auf den am Boden liegenden Brettern zu balancieren. Hierbei orientiert sie sich an den anderen Kindern, balanciert hinter diesen her und wagt sich schließlich auch an die in die Trapezblöcke eingehängten Bretter heran; zunächst krabbelnd im Bärengang, dann gehend auf den Füßen. In den nächsten Stunden kommen die Kinder über diese Bewegungsangebote in ein gemeinsames Spiel; sie bauen diese um, gestalten verbal aktiv ein Tier-Spiel, bei dem es gilt, nicht auf den Boden zu treten, da hier hungrige Fische warten, und sich – teilweise gemeinsam helfend – auf die Bewegungselemente zu retten, wenn ein hungriger Fisch (diese Rolle hat die Frühförderin übernommen) sich ihnen nähert.

4.5 Heilpädagogische Spiel- und Handlungsförderung

»Aufgabe der (heil-)pädagogischen Fachkräfte ist es, mit pädagogischen Mitteln, an den systemischen Zusammenhängen von Kind und Familie orientiert, aber auch durch ihre responsiven und psycho-sozialen Kompetenzen die Entwicklung des Kindes sowie die Entfaltung seiner Persönlichkeit anzuregen, seine Familie und andere Bezugspersonen bei der entwicklungsförderlichen Alltagsgestaltung zu unterstützen und deren Kompetenzen zu stärken. Dies lässt sich nur in der Zusammenarbeit mit der Familie verwirklichen« (Vereinigung für Interdisziplinäre Frühförderung e.V. 2020, 7).

Dieses Zitat verdeutlicht – es gibt nicht »den einen« Ansatz der heilpädagogischen Spiel- und Handlungsförderung in der Frühförderung. Vielmehr geht es darum, über einen pädagogischen Zugang ein gemeinsames Handeln mit den Eltern zu gestalten (Leyendecker 2008). Ziel ist es, eine auf die Entwicklungsvoraussetzungen und Interaktionsmöglichkeiten des Kindes, aber auch den sozio-kulturellen Kontext, die Erziehungsvorstellungen und das Familienklima

(Schroer et al. 2016) ebenso wie die Ressourcen, Kompetenzen, Unsicherheiten und Ängste der Eltern hin abgestimmte Förderung anzubieten, die die soziale Teilhabe gewährleisten und sichern soll.

Heilpädagogische Förderung in und durch Spieltätigkeit

Das Spiel hat innerhalb der heilpädagogischen Förderung eine hohe Bedeutung. In der spielerischen Auseinandersetzung mit seiner sozialen und materiellen Umwelt entwickelt und verfeinert das Kind seine Fähigkeiten und Fertigkeiten. Es wird Neues erforscht, unermüdlich etwas probiert, erkundet und neu kreiert – bis eine Bewegung, ein Gegenstand, ein Handlungsablauf sicher beherrscht und gehandhabt werden und sich das Kind in sozialer Interaktion mit anderen erleben kann. Im und durch Spiel kann das Kind seine emotionale Befindlichkeit ausdrücken und es gelangt zu einer Ich-Findung und Persönlichkeitsentwicklung. Daher nimmt das Spiel in der kindlichen Entwicklung – aber auch über die gesamte Lebensspanne – einen zentralen Stellenwert ein (Krenz 2010).

Spiel umfassend zu definieren und zu charakterisieren, ist an dieser Stelle aus Platzgründen nicht möglich; hierfür sei auf Schroer et al. (2016) sowie Hauser (2021) verwiesen. Rekurrierend auf verschiedene Autor:innen fasst Heimlich (2015) Kennzeichen und Charakteristika des Spiels multidimensional aus verschiedenen Betrachtungsweisen zusammen:

- Spiel ist als menschliche Tätigkeit anzusehen. Diese Tätigkeit ist eine Interaktionsform mit Objekten und Personen in der umgebenden Umwelt – hat also einen kulturellen Bezug.
- Spiel ist eine Betätigungsform, die einen handelnden Umgang mit der Welt ermöglicht, wobei Spiel – im Gegensatz zur Arbeit – einem Selbstzweck und keiner Produkt- oder Ergebnisorientierung dient. Spiel dient demnach als Erfahrung der Wirklichkeit, durch Erfahrungslernen entwickeln sich u.a. motorische, soziale und kognitive Funktionen.

4.5 Heilpädagogische Spiel- und Handlungsförderung

- Spiel hat einen fiktiven Charakter, da sich das Handeln weniger auf eine konkrete, reale als vielmehr eine fiktive, vorgestellte Situation bezieht. Im Spiel erreichen die Kinder die Zone der nächsten Entwicklung durch die Vorwegnahme von künftigen Handlungen. Spielhandlungen müssen hierbei frei und selbstgesteuert sein. »Im Spiel erfolgt eine Distanzierung vom Alltagsgeschehen und ein Hinübergleiten in eine Welt der Vorstellungen, Ideen und Phantasien. Gleichzeitig bleibt das Band zum Alltag hin erhalten. Der Weg führt auch wieder zurück in die Wirklichkeit« (Heimlich 2015, 29). Als Zone der nächsten Entwicklung wird dem soziokulturellen Ansatz von Wygotski folgend der Abstand zwischen dem aktuellen Entwicklungsstand des Kindes und dem Stand der potenziellen Entwicklung bezeichnet. Dieses Maß kann auch als Lernpotenzial gesehen werden.

Hieraus lassen sich folgende Merkmale der Spieltätigkeit ableiten:

- Spieltätigkeit erfolgt in der Regel aus eigenem Antrieb (intrinsische Motivation) und hat in der Regel spontanen Charakter.
- Im Spiel überwiegt das Phantasiedenken und eine Abgrenzung zum Alltag ist erkennbar.
- Freies Handeln bestimmt das Tun. Die spielende Person hat die Kontrolle über die soziale Wirklichkeit im Spiel (Selbstkontrolle). »Die Erfahrung, etwas bewirken zu können und seine Tätigkeiten, ihre Auswirkungen und die Umwelt kontrollieren zu können, gehört zu den wesentlichen Antrieben, um in Spieltätigkeiten einzusteigen« (Heimlich 2015, 31).

Spielhandlungen können zum Überprüfen und Stabilisieren von bisher Erlebtem und Erfahrenem, aber auch zum Entdecken von Neuem dienen und damit für Weiterentwicklung förderlich sein (s. o. Zone der nächsten Entwicklung). Spielentwicklung wird somit als Erweiterung des Handlungsrepertoires gesehen, was zu einer zunehmenden Selbstständigkeit führt. Innerhalb der ersten sechs Lebensjahre eines Kindes entwickeln sich verschiedene Spielformen: Funktions-

und Explorationsspiel, Rollen- und Illusionsspiel, Konstruktionsspiel und Regelspiel (Schroer et al. 2016).

Im Zusammenhang mit der heilpädagogischen Frühförderung wird das Medium Spiel zum einen in der Diagnostik (▶ Kap. 3: Diagnostik und Förderplanung in der Zusammenarbeit mit Kindern mit motorischen Beeinträchtigungen und ihren Familien), zum anderen in der Förderung eingesetzt. Diagnostisch geht es um die Einschätzung des Entwicklungsstandes und der Interessen des Kindes durch Beobachtung des freien Spiels oder durch die gezielte Stimulation in einer strukturierten Testsituation. Es geht aber auch um das Verstehen und Erkennen, was das Kind braucht, um Spielkompetenz zu erwerben, zu verbessern oder zu stabilisieren, Handlungs- und Kommunikationssicherheit zu erhalten (Schroer et al. 2016). Die Förderung der Spielkompetenz spielt unter anderem in psychomotorischen Förderangeboten (▶ Kap. 4.4: Psychomotorische Spiel- und Handlungsförderung) eine wesentliche Rolle. Einen zentralen Stellenwert hat das Spiel zudem in den Förderkonzepten der Heilpädagogischen Übungsbehandlung und der Heilpädagogischen Spieltherapie. Diese beiden Förderkonzepte überschneiden sich in der heilpädagogischen Handlungspraxis häufig (Schroer et al. 2016).

Die Heilpädagogische Übungsbehandlung ist ein ganzheitlich orientiertes Förderkonzept, das auf die Heilpädagogin Clara Maria von Oy zurückgeht, seitdem jedoch weiterentwickelt wurde (Schroer & Biene-Deißler 2020). Sie ist spezifisch für die Entwicklungsförderung von Kindern mit Beeinträchtigungen entwickelt worden. In diesem Förderkonzept werden verschiedene Funktionsbereiche (u. a. Motorik, Wahrnehmung, Handlungskompetenz) gezielt über Spielsituationen und Spieltätigkeit angeregt. Dabei handelt es sich um systematisch arrangierte spielbezogene Entwicklungsimpulse, die dem Kind neue Erfahrungen mit sich, seinen Bezugspersonen und Spielpartner:innen sowie seiner dinglichen (z.B. Alltagsgegenstände, Spielzeuge) und nicht-dinglichen Umwelt (z.B. Phantasiewelt, Imagination) ermöglichen. Orientiert am Entwicklungsalter des Kindes werden die vorhandenen Kompetenzen des Kindes und das potenzielle Entwicklungsstadium diagnostiziert und darauf aufbauend För-

4.5 Heilpädagogische Spiel- und Handlungsförderung

derangebote arrangiert, in denen sich das Kind selbstkompetent und selbstwirksam erleben kann (Textor 2000). Durch gemeinsames Spiel mit auffordernden Spielmaterialien, aber auch spezifisch arrangierten Übungen wird mit Nutzung des Prinzips der Wiederholung, der Anleitung und Unterstützung durch »kompetentere Personen« die Zone der nächsten Entwicklung angeregt. Hierüber soll die Persönlichkeitsentwicklung des Kindes gestärkt werden (Schroer et al. 2016 mit Bezug auf Wygotski 1987).

In der Heilpädagogischen Spieltherapie, die von verschiedenen Personen entwickelt und weiterentwickelt wurde, steht der Zusammenhang von Motorik und Psyche und damit das Ausdrucksverhalten des Kindes im und durch Spiel im Vordergrund. Dieser Ansatz richtet sich eher an Kinder mit sozial-emotionalen Verhaltensauffälligkeiten. Das Ausdrucksverhalten des Kindes, seine Befindlichkeit sowie das Projizieren und Verarbeiten von Erlebnissen im Spiel stehen hier im Vordergrund. Hier werden eher freie Spielsituationen durch das Kind inszeniert und von der heilpädagogischen Fachkraft begleitet (Schroer et al. 2016). In diesem Kontext können die Verarbeitung der Krankheit, u.a. die Realisierung ihrer Dauerhaftigkeit, einer Andersartigkeit im Vergleich zu anderen Kindern (meist der Mehrheit der Kinder, z.B. in einer inklusiven Kita oder im Vergleich zu den Nachbarskindern), und die Auseinandersetzung mit dem eigenen, wohlmöglich frühzeitigen Versterben (bei progredienten Erkrankungen, ▶ Kap. 5.2: Anliegen von Eltern/ Bezugspersonen in der Frühförderung von Kindern mit motorischen Beeinträchtigungen und deren Beratung) thematisiert werden. Dies ist jedoch in Abhängigkeit zur kindlichen Entwicklung im Vorschulalter zu sehen:

»In Anlehnung an die kognitive Theorie Piagets fasst Lohaus (vgl. Schmitt et al., 1996, 5) Charakteristika der allgemeinen Denkentwicklung und ihre Bezüge zu den Konzeptbildungen im Bereich von Gesundheit und Krankheit zusammen. 1. Präoperationales Entwicklungsstadium (3-6 Jahre): Konzentration auf sichtbare oder fühlbare Symptome; keine oder wenig realistische Vorstellungen über Krankheitsursachen und Krankheitsverläufe; geringes Verständnis für die Prozesshaftigkeit von Erkrankungen; geringes Verständnis für die Intentionen anderer sowie für die Fähigkeit anderer, die eigene Situation zu verstehen« (Bergeest & Boenisch 2019, 156).

Mit Bezug auf Kinder mit Duchenne Muskeldystrophie (eine fortschreitende neuromuskuläre Erkrankung) fasst Irmler (2015) mit Verweis auf verschiedene Quellen zusammen, dass bei einer Diagnose, die häufig im Alter von fünf Jahren gestellt wird, Unsicherheiten bei dem Kind entstehen können, sie jedoch kognitiv die Bedrohung des Todes noch nicht vollständig erfassen können. Sie erleben jedoch auf leiblicher und vielleicht eher vorbewusster Ebene eine Bedrohung. Daher kann es sinnvoll sein, den Kindern im Rahmen der heilpädagogischen Förderung ein Angebot der Verarbeitung der Gefühle, Unsicherheiten, Ambivalenzen anzubieten.

Vielfach wird in der Fachliteratur darauf verwiesen, dass – gerade in Bezug auf Kinder mit Entwicklungsbeeinträchtigungen – beachtet werden muss, Spiel nicht nur zur Förderung von Kompetenzen zu »instrumentalisieren« und pädagogisch-therapeutisch gezielt einzusetzen. Gerade das freie Spiel, losgelöst von einem Ziel und einem bestimmten Zweck, sollte in der Frühförderung im Vordergrund stehen, indem Bedingungen, damit dieses gelingen kann, hergestellt werden. Folglich kann es zur heilpädagogischen Frühförderung gehören, Spielangebote, die die Neugier und das Interesse des Kindes an der Erkundung seines Umfelds wecken, gemeinsam mit den Eltern zu gestalten und in die alltägliche Lebenswelt des Kindes zu integrieren, worüber insgesamt eine gute Beziehungsqualität gefördert werden soll.

»Die Kommunikation der Heilpädagogin mit den Eltern im und über das Spiel bietet sich an,

- um ihnen Bedingungen anzubieten, unter denen sie sich (wieder) konstruktiv und aktiv in Bezug zu ihrem Kind erleben können,
- um für sie erlebbar zu machen, dass das Spiel für das Kind seine wesentliche Auseinandersetzung mit sich selbst im sozialen Bezug bedeutet,

4.5 Heilpädagogische Spiel- und Handlungsförderung

- um überhaupt eine Interaktion zu ermöglichen, die für alle Betroffenen sinnvoll ist, weil sie miteinander lustvoll und unmittelbar etwas tun, der zu hohe Leistungsanspruch nicht störend zwischen ihnen wirkt,
- um den Eltern ein förderliches Milieu im Miteinander erfahrbar zu machen,
- um mit ihnen angemessene Förderelemente/ gemeinsame Spielzeiten für den häuslichen Bereich zu erarbeiten« (Schroer et al. 2016, 167 f.).

Kinder suchen sich die für ihren Entwicklungsstand angemessenen Spielsachen und Spielsituationen selbständig – wobei Bezugspersonen durch die Gestaltung eines angepassten Erfahrungsangebots die Kinder in ihrem Spiel fördern und unterstützen können –, u.a. indem sie ihrem Taten- und Bestimmungsdrang folgen (Gingelmaier et al. 2020 unter Bezug auf Gebauer & Hüther 2003). Wenn sich Kinder unter den Bedingungen einer körperlich-motorischen Beeinträchtigung entwickeln, kann es erforderlich sein, dass die Spiel- und Handlungsumgebung des Kindes angepasst werden muss, was ein einfühlsames Gestalten durch Bezugspersonen erforderlich macht.

Bei Kindern mit zerebral bedingten Bewegungseinschränkungen, z.B. im Fallbeispiel Svea, sollte besonders darauf geschaut werden, wie sich die Kinder ihren Spielraum trotz eingeschränkter Fortbewegungsmöglichkeiten erschließen können. Orthopädische Hilfsmittel wie Sitz- oder Lagerungselemente sowie eine reflexhemmende Stellung ermöglichen eine stabile Position, aus der heraus sich das Kind nicht auf das Beibehalten seiner Körperposition fixiert bleibt, sondern mit der Spieltätigkeit beschäftigen kann. Es sollte genau beobachtet werden, wie ein Kind mit Gegenständen hantieren kann: Ist die Größe angepasst (zu klein, zu groß)? Sind die Form und die Beschaffenheit passend (greifbar, haltbar, zu rutschig, zu schwer, zu leicht), um die Eigenschaften des Objekts intensiv erkunden zu können? Wie gelingt ein beidhändiges Manipulieren, wenn, z.B. bei einer Hemiplegie, eine Körperseite bei dem Kind stärker betroffen ist? Ist das Kind in der Lage, sinnvolle Kompensationsstrategien zu entwickeln? Denn es sollte beachtet werden:

»Geraten die Kinder bei der Handhabung der Materialien in eine Überforderungssituation, kann diese mit erheblicher Frustration und/oder Hilflosigkeit einhergehen. Aus den andauernden Erfahrungen heraus, auf Unterstützung angewiesen zu sein, entwickelt sich häufig ein Muster gelernter Hilflosigkeit: eine Haltung, es nicht zu können, die sich im Selbstbild verfestigt, aber auch ein Verhalten, das über Zuwendung positiv verstärkt wird und in eine negative Form, Aufmerksamkeit zu erfahren, umschwenken kann« (Schroer et al. 2016, 118).

Schroer et al. (2016, 120 f.) schlagen folgende Kriterien vor, um Kinder mit motorischen Beeinträchtigungen im Spiel zu beobachten und darauf aufbauend förderliche Entwicklungs- und Handlungsbedingungen (z. B. durch Heilpädagogische Übungsbehandlung oder Spieltherapie) für das Kind anzubieten und gemeinsam mit den Eltern/der Kita in den kindlichen Alltag zu integrieren:

- »Welche Fortbewegungsmöglichkeiten zeigt das Kind im Spiel?
- Welche Positionen nimmt das Kind beim Spielen ein und in welchen Körperstellungen ist es so stabil, dass es seine Aufmerksamkeit besser fokussieren kann?
- Nutzt das Kind alle Spielbereiche oder meidet es bestimmte Spielangebote?
- Kann das Kind eigenaktiv auf Spielmaterialien, die bereitgestellt sind (in Kisten, im Regal, in den Schränken), zugehen, diese erreichen und herausnehmen?
- Wie hantiert das Kind feinmotorisch mit den Spielmaterialien, welche Handfunktionen kann es ausführen, welche Tätigkeiten kann es eigenständig umsetzen? Wann treten Schwierigkeiten bei der Handhabung auf?
- Wie setzt das Kind seine betroffene Hand (bei einer Hemiparese) im Spiel mit ein?
- Wie reagiert das Kind, wenn es auf Schwierigkeiten stößt und die Umsetzung der Spielabsicht aufgrund der motorischen Funktionseinschränkung erschwert ist?
- Kann das Kind selbst eine Lösung finden und Kompensationsstrategien einsetzen? Welche Bewegungsmuster setzt es zur eigenen Entlastung ein?
- Wie ist die eigene subjektive Wahrnehmung des Kindes hinsichtlich seiner motorischen Funktionseinschränkungen? Wie erlebt es diese auf der emotionalen Ebene? Wie bewertet es diese auf der kognitiven Ebene?

4.5 Heilpädagogische Spiel- und Handlungsförderung

- Wird die Behinderung im Spiel thematisiert und bearbeitet das Kind im Spiel seine eigene besondere Lebenssituation?
- Wie verhält sich das Kind im Spiel mit anderen Kindern, die auch oder keine motorischen Funktionseinschränkungen aufweisen?
- Welche Reaktionen erfährt es in seinem Spielumfeld, welche Erfahrungen kann es im sozialen Kontext machen?«

Ein wichtiges Ziel in der heilpädagogischen Frühförderung sollte es daher sein, den Kindern ein Kompetenzerleben zu ermöglichen, indem die Umgebung des Kindes so gestaltet wird, dass das Kind alltägliche Spielsituationen als herausfordernd, aber nicht überfordernd erlebt. Hilfen können hierbei z.B. rutschhemmende Unterlagen, Magnete, Griffverdickungen sein (▶ Kap. 4.2: Ergotherapie). Spielmaterialien können modifiziert werden – Spielbretter können eine Vertiefung bekommen, was bei der Koordination und feinmotorischen Präzision hilft, Würfelhilfen können eingesetzt werden.

Gleichzeitig können, gerade um z.B. in Regelspielen Teilhabe zu ermöglichen, Spielideen modifiziert (vereinfacht) werden, indem z.B. Spielelemente (wie Karten, Spielfelder, Anzahl der Figuren) reduziert werden oder die Spieldauer entsprechend der Aufmerksamkeitsspanne angepasst wird. Eine sehr gute Anregung zur Gestaltung und Anregung von Spieltätigkeit von Kindern mit komplexen Behinderungen ist von Lang und Maier-Michalitsch (2020) zusammengestellt worden.

Die Gestaltung, Begleitung und Förderung von Interaktionsprozessen ist neben der Förderung der Spieltätigkeit ein Kernstück heilpädagogischen Arbeitens in der Frühförderung.

Heilpädagogische Förderung – Interaktion und Mentalisierung im Fokus

Allgemein wird Interaktion als das Dazwischensein bzw. wörtlich: Zwischen-Handlungen oder als das Geschehen zwischen zwei Menschen verstanden (Dunitz-Scheer et al. 2003). Indem sich zwei oder mehr Menschen aufeinander beziehen, entsteht eine Wechselseitigkeit. Zur Gestaltung von Interaktionsprozessen werden verschiedene

Kommunikationssysteme (verbal, nonverbale und kombiniert verbal-nonverbale Signale und Verhaltensweisen, Mimik, Gestik) eingesetzt. Interaktionsprozessen wird allgemein eine wichtige entwicklungsfördernde Bedeutung zugesprochen.

Auf Interaktionsprozessen basiert u. a. die Beziehung zum Kind und seiner Familie. Umgekehrt beeinflussen die Bindung und die Beziehung Interaktionsprozesse, d. h., es besteht ein Wechselverhältnis. Das Erkennen von Ressourcen bei Kind und Familie bildet dabei ein Ziel des professionellen Handelns, um Kompetenzen von Familien zu stärken.

»Alle vorliegenden Studien zu Entwicklungsverläufen behinderter und von Behinderung bedrohter Kinder belegen, wie die Entwicklung sozialer, kognitiver und sprachlicher Kompetenzen der Kinder mit befriedigenden familiären Beziehungen im Zusammenhang steht und ihre Integration in die Gesellschaft beeinflusst« (Sarimski et al. 2013b, 14).

Die von den Kindern erlebten Bindungs- und Beziehungserfahrungen haben also eine hohe Relevanz für die Frühförderung.

Dabei rückt in jüngerer Vergangenheit neben der Bindungstheorie die Mentalisierungsfähigkeit der Eltern sowie die Förderung der Mentalisierungsfähigkeit beim Kind in den heilpädagogisch-psychologischen Fokus in der Frühförderung. Den Zusammenhang zwischen Bindung und Mentalisierung beschreiben Schwarzer und Gingelmeier (2018b) wie folgt: Die sichere Bindung bei Kindern wird maßgeblich durch die (pränatal erfasste) Fähigkeit der Eltern, die eigenen Bindungserfahrungen auf Grundlage mentaler Zustände angemessen zu reflektieren, zurückgeführt (d. h. deren Mentalisierungsfähigkeit). Die elterliche Mentalisierungsfähigkeit hat vermutlich im intergenerationalen, psychischen Transmissionsprozess eine vermittelnde Funktion in der Entwicklung der kindlichen Bindung. Eine ausgeprägte elterliche Mentalisierungsfähigkeit kann zu einer sicheren Bindungsentwicklung bei dem Kind führen. Ebenso spielt u. a. die elterliche Feinfühligkeit eine wesentliche Rolle bei einer sicheren Bindungsentwicklung (Ramberg 2018).

4.5 Heilpädagogische Spiel- und Handlungsförderung

»Allerdings ist Mentalisieren mehr als nur empathisches Einfühlungsvermögen, Feinfühligkeit und Mitgefühl: Mentalisieren fasst sowohl die Sensitivität und Verstehbarkeit (1.) gegenüber den mentalen Zuständen anderer Menschen wie auch (2.) gegenüber eigenen Empfindungen in einer ganzheitlichen Wahrnehmungs- und Interpretationsfähigkeit (Taubner 2015) zusammen« (Schwarzer & Gingelmaier 2018b, 84).

Förderung der Mentalisierungsfähigkeit

Die Mentalisierung ist folglich ein spezifischer Prozess, verbunden mit der Fähigkeit, das eigene Verhalten oder das Verhalten anderer Menschen durch Zuschreibung mentaler Zustände zu interpretieren. Sie ist ein komplexer inter- und intrapsychischer Vorgang, bei dem es um das Nachdenken über das eigene Selbst und das vermutete Innenleben anderer Menschen (Schwarzer & Gingelmaier 2018a) geht. Dies soll an einem alltagspraktischen Beispiel verdeutlicht werden: »Wenn jemand vor einer Spinne zurückweicht, weiß ich, dass er Angst davor hat, auch wenn das bei mir nicht der Fall ist. Auch er weiß, dass ich das weiß, und kann mich bitten, die Spinne für ihn zu entfernen« (Trost & Hauptmann 2018, 200).

Aber warum ist die Förderung der Mentalisierungsfähigkeit so bedeutsam? Diese ermöglicht ein reflexives Verständnis der eigenen Empfindungen, was wiederum ermöglicht, unterschiedliche Perspektiven anerkennen zu können. Das Kind lernt, dass eigene Überzeugungen von denen anderer Menschen abweichen können. Eine robuste Mentalisierungsfähigkeit erweist sich als Faktor psychischer Gesundheit im Entwicklungsverlauf des Kindes. Aufgrund von Belastungen von Bezugspersonen, mitunter bedingt durch die Entwicklungsstörung des Kindes oder auch weitere Risikofaktoren, kann es zu einem Mentalisierungsdefizit bei Eltern kommen (Trost & Hauptmann 2018). Eltern von Kindern mit einer (motorischen) Beeinträchtigung können in Bezug auf ihre Lebensthemen durch Einsamkeit, Verwundbarkeit, Machtlosigkeit und Erfahrung von Ungerechtigkeit geprägt sein (Hackenberg 1992). Auch kann sich eine motorische Beeinträchtigung des Kindes auf die Passung in der Interaktion auswirken, indem z.B. langsamere oder auch überschießende motorische Reaktionen nicht verstanden werden. »Früh sichtbar werdende Einschränkungen in der Interaktionsbereitschaft des behinderten Kindes können zu Blockierungen der intuitiven Kompetenzen der Eltern führen« (Fries et al. 2005, 117). Daher kann die Entwicklung eines responsiven und feinfühligen Umgangs mit dem Kind erschwert sein, wenn es aufgrund einer motorischen Beeinträchtigung weniger ausgeprägte Signale, undeutliche oder schwer verständliche Signale sendet. Vielleicht übersehen Eltern aber auch Überforderungszeichen des Kindes.

Mentalisierungsdefizite bei den Eltern und anderen, dem Kind nahestehenden familiären Bezugspersonen, aber auch solche aus fachlichen Kontexten, können sich wiederum auf die Entwicklung der Mentalisierungsfähigkeit der Kinder auswirken, die sich besonders bis zum 5. Lebensjahr vollzieht. Daher kann einer heilpädagogischen Frühförderung ein wichtiger Stellenwert zukommen, kompensierende Beziehungserfahrungen zu ermöglichen und Eltern in Bezug auf die Förderung der eigenen Mentalisierungsfähigkeit zu begleiten (Schwarzer & Gingelmaier 2018a). Explizite Konzepte und Studien zur Wirksamkeit dieses Ansatzes – gerade auch in Bezug auf Kinder mit körperlich-motorischen Beeinträchtigungen – stehen allerdings aktuell noch aus.

Videobasierte Interaktionsbegleitung

Ein aktuell weit verbreiteter Ansatz ist die Beratung und Begleitung der Interaktion zwischen Eltern und Kind mittels Video. Durch die Arbeit mit Videos können Interaktionsprozesse und Mentalisierungsprozesse (was bisher jedoch methodisch wenig explizit in Ansätze verankert zu sein scheint) zwischen den Eltern/Bezugspersonen und ihrem Kind, aber auch den professionellen Fachkräften der Frühförderung und dem Kind bzw. seinen Eltern, »sichtbar« gemacht werden. Methodisch wird hierbei z.B. nach dem Marte-Meo, Video-Home-Training oder der Entwicklungspsychologischen Beratung (EPB) gearbeitet (Thurmair 2013).

4.5 Heilpädagogische Spiel- und Handlungsförderung

Durch die Arbeit mit Videobildern aus dem Alltag bzw. einer häuslichen Situation werden Muster einer Basiskommunikation analysiert. Die Basiskommunikationsprinzipien sind aus Erkenntnissen der Säuglingsforschung zur Mutter-Kind-Interaktion und der Entwicklungspsychologie abgeleitet. Sie bilden die Basis für gelingende Kommunikationsprozesse. Folgende Basiskommunikationsprinzipien werden bei Marte Meo und Video-Home-Training unterschieden:

- Aufmerksamkeit füreinander haben, z. B. durch Zuwendung, Blickkontakt, offene Körperhaltung und einen freundlichen Gesichtsausdruck.
- Bestätigen von Initiativen, indem genickt wird, das, was gesagt wurde, wiederholt wird oder verbal zugestimmt wird (»ja, hmm«). Dabei stimmen sich die Interaktionspartner aufeinander ein.
- Gute Verteilung der Aufmerksamkeit, Gesprächsanteile und Handlungen auf alle an der Interaktion Beteiligten und Sorge für einen wechselseitigen Interaktionsverlauf. So erhält jeder Beteiligte Beachtung.
- Benennen (Verbalisieren) dessen, was bei dem Interaktionspartner gesehen oder empfunden wird, aber auch, was einen selbst bewegt.
- Positives Lenken und Leiten der Kommunikationssituation und Handlung. Hierzu gehören auch angemessene Grenzziehungen, wobei ein Schwerpunkt darauf liegt, gewünschtes statt unerwünschtes Verhalten zu benennen (Bünder et al. 2022; ter Horst 2019).

Dabei werden diese Muster im Sinne gelingender Kommunikationsprozesse analysiert und auf positive Weise verstärkt und erweitert. Ausgewählte Videoausschnitte werden hierzu mit den Eltern gemeinsam angeschaut und durchgesprochen. Dabei soll gelingende Kommunikation nach und nach aufgebaut und erweitert werden. Im Vordergrund steht die Betonung von Stärken und Kompetenzen, wodurch den Eltern Selbstwirksamkeitserfahrung ermöglicht (Bünder et al. 2022) und ihr Selbstwertgefühl gestärkt wird (ter Horst 2019). Die Beratung baut immer auf Freiwilligkeit auf.

Grundannahmen aller drei Methoden sind ein positives Menschenbild, in dem davon ausgegangen wird, dass jede Person Ressourcen für gelingende Kommunikation besitzt und jede Person den Wunsch nach dieser hat. Das positive Verstärken gelingender Kommunikation führt dazu, dass diese vermehrt auftritt. Ein guter Kontakt zwischen Eltern und Kind wird als Voraussetzung gesehen, um Entwicklungsprozesse anzuregen und die Entwicklung positiv begleiten zu können. Dabei soll die zu beratende Person selbst ihre eigenen Lösungswege finden bzw. Ressourcen (re-)aktivieren, um ihr Verhaltensrepertoire zu erweitern (ter Horst 2019). Der Fokus in der Videoarbeit liegt auf dem selbsttätigen Erkennen eigener Kompetenzen, die durch die Videobilder sehr gut sichtbar gemacht werden. Der Berater kann durch gezielte Fragen, z.B. »Woran können Sie sehen, dass Sie in diesem Moment gut auf das Kind reagiert haben?« oder »Was tragen Sie dazu bei, dass die Stimmung in dieser Sequenz so ruhig und entspannt ist?«, das selbsttätige Erkennen gut unterstützen und Selbstwirksamkeit ermöglichen. Standbilder ermöglichen, eine Situation für eine längere Zeit festzuhalten und wirksam in Szene zu setzen, die sich in der Handlung selbst viel schneller verflüchtigt.

Die Entwicklungspsychologische Beratung fokussiert den feinfühligen Umgang von Eltern mit ihrem Kind, um eine sichere Bindungsentwicklung zu unterstützen. Dabei steht die Beziehung zwischen Eltern und Kind im Fokus.

»Entsprechend systemisch-lösungsorientierter Konzepte und entwicklungspsychologischer Prinzipien stellen die beziehungsbezogenen Stärken und Fähigkeiten des Kindes und der Eltern den Ausgangspunkt der Beratung und Beziehungsförderung dar. Das Konzept erfüllt die Anforderungen zeitlich begrenzter, verhaltensorientierter und gezielter Förderung feinfühligen Verhaltens von Eltern gegenüber ihren Kindern« (Schöllhorn & Ziegenhain 2012, 97).

Durch die Arbeit mit kurzen Videoausschnitten, auf denen die Interaktion zwischen Bezugspersonen und Kind zu sehen ist, sollen

4.5 Heilpädagogische Spiel- und Handlungsförderung

die Bezugspersonen in die Lage versetzt werden, kindliche Verhaltensweisen differenziert wahrzunehmen und eigenes angemessenes Verhalten zu entwickeln, um feinfühlig auf die Signale des Kindes einzugehen. Hierzu werden sie – wie bei Marte Meo und Video-Home-Training bereits beschrieben – ressourcenorientiert begleitet, das Selbstwertgefühl und die Sicherheit der Eltern sollen gestärkt werden. Hierdurch sollen in der Beratung frühzeitig Belastungen und Unsicherheiten erkannt werden, die ihrerseits Ausgangspunkt für die Entstehung einer Entwicklungsstörung oder Verhaltensauffälligkeit sein können (Schöllhorn & Ziegenhain 2012). Die Fähigkeit der Eltern, Feinzeichen der Belastung bei ihren Kindern zu erkennen und mithilfe kleiner Verhaltensänderungen angemessen darauf zu reagieren, ist eine der wichtigsten Voraussetzungen, dass die Kinder eine Stabilisierung der Aufmerksamkeit erreichen können. Eine zunehmende Wechselseitigkeit in der Interaktion zwischen Eltern und Kind, mehr geteilte Aufmerksamkeit und geteilte Freude im Miteinander können darauf aufbauend entwickelt werden (Schöllhorn & Ziegenhain 2012).

Fallbeispiel Hanna, Kind mit Spina bifida (7 Monate alt), heilpädagogische Förderung
Ein wichtiger Schwerpunkt der heilpädagogischen Frühförderung ist bei Hanna u. a. die Förderung der Körperwahrnehmung und des Körperschemas. Als Teilziel auf Aktivitätsebene soll Hanna ihr Körperschema differenzierter ausbilden und gerade die Füße in das Körperbild besser integrieren, was aufgrund der beeinträchtigten Sensibilität der Unterschenkel und Füße erschwert ist. Damit wird das Ziel der Physiotherapie nach Bobath (s. o.) ergänzend unterstützt.

Hanna hat Freude daran, wenn ihre Füße und Beine berührt werden, z. B. durch Eincremen. Gemeinsam mit der Mutter wird überlegt, wie in alltäglichen Pflegesituationen eine freudvolle Spieltätigkeit beim Eincremen der Füße und Beine entstehen kann. Die Mutter wird gebeten, ein kurzes Video von dieser Situation zu machen und der Frühförderin zur Verfügung zu stellen. Diese

4 Förder- und Behandlungskonzepte

analysiert vor der nächsten Fördereinheit die Aufnahme und sucht gelungene Momente heraus, in der die Mutter gemeinsam mit Hanna Blickkontakt hält und sie sich Hanna positiv zuwendet. Auf der Aufnahme ist auch zu sehen, dass Hanna gerne die Creme mit ihren Händen berühren möchte, was die Mutter aber nicht weiter unterstützt, sondern vielmehr selbst diese Handlung übernimmt. In einer gemeinsamen Rückschau wird über die gelungenen Bilder der Mutter eine Bestätigung gegeben, wie förderlich sie durch das Eincremen (taktile Reize) die Differenzierung des Körperschemas unterstützt und wie gut sie in dieser Situation mit Hanna positiv interagiert (Blickkontakt, Zuwendung). Zudem wird die Frage gestellt, was Hanna in dieser Situation möchte und welche Initiativen sie zeigt. Die Mutter erkennt sehr schnell, dass Hanna ihre Hände selbst zu den Beinen bewegt und es den Anschein hat, dass sie die Creme berühren möchte. Sie sieht auch, dass sie diese Initiative wenig unterstützt, und nimmt sich in der nächsten Eincremesituation vor, mehr auf diese Initiative von Hanna zu achten und diese zuzulassen.

Es wird deutlich – die Entwicklungsförderung der Kinder in der Frühförderung ist eng mit der Zusammenarbeit mit den Bezugspersonen verbunden, was im folgenden Kapitel aufgegriffen wird.

5 Zusammenarbeit mit den Eltern/Bezugspersonen und Vernetzung im Sozialraum

Die Zusammenarbeit mit den Eltern, Bezugspersonen und Erziehungssorgeberechtigten (im weiteren Verlauf für die bessere Lesbarkeit Eltern) des Kindes und die Vernetzung im Sozialraum nimmt einen sehr relevanten Stellenwert in der Frühförderung ein. Mit Bezug auf die ICF ist dieser überzeugend zu begründen: Es geht darum, ein Gesundheitsproblem vor allem auch in Bezug auf die Kontextfaktoren – in diesem Kapitel insbesondere die Umweltfaktoren) und die Wechselwirkung mit den anderen Komponenten (Körperfunktionen und -strukturen; Aktivitäten und Partizipation [Teilhabe] – zu verstehen. Denn gerade in diesen liegt ein großes Potenzial, um die Lern- und Entwicklungsbedingungen und die Lebenssituation des Kindes entwicklungsförderlich und inklusiv zu gestalten. Mitunter entsteht hier Beratungs- und Unterstützungsbedarf, der individuell auf die Lebenssituation des Kindes auszurichten ist. In diesem Zusammenhang werden zwei relevante Kontextfaktoren aus dem Bereich der Umweltfaktoren besonders thematisiert – die Eltern bzw. der engste Familienkreis (u. a. *Engster Familienkreis* e310 sowie *Individuelle Einstellungen der Mitglieder des engsten Familienkreises* e410) sowie die Vernetzung und die Zusammenarbeit mit anderen Institutionen des Gesundheitswesens (z.B. SPZs, Ambulanzen, Gesundheitsämter *Dienste, Systeme und Handlungsgrundsätze des Gesundheitswesens* e580) sowie des *Bildungswesens* (e585 z.B. Kindertageseinrichtungen). Retzlaff (2019, 37) unterstreicht auf Basis des bio-psycho-sozialen Modells der ICF den hohen Stellenwert des Einbezugs der Familien und des Umfeldes in die Frühförderung:

»Behinderungen und chronische Krankheiten wirken im Familiensystem als organisierendes Prinzip, das die Familienabläufe nachhaltig beeinflusst. Familien müssen ihre Rollenverteilung auf die veränderten Erfordernisse abstimmen und Verantwortungsbereiche zwischen den Familienmitgliedern neu verteilen. Jede Behinderung hat erhebliche psychosoziale Folgen für die Angehörigen; die maßgebliche Betrachtungseinheit ist deshalb nicht allein das von einer Behinderung betroffene Kind, sondern sein soziales und insbesondere sein familiäres Umfeld.«

Gleichzeitig muss in diesem Netzwerk und Beziehungsgeflecht immer wieder reflektiert werden, wie jede Maßnahme (z. B. Frühförderung) ihrerseits die Familie betrifft (Bergeest & Boenisch 2019).

5.1 Zusammenarbeit mit den Eltern/Bezugspersonen

Ein zentrales Arbeitsprinzip in der Frühförderung ist die Familienorientierung – welche vielfach in den vergangenen Jahren in deutschsprachigen Frühförderstudien (u. a. Pretis 2015; Sarimski et al. 2012; Lütolf et al. 2018) und internationalen Studien (u. a. Dunst et al., Mahoney et al., Bailey et al.) (siehe zusammenfassend Lütolf & Venetz 2018) untersucht wurde. Mit Bezug auf dieses Arbeitsprinzip sollte der Zusammenarbeit mit den Familien (ergänzt nach Dempsey & Keen 2008) folgende Grundhaltung zugrunde gelegt werden: (1) die Familie und nicht die Fachpersonen stellen die Konstante im Leben des Kindes dar (was z.B. für die Gestaltung in Transitionsphasen, ▶ Kap. 5.3.2: Transitionen kooperativ mitgestalten am Beispiel des Übergangs in die Schule, als wesentlicher Faktor zu beachten ist). (2) Die Familie kann die Bedürfnisse des Kindes – vor dem Hintergrund seiner aktuellen Lebenssituation sowie ihrer (Werte-)Orientierung und Überzeugungen – am besten einschätzen. (3) Das Kind wird am besten unterstützt, wenn die Familie unterstützt wird, da nur damit

5.1 Zusammenarbeit mit den Eltern/Bezugspersonen

eine Übertragung in den Alltag entsteht. (4) Die Fähigkeiten und Stärken der Familien können dann am besten bekräftigt und bestärkt werden, wenn die Bedürfnisse und Entscheidungen der Familie zentral sind. Diese Grundhaltung spiegelt sich u. a. auch in der ICF sowie in dem darauf ausgerichteten Förder- und Behandlungsplan (▶ Kap. 3: Diagnostik und Förderplanung in der Zusammenarbeit mit Kindern mit motorischen Beeinträchtigungen und ihren Familien) wider. Partizipation der Familie bedeutet hier, an Entscheidungsprozessen beteiligt zu sein. An Entscheidungsprozessen beteiligt zu sein ist ein wichtiger Aspekt von Partizipation – neben anderen wie Bildungsbeteiligung, Partizipation [Teilhabe] an sozialen Bezügen oder angemessene materielle Partizipation.

Die Zusammenarbeit mit den Eltern kann sich in der Frühförderung sehr unterschiedlich gestalten. Gespräche können geplant oder ungeplant sein, ein bestimmtes Ziel verfolgen oder zur reinen Informationsweitergabe dienen. Gesprächssituationen mit den Eltern in der Interdisziplinären Frühförderung können zu Beginn der Komplexleistung die Möglichkeit des Erstkontaktes und des Erstbesuches sein. Die Eltern sollten zum Erstkontakt alle wichtigen Unterlagen ihres Kindes wie das gelbe Kinderuntersuchungsheft und (falls vorhanden) Arztberichte, z.B. aus dem SPZ, und Berichte von Therapeut:innen zur Entwicklungsüberprüfung in die Frühförderstelle mitbringen. Für den Erstkontakt nimmt sich die Fachkraft, wenn möglich, viel Zeit. In dieser Zeit können die Eltern berichten, was sie zu einer Kontaktaufnahme mit der Frühförderung bewegt hat und welche Sorgen und Ängste sie bezüglich der Entwicklung ihres Kindes haben. Vom Alter des Kindes sollte hierbei abhängig gemacht werden, ob das Kind bei diesem Gesprächsteil mit dabei ist oder gegebenenfalls in einem Nebenraum betreut werden kann. Bei dem ersten Termin verschafft sich die Fachkraft z.B. mit einem Beobachtungsbogen einen ersten Überblick zum aktuellen Entwicklungsstand des Kindes und seinen Interessen sowie seinem Spiel- und Interaktionsverhalten. Im Anschluss an das Gespräch schreibt die Fachkraft eine Notiz zum Erstkontakt, in der alle wichtigen Informationen des Gespräches stehen. Die Familie wird dann mit dem Kind zur psychologischen und ärztlichen Diagnostik eingeladen und stellt einen Antrag auf die Komplexleistung.

> **Fallbeispiel Mia, Kind mit UEMF (3,6 Jahre alt)**
> **Erstgespräch**
> Mia kommt alleine mit ihrer Mutter in die Frühförderung. Der Vater (Herr W.) muss arbeiten. Die Brüder sind in der Schule. Mia zeigt ein gepflegtes Äußeres, wirkt altersgerecht entwickelt und gut genährt. Sie bleibt auf dem Schoß der Mutter sitzen und zeigt wenig Interesse, den Raum zu erkunden, trotz des anregenden Spielzeugs, das auf dem Tisch liegt. Nach einiger Zeit traut sich Mia an das Spielzeug, sie fordert die Mutter zum Mitspielen auf. Frau W. und die Frühförderin besprechen einen Beobachtungsbogen und füllen diesen zusammen aus. Die Frühförderin erkundigt sich bei der Mutter, ob Mia einen Ball werfen und fangen sowie beidbeinig hüpfen kann. Ebenso interessiert sie, ob Mia gerne malt und wie sie den Stift beim Malen hält. Frau W. berichtet, dass Mia den Stift im Faustgriff hält und sie Mia nicht als bewegungsfreudig erlebt. Im weiteren Gespräch kristallisiert sich heraus, dass Mia im feinmotorischen und grobmotorischen Bereich einige Unsicherheiten zeigt. Alle anderen Bereiche zeigen wenig Auffälligkeiten. Zudem berichtet Frau W., dass der Kindergarten sich um Mias Entwicklung Sorgen macht. Ihr selber ist nichts aufgefallen, die Geschwister haben sich auch normal entwickelt. Um Gewissheit über Mias Entwicklung zu haben, willigt sie in die Diagnostik ein und füllt den Antrag aus. Im Kontakt wirkt Frau W. sehr engagiert, die beiden zeigen eine gute Mutter-Kind-Beziehung. Mia mag gerne Kuscheln, Bücher anschauen und Rollenspiele in der Puppenecke spielen. Die Frühförderin gibt ihre Notizen weiter an die Verwaltung, diese vereinbart mit der Familie W. Termine für die psychologische und ärztliche Diagnostik.

Ein Erstbesuch findet in der Regel nach der interdisziplinären Diagnostik und der Bewilligung der Leistungen – wenn möglich – bei der

Familie zu Hause statt. Beim Erstbesuch wird mit der Familie der Förder- und Behandlungsplan gemeinsam besprochen, ebenso werden die Ziele und Anliegen nochmal durchgegangen. Zudem wird den Eltern der Bericht zur Diagnostik ausgehändigt und mit ihnen besprochen. Falls im Bericht Empfehlungen zur Vereinbarung eines Termins bei Fachärzt:innen oder der Besuch des Sozialpädiatrischen Zentrums beschrieben sind, kann die Frühförderin auf die Wichtigkeit hinweisen und gegebenenfalls Informationsmaterial aushändigen. Auftretende Fragen der Familie werden geklärt, um ein gutes Arbeitsbündnis herzustellen. Mit den Eltern wird, deren Einverständnis vorausgesetzt, eine Schweigepflichtsentbindung vereinbart. Diese Schweigepflichtsentbindung ermöglicht den zusammenarbeitenden Fachkräften (Kindergarten, Physiotherapie, Ergotherapie und Logopädie, Familienhilfe etc.), sich über die Entwicklung des Kindes auszutauschen und die Förderung gemeinsam auf das Kind abzustimmen. Weiterhin klärt die Frühförderin beim Erstbesuch, welche Termine die Familie und das Kind in der Woche haben (z.B. Besuch eines Kindergartens oder einer Krippe, Besuch einer Kinderturngruppe). Die Frühförderung soll gut auf die Familiensituation abgestimmte Termine anbieten.

Fallbeispiel Mia Kind mit UEMF (3,6 Jahre alt)
Erstbesuch
Frau W. wird von einer Frühförderin, die die Erstbesuche durchführt, zu Hause besucht. Mia ist in dieser Zeit im Kindergarten, sodass Frau W. und die Frühförderin in Ruhe sprechen können. Die Frühförderin bespricht mit Frau W. den Diagnostikbericht und klärt auftretende Fragen. Zudem geht sie mit Frau W. den Förder- und Behandlungsplan durch, in dem die Schwerpunkte der Förderung dargestellt sind, die in der Diagnostik mit Frau W. gemeinsam festgelegt wurden. Sie überreicht ihr die Begrüßungsmappe und bespricht mit ihr den Elternbrief. Frau W. berichtet, dass Mia regelmäßig von acht Uhr bis zwölf Uhr den Kindergarten besucht. Weitere Termine habe sie nachmittags nicht. Da Mia

Frühförderung und Psychomotorik in einer Kleingruppe erhalten soll, erklärt ihr die Frühförderin den weiteren Ablauf. Des Weiteren füllt die Frühförderin mit Frau W. eine Schweigepflichtsentbindung aus. Diese ermöglicht der zuständigen Frühförderin, sich mit dem Kindergarten, den Mia besucht, und der Physiotherapeutin, die die Kleingruppe leitet, auszutauschen. Im Diagnostikbericht steht, dass die Eltern Mia im Sozialpädiatrischen Zentrum (SPZ) vorstellen sollen, um einen genaueren Überblick über ihre motorische Entwicklung zu bekommen. Die Frühförderin händigt Frau W. einen Flyer des SPZ aus und ermutigt sie, dort einen Termin zu vereinbaren. Zum Schluss bespricht die Frühförderin mit Frau W. das Informationsmaterial, welches sich in der Begrüßungsmappe befindet. Sie gibt Einblicke in die weiteren Möglichkeiten, die es im Landkreis gibt (Vereine, Gruppen, Beratungsstellen etc.). Die Frühförderin überreicht Frau W. noch ihre Diensthandynummer, falls weitere Fragen bestehen, dann verabschiedet sie sich.

Des Weiteren finden während der Frühförderung regelmäßige Verlaufsbesprechungen in mindestens halbjährlichen Abständen für jede Familie statt. In diesen Verlaufsbesprechungen wird der Förder- und Behandlungsplan entsprechend der Weiterentwicklung des Kindes und evtl. sonstigen veränderten Bedingungen aktualisiert und fortgeschrieben (Vereinigung für Interdisziplinäre Frühförderung e.V. 2020). Der Förder- und Behandlungsplan beinhaltet die gemeinsam abgestimmten Förderziele und die genaue Anzahl der Leistungen. Ebenso wird die Verlaufsbesprechung zum Anlass genommen zu erfahren, wie zufrieden die Eltern mit der Frühförderung sind. Zusätzlich wird der Verlauf der Entwicklung des Kindes, z.B. anhand eines Entwicklungsgitters, dargestellt und gemeinsam besprochen. Ebenso können Fragen und Probleme sowie spezifische Anliegen der Eltern (▶ Kap. 5.2: Anliegen von Eltern/Bezugspersonen in der Frühförderung von Kindern mit motorischen Beeinträchtigungen und deren Beratung) besprochen werden.

> **Fallbeispiel Mia, Kind mit UEMF (jetzt 4,7 Jahre alt)**
> **Verlaufsbesprechung**
> Frau W. wird zur Verlaufsbesprechung eingeladen. Mia muss bei dem Gespräch nicht zwingend anwesend sein. Das Gespräch findet in der Frühförderstelle statt. Die Frühförderin berichtet von dem guten Entwicklungsverlauf von Mia im feinmotorischen und grobmotorischen Bereich. Auch Frau W. scheint sehr zufrieden. Sie erzählt, dass Mia die Psychomotorik-Kleingruppe sehr viel Freude bereitet. Frau W. merkt an, dass Mia jetzt viel mehr Spaß an Bewegungen zeigt, sie sieht erste Fortschritte. Ebenso ist sie sehr zufrieden mit der Frühförderung. Frau W. findet es gut, eine Ansprechpartnerin in Erziehungs- und Entwicklungsfragen zu haben. Zudem kann sie sich Tipps und Spielideen von der Frühförderin einholen. Ein aktualisierter Förder- und Behandlungsplan mit Teilhabezielen wird mit allen Beteiligten zusammen erstellt.

Auch einzelne Beratungsgespräche zu einem bestimmten Thema der Familie oder informelle Tür- und Angelgespräche am Ende oder zu Beginn der Frühfördereinheit können mögliche Beratungssituationen in der Frühförderung sein (▶ Kap. 5.2: Anliegen von Eltern/Bezugspersonen in der Frühförderung von Kindern mit motorischen Beeinträchtigungen und deren Beratung). Wie bereits im Kapitel 3 (▶ Kap. 3: Diagnostik und Förderplanung in der Zusammenarbeit mit Kindern mit motorischen Beeinträchtigungen und ihren Familien) beschrieben, können Förderprozesse zudem unmittelbar gemeinsam mit den Eltern (z.B. in Form der videobasierten Beratung) konzipiert werden und in diesem Zusammenhang Gesprächsräume geschaffen werden.

Je nach Landesrahmenvereinbarung zwischen den Frühförderstellen und den Kostenträgern werden zum Teil nur eine sehr begrenzte Anzahl expliziter Termine, die für die Besprechung mit den Eltern genutzt werden können, finanziert. Dies setzt die qualitativ hochwertige, partizipationsorientierte Frühförderpraxis zum Teil sehr unter Druck: Wie soll gemeinsam geplant und gehandelt werden, wenn vorrangig »nur« kindspezifische Förder- und Therapieangebote im Fokus der Kostenträger stehen?

5.2 Anliegen von Eltern/Bezugspersonen in der Frühförderung von Kindern mit motorischen Beeinträchtigungen und deren Beratung

Die Anliegen, die Eltern eines Kindes mit motorischen Beeinträchtigungen im Kontext der Frühförderung haben können, sind vielfältig und individuell in Bezug auf die jeweilige Familiensituation zu betrachten. Wichtig ist, dass im Weiteren nicht davon ausgegangen wird, dass alle Eltern eines Kindes mit einer Entwicklungsbeeinträchtigung Begleitung und Unterstützung oder professioneller Hilfe bedürfen. Manche Eltern erleben jedoch das Angebot in der Frühförderung, den Prozess der Verarbeitung der veränderten Familiensituation oder möglicherweise entstandener Schuldgefühle (z. B. an der Entstehung einer Behinderung), der Annahme und Akzeptanz des Kindes aufzugreifen, als hilfreich (Krause 2002). Dabei gilt es, Hilfestellungen anzubieten, die bedürfnisorientiert sind, und die persönliche, familiäre und soziale Bewältigung in den Vordergrund stellen und weniger per se von einer defizitorientierten Sichtweise und Dysfunktionalität ausgehen (Krause 2002).

Als Ressourcen im Gelingen des Anpassungsprozesses an die Situation, ein Kind mit einer (drohenden) Behinderung zu haben, nennt Sarimski (2021) mit Bezug auf das ABC-X-Modell sowie das Family Stress Modell:

1. die Zufriedenheit mit der familiären Lebensqualität (gesundheitliches und emotionales Wohlbefinden der Familienmitglieder, ihre

5.2 Anliegen von Eltern/Bezugspersonen in der Frühförderung

Zufriedenheit mit ihren Möglichkeiten zur sozialen Teilhabe und ihren materiellen Lebensbedingungen);
2. die erlebte soziale Unterstützung (z. B. den partnerschaftlichen Zusammenhalt und die erlebte soziale Unterstützung im familiären und sozialen Umfeld);
3. individuelle Bewältigungsstrategien- und Ressourcen (z. B. das Wissen der Eltern um die besonderen Bedürfnisse des Kindes, ihre Erziehungskompetenzen);
4. die Bewertung der Behinderung (z. B. durch eine optimistische Grundhaltung, Zutrauen in die eigenen Fähigkeiten, Widerstandsfähigkeit).

Der letztgenannte Aspekt umfasst einige der sogenannten resilienzfördernden Faktoren, die ausführlich u. a. von Retzlaff (2019) behandelt werden. Diese bieten gute Anhaltspunkte, wie ressourcenbezogen und mit einer Salutogenese berücksichtigenden Sichtweise (Salutogenese ist die Perspektive auf Gesundheitsentwicklung und Gesundheitserhaltung im Gegensatz zur Pathogenese) Familien unterstützt werden können, angesichts belastender Herausforderung durch die Beeinträchtigung des Kindes. Sie sollen dazu beitragen, ein Bestehen der Situation zu ermöglichen und durch diese gestärkt zu werden und neue Kraftquellen zu finden.

Herausforderungen und Belastungserleben werden anhand von verschiedenen übergreifenden Aspekten im weiteren Verlauf beschrieben und sollten, neben den Ressourcen in der Frühförderung – wenn notwendig – Berücksichtigung finden. Dabei werden diese ein wenig ausführlicher erläutert, um auf eine möglicherweise spezifische Situation von Eltern mit einem Kind mit körperlich-motorischen Beeinträchtigungen hinzuweisen.

Coping

Der Verarbeitung der Diagnose einer Behinderung/Entwicklungsauffälligkeit (Coping) wird ein zentraler Stellenwert zugeschrieben, denn eine mangelnde Verarbeitung kann zu permanentem Anpassungs- und Leistungsdruck bei den betroffenen Kindern und anderen Familienmitgliedern führen, was sich ungünstig auf den Prozess der Frühförderung auswirken kann (Bergeest & Boenisch 2019). Hess (2021) stellt fest, dass die Vermittlung der Diagnose in den meisten Familien als sehr krisenhaft erlebt wird und es zu einer Erschütterung der inneren Welt kommen kann. Verletzungen, das Gefühl von Hilflosigkeit und Unsicherheit können entstehen. Andere Autoren sprechen von potenziellen Traumata, die entstehen können (Sarimski 2021). Familien werden damit konfrontiert, dass sich die kindliche Entwicklung anders als erwartet gestaltet und neue – in der Regel bisher nicht bekannte – Herausforderungen auf die Familie zukommen werden. Der Zeitpunkt der Diagnosestellung kann im Kontext von körperlich-motorischen Beeinträchtigungen jedoch sehr unterschiedlich sein: vorgeburtlich, während der Geburt oder im Verlauf der ersten Lebensjahre. Die Diagnosemitteilung erfolgt dabei meist nicht in der Frühförderung selbst – jedoch kann sich durch eine Diagnostik in der Frühförderung die Diagnose auch erst manifestieren und bestätigen (z. B. bei Kindern mit UEMF). In beiden Fällen ist es Aufgabe der Fachkräfte in der Frühförderung, die mit der Diagnostik verbundenen Gefühle der Eltern in der Zusammenarbeit mit ihnen zu berücksichtigen.

Retzlaff (2019, 48) führt hierzu mit Bezug auf verschiedene Autor: innen aus:

> »Die Diagnoseverarbeitung und die Neufindung der Elternrolle erfordern Zeit (Engelbert 1999). Mittelfristig stellt sich den Eltern die Aufgabe, die bleibenden Veränderungen ihres Lebens zu akzeptieren und ein Gefühl der Selbstwirksamkeit wieder zu erlangen. Eine gelungene Verarbeitung ist Voraussetzung für die Entwicklung einer responsiven Eltern-Kind-Beziehung (Sarimski 2001a) und einer guten Bindung (Ainsworth 1969, Bowlby 1980, Sheeran et al. 1997).«

Themen, die in dieser Auseinandersetzung mit einer Diagnose entstehen können, listen Lang et al. (2012) wie folgt auf: Auseinandersetzung mit der Enttäuschung, verbunden mit möglicher Trauer um den Verlust der Gesundheit des Kindes. Aber auch der Umgang mit

5.2 Anliegen von Eltern/Bezugspersonen in der Frühförderung

Unsicherheit über die Entwicklungsperspektive des Kindes (z.B. bei einer Zerebralparese nach einer Frühgeburt, bei der in den ersten 2 Lebensjahren keine verlässliche Entwicklungsprognose möglich ist) und Belastungen, die sich aus einer vorgeburtlichen Diagnostik (z.B. bei einer Spina bifida) ergeben können, sind möglicherweise Themen, die sich in der Frühförderung zeigen. Ebenso die Angst, dass das Kind jederzeit oder frühzeitig versterben könnte, kann die Eltern prägen – je nach Diagnose.

Exkurs: Kinder mit progredienten (fortschreitenden, progressiven) Erkrankungen in der Frühförderung

»Als progredient gelten unheilbare Erkrankungen, die sich fortschreitend verschlimmern und zum frühen Tod führen« (Bergeest & Boenisch 2019, 172). Progrediente Erkrankungen sind unter anderem neuromuskuläre Erkrankungen (z.B. verschiedene Muskeldystrophien wie Muskeldystrophie Typ Duchenne als eine der häufigsten erblichen Muskelerkrankungen im Kindesalter), onkologische Erkrankungen, AIDS/HIV oder auch Mukoviszidose (Bergeest & Boenisch 2019).

Zu den Merkmalen progredienter Erkrankungen werden übergreifend folgende gezählt (Daut 2002; Daut 2010):

- Unheilbarkeit, fortschreitender Kräfteverfall und/oder Abbau körperlicher Funktionen und der Verlust von Fähigkeiten z.B. in Bezug auf Motorik, Kommunikation,
- Zunahme von Abhängigkeit von anderen Menschen und technischen Geräten, obwohl sich aus einer Entwicklungslogik heraus eher eine zunehmende Selbstständigkeit entwickeln würde und die Kinder ein Selbstständigkeitsstreben zeigen würden,
- erhöhter Zeitbedarf durch die bestehenden Einschränkungen und/oder die notwendigen therapeutischen und medizinischen Maßnahmen,
- veränderte soziale Kontakte,

- unterschiedlichste emotionale Verunsicherungen in bestimmten Lebensabschnitten
- und eine reduzierte Lebenserwartung.

Je nachdem, wann eine Diagnose einer fortschreitenden, unheilbaren Krankheit gestellt wird, können die damit verbundenen Entwicklungsthemen und die psychosoziale Situation des Kindes und seiner Familie in der Frühförderung einen zentralen Stellenwert einnehmen. Dabei kann es einerseits um das Coping der Eltern und weiterer Bezugspersonen gehen.

Vorrangig sollten jedoch auch die psychosoziale Situation des Kindes selbst, die eigene Auseinandersetzung mit der Erkrankung und mögliche Reaktionen/Ausdrucksweisen im Kontext der Verarbeitung der fortschreitenden Erkrankung und eines (frühzeitig) nahenden Todes gesehen werden. Bergeest und Boenisch (2019, 172 f.) fassen die Forderung einer pädagogischen Begleitung – aus der Perspektive einer schulischen Körperbehindertenpädagogik – zusammen:

> »Die systematische pädagogische Arbeit orientiert sich zunächst an allgemeinen Belastungen durch progrediente Erkrankung und den Verarbeitungsprozessen der betroffenen Kinder und ihrer Familien: Das Wohlbefinden ist erheblich beeinträchtigt; die körperliche Integrität ist gestört; die Einschränkung der Handlungsspielräume führt zu Veränderungen des Selbstkonzepts; die Zukunftsperspektive ist unklar, Kinder ›wissen‹ jedoch um ihren Zustand (Daut 2001, 387 f); die Entwicklung zur Autonomie geht verloren, weil sie durch das Fortschreiten der Erkrankung immer abhängiger von der Hilfe anderer werden, und Sozialkompetenz wird destabilisiert. Schmeichel (1983, 227) bemerkt hierzu: ›Die Krise ist eingetreten, wenn die Auswirkungen der Krankheit einen Auffälligkeitsgrad erreicht haben, der nicht mehr ignoriert werden kann, und wo zur Verarbeitung dieser Bedrohung eine Qualität der Angstbegegnung erforderlich ist, über die noch nicht verfügt wird‹.«

In einer kanadischen Studie (Cavallo et al. 2009) wurden 150 Eltern von jungen Kinder mit körperlich-motorischen Beeinträchtigungen mittels eines Fragebogens (Coping Health Inventory for Parents) zu ihren Copingstrategien befragt. Dieser kann über die Art des Bewäl-

5.2 Anliegen von Eltern/Bezugspersonen in der Frühförderung

tigungsverhaltens, das Eltern nach der Kenntnis über die Diagnose/ Krankheit des Kindes angewendet haben, in Bezug auf die Nützlichkeit Auskunft geben. Der Fragebogen besteht aus drei Hauptbewältigungsmustern.

Das erste Bewältigungsmuster ist die »Aufrechterhaltung, Familienintegration, Kooperation und eine optimistische Definition der Situation« (19 Items) und bezieht sich beispielsweise auf die Teilnahme der Eltern an Aktivitäten mit anderen Familienmitgliedern oder darauf, ob andere Familienmitglieder dazu gebracht werden, bei der Hausarbeit und Aufgaben im Haushalt zu helfen.

Das zweite Bewältigungsmuster beinhaltet die »Aufrechterhaltung der sozialen Unterstützung, des Selbstwertgefühls und der psychologischen Stabilität« (18 Items). Hier geht es darum, dass die Eltern eine Pause von den häuslichen Pflegeaufgaben und Verantwortlichkeiten einlegen, um Entlastung zu erfahren, indem sie sich auf Ressourcen der Gemeinschaft verlassen und möglicherweise einer Selbsthilfegruppe beitreten, um mit jemandem darüber zu sprechen, wie sie sich fühlen.

Das dritte Bewältigungsmuster umfasst das »Verstehen der medizinischen Situation durch Kommunikation mit anderen Eltern und Beratung mit dem medizinischen Personal« (8 Items). Dies bezieht sich also z. B. auf die Kommunikation der Eltern mit dem medizinischen Personal, Gesundheitspersonal (Krankenschwestern, Ärzte, Sozialarbeiter usw.), aber auch mit den Fachkräften der Frühförderung über den Zustand des Kindes.

Die Ergebnisse dieser Studie zeigen ein sehr differenziertes Bild – abhängig von der Schwere der Mobilitätseinschränkung des Kindes oder des Bildungsgrades der Eltern –, mit dem ein Rückschluss auf die ökonomische Situation gezogen werden kann, auf die Berufstätigkeit insgesamt und die Erziehungssituation und darauf, ob sich Eltern die Belastungen teilen oder eine Person alleinerziehend ist. So profitieren die befragten Eltern in unterschiedlicher Weise von den Bewältigungsmustern – was wichtige Hinweise für die Elternarbeit in der Frühförderung gibt: Zusammenfassend zeigen die Studienergebnisse, dass die Aufrechterhaltung sozialer Unterstützung das Bewältigungsmuster ist, das von den Eltern in dieser Studie am nützlichsten erachtet wird. Alleinerziehende Eltern schienen jedoch nicht in der Lage, soziale Unterstützung und Aktivitäten zu nutzen, möglicherweise aufgrund ihrer Isolation und ihres begrenzten sozialen Netzwerks. Manche Eltern benötigen Unterstützung in der sozialen Gemeinschaft, andere empfinden eine medizinische Aufklärung der medizinischen Situation des Kindes als hilfreich, um z. B. körperliche Funktionen und darüber soziale Teilhabe des Kindes zu verbessern (Cavallo et al. 2009).

Behinderungsbedingte Belastungen im familiären Alltag

Individuell erlebte Belastungen sind in weiteren internationalen Studien aus der Perspektive von Eltern mit einem Kind mit Zerebralparese erfasst worden. Daraus ergibt sich, dass die Eltern durch die Pflege und Betreuung der Kinder meist höher belastet fühlen als Familien mit Kindern ohne Beeinträchtigungen. Häufig wurde soziale Isolation als Belastungsfaktor angegeben, aber auch der Umgang mit herausfordernden Verhaltensweisen des Kindes. Zudem können psychisches Wohlbefinden und die Lebensqualität negativ beeinflusst sein. Die Studienlage ist hierzu jedoch heterogen (Sarimski 2021). Die Übertragbarkeit internationaler Ergebnisse auf unsere gesellschaftliche Situation sollte in Bezug auf sozial-gesetzliche Bestimmungen und Unterstützungsmöglichkeiten, das medizinisch-therapeutische Versorgungssystem, finanzielle Absicherung hinsichtlich Eltern- und Pflegezeiten sowie generelle kulturelle Faktoren differenziert betrachtet werden.

In einer großen deutschlandweiten Studie der AOK und des Kindernetzwerk e.V. (Kindernetzwerk e.V. 2015) wurden 1567 Familien mit einem Kind mit körperlicher, geistiger oder mehrfacher Behinderung bzw. chronischer Krankheit zu ihrer Lebens- und Versorgungssituation befragt. Die Kinder der Familien waren im Durchschnitt knapp 10 Jahre alt. An dieser Studie haben sich 238 (16 % der Gesamtstichprobe) Familien mit einem Kind, das vorrangig in Bezug auf die Körperfunktionen und die Mobilität bezogen hoch beein-

5.2 Anliegen von Eltern/Bezugspersonen in der Frühförderung

trächtigt ist, beteiligt. Nur knapp die Hälfte der Eltern mit einem Kind mit einer hohen körperlich-motorischen Beeinträchtigung gaben an, früh genug über die Krankheit und die Konsequenzen informiert gewesen zu sein und 34 % empfanden diese Information rückblickend als nicht ausreichend, was sich auf das Coping (s. o.) auswirken kann.

Mit Blick auf die Gesamtstudie, d. h. nicht nur die Eltern mit einem Kind mit einer hohen körperlich-motorischen Beeinträchtigungen, sondern z. B. auch primär kognitiven Beeinträchtigungen oder chronischen Krankheiten, gaben viele Eltern fehlende Kenntnisse über ihr Leistungsrecht an: 30,7 % der Eltern gaben an, nicht über ihre Leistungsrechte zu Frühförderung aufgeklärt gewesen zu sein. In Bezug auf Maßnahmen zur Familienentlastung waren dies 46,9 %. Dies verweist einerseits auf die Notwendigkeit, dass Frühförderung als Unterstützungsangebot bekannt sein muss (▶ Kap. 5.3: Kooperation und Vernetzung im Sozialraum – inklusive Bildung und transdisziplinäre Versorgung ermöglichen), und andererseits darauf, dass weitere Unterstützungsmaßnahmen, z. B. Familienentlastung, den Eltern im Rahmen der Frühförderung erläutert und diese in der Beantragung unterstützt werden sollen.

Zudem stellt sich in der Gesamterhebung als familiärer Belastungsfaktor heraus, dass häufig Einkommen fehlen, da nur ein Elternteil berufstätig sein kann bzw. die Berufstätigkeit eines Elternteils im Umfang verkürzt wurde (knapp 50 %). Knapp 30 % geben konkrete finanzielle Probleme an. Bei knapp 70 % der Familien ergeben sich Belastungen aufgrund der Fahrten zu Ärzten, Therapeuten etc. Hier sollte im Kontext der Frühförderung gut eruiert werden: Was ist zeitlich für die Familie möglich, welche Häufigkeit ist leistbar? Wäre Hausfrühförderung entlastend? Machen die Eltern trotz hoher Belastung alles möglich, weil sie Sorge haben, ihr Kind ansonsten nicht entsprechend zu fördern?

Knapp 60 % der Familien geben an, dass die ungeheuren Belastungen, mit denen sich die Familie konfrontiert sieht, von anderen nicht verstanden werden. Hier kann die Frühförderung wiederum eine Möglichkeit der Entlastung bieten. Aber auch die Ressource, soziale Netzwerke/zuverlässige Personen zur Entlastung im familiären Alltag in Anspruch nehmen zu können, sehen 63 % der Befragten als nicht gegeben an. Im Kapitel Diagnostik (▶ Kap. 3: Diagnostik und Förderplanung) wurde die Möglichkeit der sozialen Netzwerkkarten als Analysemöglichkeit angegeben. Diese könnte Ressourcen in der sozialen Vernetzung, aber auch das Nicht-Ausreichen einer sozialen Vernetzung sichtbar machen und als Grundlage dienen, Veränderungsprozesse gemeinsam erarbeiten zu können.

Im Kontext des familiären Alltags müssen Anliegen der Eltern und der weiteren Familienmitglieder, z. B. der Geschwister, mit in den Fokus genommen werden. Nach Einschätzung der Eltern fühlen sich ca. 40 % der Geschwisterkinder benachteiligt – dies könnte ein weiterer Beratungsanlass im Rahmen der Frühförderung sein (Kindernetzwerk e.V. 2015). Aber auch die häufig unterschiedlichen Formen der Verarbeitung der (drohenden) Behinderung des Kindes im Vergleich zwischen der Mutter und dem Vater können im Rahmen der familienorientierten Arbeit in der Frühförderung relevant sein. Für eine Vertiefung der Beratung von Familien mit einem Kind mit Behinderung sei auf Sarimski (2021) und Retzlaff (2019) verwiesen.

5.3 Kooperation und Vernetzung im Sozialraum – inklusive Bildung und transdisziplinäre Versorgung ermöglichen

Im vorherigen Kapitel wurde auf das Prinzip der Familienorientierung in der Frühförderung hingewiesen, das in einem nochmal zu erweiternden Verständnis betrachtet werden muss: Frühförderung findet im Zuge zunehmend inklusiv arbeitender Kindertageseinrichtungen (Kita) vermehrt in diesem Lebensumfeld und nicht mehr unmittelbar in und mit den Familien statt. D. h., hier rückt ergänzend zu der Zusammenarbeit mit den Eltern die Kooperation mit den Fachkräften in Bildungseinrichtungen in das Zentrum der Frühför-

5.3 Kooperation und Vernetzung im Sozialraum

derung. Pretis (2014) weist in diesem Zusammenhang darauf hin, dass eine erlebte Familienorientierung der Frühförderung settingunabhängig ist – d.h., dass es nicht unmittelbar relevant scheint, ob die Frühförderung zu Hause, ambulant in einer Frühförderstelle oder in einer Kindertageseinrichtung stattfindet. Jedoch mahnen Sarimski et al. (2013a) in Bezug auf Kinder mit (drohenden) Beeinträchtigungen in inklusiven Krippen an, dass die Förderung der elterlichen Erziehungs- und Bewältigungskompetenz und das Zutrauen in die eigenen Kompetenzen dabei nicht verloren gehen dürfen (s.u.). Zu berücksichtigen ist, dass eine positive Wirkung von Kooperation und Vernetzung an Voraussetzungen geknüpft ist. Unterschieden werden sollte auch kooperatives Arbeiten in der Frühförderung von einer sozialräumlichen Netzwerkorientierung/Vernetzung. Eine mögliche Differenzierung wäre: Vernetzung umfasst eher einen »losen Zusammenschluss von eigenständigen Akteuren mit unterschiedlichen, eigenständigen Interessen und mindestens einem gemeinsamen Ziel oder einer gemeinsamen Vision [...]. [Die Netzwerkarbeit] hat dabei die Aufgabe, Wissen und andere Ressourcen der verschiedenen Akteure zusammenzutragen, in einem neuen Kontext unterschiedliche Problemwahrnehmungen und Interessen einzubringen [...] und über Sektorengrenzen hinweg neue Lösungsansätze zu entwickeln« (Brocke 2003, 14). Es geht hierbei z.B. um das Erlangen eines Überblicks über Institutionen und deren Angebote für junge Kinder und deren Familien. Kooperation geht über eine Vernetzung hinaus und beinhaltet ein gemeinsames Handeln. »Kooperation ist eine bewusst gewählte, beabsichtigte und fachlich begründete Zusammenarbeit. Aus der Zusammenarbeit folgen Prozesse der gegenseitigen Abstimmung, die durch vertragliche Verpflichtungen und formale Kontrollstrukturen, Hierarchien und Regeln strukturiert wird« (Balz & Spieß 2009, 19). Nach Grosche et al. (2020) lassen sich drei Kooperationsformen in inklusiven Settings unterscheiden: Informationsaustausch, arbeitsteilige Kooperation und Ko-Konstruktion. In ersterer geht es z.B. um Tür- und Angelgespräche mit dem Ziel, Informationen auszutauschen. Arbeitsteilige Kooperation zielt auf eine Effizienzsteigerung und z.B. eine geteilte Bearbeitung und das

Zusammenführen von Aufgaben. Abstimmungsprozesse hinsichtlich Ziel und Aufgaben sind notwendig und ein gewisses Maß an Vertrauen wird vorausgesetzt. Hingegen zeichnet sich die Ko-Konstruktion dahingehend aus, dass die Akteur:innen hinsichtlich einer gemeinsamen Aufgabe individuelles Wissen und Können aufeinander beziehen, um neue Kompetenzen und Lösungen zu generieren. Die Umsetzung interdisziplinärer Kooperation und Vernetzung ist als generelles Grundprinzip der Frühförderung anzusehen (Sarimski 2017) und wird im folgenden Kapitel exemplarisch weiter aufgegriffen.

5.3.1 Kooperation mit Kindertageseinrichtungen (Kitas)

Die Kooperation mit Kindertagesstätten ist ein fester Bestandteil in der Interdisziplinären Frühförderung und kann sehr unterschiedlich gestaltet werden. In der IVO-Studie zur Umsetzung von Inklusion wird das Ziel der Zusammenarbeit von Kita und Frühförderung wie folgt beschrieben:

> »Die Vernetzung von Kitas mit Interdisziplinären Frühförderstellen ist im Zuge der Umsetzung von Inklusion von großer Bedeutung, um spezifische Fachexpertise in Kita-Teams sicherzustellen, die zumeist keine heil- oder sonderpädagogisch qualifizierten Mitarbeiter/innen haben [...]. Interdisziplinäre Expertise, z.B. durch Psycholog/innen, Mediziner/innen, medizinische Therapeut/innen und (Sonder-)Pädagog/innen, ist nötig, um den individuellen Bedürfnissen der Kinder je nach Behinderungsart und individueller Problemlage gerecht zu werden und so fächerübergreifend allen Kindern soziale und Bildungs-Teilhabe zu ermöglichen« (Wölfl et al. 2017, 38).

Diesbezüglich wird in der IVO-Studie von knapp der Hälfte (44%) der befragten Kita-Leitungen in Bayern (N = 1441) angegeben, dass das Kita-Team durch die Frühförderung beraten wird. Weit häufiger (63%) gaben an, dass die Beratung gemeinsam mit dem Kita-Fachpersonal sowie den Eltern stattfindet (Wölfl et al. 2017, 37).

5.3 Kooperation und Vernetzung im Sozialraum

Kitas stellen – neben der familiär-häuslichen Umwelt – eine sehr wichtige Lebenswelt des Kindes dar. Das Kind verbringt mehrere Stunden am Tag in dieser Bildungsinstitution. Im Sinne einer gemeinsamen Teilhabeförderung sollten Frühförderung und Kita abgestimmt miteinander arbeiten, sofern durch die Eltern einer Schweigepflichtentbindung zugestimmt wurde. Gemeinsam können die strukturellen und personellen Gegebenheiten der Kita in Bezug auf die individuellen Bedürfnisse des Kindes hin analysiert werden, um eine entwicklungsförderliche Gestaltung und eine Teilhabe an Bildungsangeboten zu sichern. Diese Relevanz wird auch in einer aktuellen Studie zur ICF-basierten Zusammenarbeit von Kitas und Frühförderung in NRW unterstrichen:

> »Auf der Basis der Ergebnisse des Gesamtplan- bzw. Teilhabeplanverfahrens empfehlen wir den Akteuren im multiprofessionellen Gespräch, sich über weitere, zu konkretisierende Teilhabeziele zu verständigen und abzustimmen. An diesen multiprofessionellen Gesprächen sollten Eltern, Fachkräfte aus Kindertageseinrichtung und Frühförderung bzw. therapeutischer Praxis und wenn möglich behandelnde Ärztin bzw. Arzt teilnehmen« (van Bentum 2019, 5).

Pädagogische Fachkräfte in Kitas nehmen hinsichtlich der Einschätzung der alltäglichen Teilhabe des Kindes einen wichtigen Stellenwert ein. Sie erleben das Kind über einen längeren Zeitraum regelmäßig in unterschiedlichen Situationen, wie bei den Mahlzeiten, in Klein- und Großgruppen, im Außenbereich, im Bewegungsbereich. Sie haben daher oft einen umfassenden Eindruck vom Kind und können der Frühförderkraft hilfreiche Informationen geben, um das Kind ganzheitlich wahrnehmen und fördern zu können. Hier ist es für die Zusammenarbeit wichtig, dass Kita und Frühförderung die Kooperation inhaltlich gut aufeinander abgestimmt gestalten, indem z.B. anschlussfähige und im Ergebnis von beiden Institutionen nutzbare Beobachtungs- und Dokumentationsverfahren verwendet werden und der Informationsaustausch wechselseitig gestaltet wird (Seelhorst et al. 2012).

5 Zusammenarbeit mit den Eltern/Bezugspersonen und Vernetzung

Die Zusammenarbeit zwischen Frühförderung und Kindertageseinrichtungen kann sich auf unterschiedliche Handlungsfelder beziehen, die der Häufigkeit nach sortiert sind:

- Einzeltherapeutische Maßnahmen/Einzelförderung,
- Einschätzung des Entwicklungsstandes (s. o., Beobachtung und Dokumentation),
- Spiel- und Interaktionsbeobachtung in der Gruppe,
- Integrierte Therapie/Förderung im Gruppengeschehen (Wölfl et al. 2017).

Am Fallbeispiel von Max wird die Zusammenarbeit mit einer Kita dargestellt.

Fallbeispiel Max, Kind mit UEMF (jetzt 5;10 Jahre alt), Kooperation mit dem Kindergarten

In der Regel nimmt die Frühförderkraft nach dem ersten Kennenlernen des Kindes und seiner Kernfamilie Kontakt mit dem Kindergarten auf, den das Kind bereits besucht, sofern die Eltern damit einverstanden sind. Frau S. war aufgeschlossen gegenüber einem Austausch mit dem Kindergarten und gab ihr schriftliches Einverständnis zur Entbindung von der gegenseitigen Schweigepflicht. Max wurde zu Beginn der Frühförderung bereits 2,5 Jahre im wohnortnahen inklusiven Kindergarten betreut. Er besuchte dort am Vormittag halbtags eine Gruppe als Regelkind an 5 Tagen die Woche. Der erste Kontakt zum Kindergarten erfolgte telefonisch von Seiten der Frühförderin. Es wurde ein persönlicher Termin abgesprochen, bei dem ein erstes Gespräch mit der Einrichtungsleitung und der zuständigen Gruppenerzieherin stattfinden sollte. Die Einrichtungsleitung zeigte sich offen gegenüber möglichen Fördereinheiten in ihrer Einrichtung. Es erfolgte ein gegenseitiger Austausch, von dem beide Seiten profitieren konnten. Gemeinsam wurde besprochen, welche Schwierigkeiten sich für Max im Kindergartenalltag ergeben. Den Erzieherinnen war hier besonders aufgefallen, dass Max bereits Vermeidungsstrategien entwickelt hat, um feinmotorische Angebote zu umgehen. Unsicherheiten in dem Bereich überspielt er vor allem mit albernem Verhalten. Im Bewegungsbereich zeigte er sich laut den Erzieherinnen wild und überschießend und konnte Gefahren nicht einschätzen. Ein Hospitationstermin, bei dem Max in unterschiedlichen Situationen beobachtet werden sollte, wurde vereinbart. Die Erzieherin entschied sich an dem Termin für ein angeleitetes kreatives Angebot in der Bastelecke und eine Freispielphase im Bewegungsbereich. Nach abgeschlossener Beobachtung wurde gemeinsam mit der Einrichtungsleitung und der Gruppenerzieherin die konkrete Umsetzung der Förderung im Kindergarten besprochen.

Unter Einbezug aller Beteiligter wurde ein SMARTEs Ziel für die Teilhabesicherung im Kindergarten aufgestellt: »Max nimmt in 3 Monaten motiviert an grafomotorischen Angeboten der Vorschulgruppe teil.«

Umsetzung des SMARTen Ziels

Die Gruppe wurde gemeinsam mit der Erzieherin so zusammengestellt, dass alle teilnehmenden Kinder im motorischen Bereich Unsicherheiten aufwiesen, sodass sich keines der Kinder überfordert oder ausgegrenzt fühlen sollte. Die Materialien vom Kindergarten standen der Frühförderkraft zur freien Verfügung. Dies ermöglichte z.B. den Aufbau von Bewegungslandschaften oder die Auseinandersetzung mit verschiedenen eher grafomotorisch-förderlichen Materialien.

In 3 Monaten werden erneute Gespräche mit der Erzieherin geplant, um den Verlauf und eventuelle Besonderheiten zu besprechen und um das Förderziel anzupassen. Die Eltern von Max werden zu diesen Terminen eingeladen oder die Frühförderkraft kann am nächsten geplanten Elterngespräch in der Kita teilnehmen.

> Weiterhin waren im Wechsel zu den Förderterminen im Kindergarten auch Einheiten im Elternhaus wichtig. Bei diesen Terminen konnten bedarfsweise die Mutter oder auch der jüngere Bruder mit in die Förderung einbezogen werden. Geschwisterrivalitäten konnten so abgebaut werden und die Mutter bekam hilfreiche Tipps, Max auch im Alltag zu unterstützen. In der Einzelsituation im häuslichen Rahmen konnte gezielt an Konzentrationserweiterung und feinmotorischem Handgebrauch gearbeitet werden – um hierüber die ausdauernde und begeisterte Teilhabe an Spiel- und Bastelsituationen in der Kita zu fördern. Max bekam beispielsweise ihn ansprechende und motivierende Bastelaufgaben, die über mehrere Einheiten fertiggestellt wurden. Durch den Wechsel der Fördereinheiten zwischen Hausbesuch und Kindergarten konnte die Familie zusätzlich entlastet werden. Max hatte mehr Freizeit an den Nachmittagen, um sich mit Freunden zu verabreden und seine soziale Teilhabe zu festigen.

Am Beispiel von Max können viele Vorteile der Förderung im Kindergarten herausgearbeitet werden:

1. Der Blick auf das Kind wird umfassender und ganzheitlicher, wenn alle Bezugspersonen und Lebenswelten mit einbezogen werden können. Im System Kita kann sich das Kind unter Umständen auch ganz anders verhalten als im häuslichen Bereich.
2. Anstelle von Einzelförderung und hierdurch entstehender Separierung sollte eine Kleingruppenförderung oder eine Förderung im Gruppenalltag vorgezogen werden. Eine Kleingruppe bietet die optimale Lernsituation für die Erweiterung sozialer Kompetenzen und für das Voneinander-Lernen. Zudem kann im Gruppenalltag ein direkter Situationsbezug mit einem höheren Potenzial für ko-konstruktive Arbeitsprozesse hergestellt werden.
3. Die räumlichen Möglichkeiten im Kindergarten bieten großes Potenzial für eine individuell angepasste Förderung, besonders im Bewegungsbereich. Wichtig ist jedoch, um Fachwissen zu trans-

5.3 Kooperation und Vernetzung im Sozialraum

ferieren, dass die Fachkräfte der Kindertageseinrichtungen im Falle von separater Förderung in Kleingruppen, z. B. durch Hospitation oder aktive Mitgestaltung, beteiligt werden.

Allerdings hat die Förderung im Kindergarten den Nachteil, dass sich der persönliche Kontakt zu den Eltern gegebenenfalls reduziert. Der Austausch muss dann vermehrt telefonisch oder z. B. über ein angelegtes Informationsheft erfolgen. Gleichzeitig muss der individuelle Beratungs- und Unterstützungsbedarf der Eltern explizit erhoben und fortlaufend evaluiert werden, denn die stabile und förderliche Eltern-Kind-Beziehung ist das Fundament für die Entwicklung des Kindes (Sarimski et al. 2013a).

Mögliche inhaltliche Handlungsfelder und Themen, die sich für die Zusammenarbeit von Kita und Frühförderung in Bezug auf Kinder mit motorischen Beeinträchtigungen spezifisch ergeben können, sind u. a. die folgenden:

- Fachberatung zur Interaktions- und Beziehungsgestaltung und zur Umgebungsgestaltung z. B. in Bezug auf Lichtverhältnisse, Orientierungsmöglichkeiten im Raum, Barrierefreiheit/Erreichbarkeit
- Anpassung von Alltags- und Spielmaterialien z. B. hinsichtlich von Größe, Form, Schwere, um eine selbsttätige Handlung zu ermöglichen (beispielsweise in Bezug auf Grafomotorik: angepasste Scheren, einhändige Schneidemöglichkeiten; größere Spielfiguren bei Brettspielen etc.) und Selbstwirksamkeit zu fördern (▶ Kap. 5: Heilpädagogische Spiel- und Handlungsförderung)
- Anschaffung von Hilfsmitteln, z. B. Lagerungsmöglichkeiten für eine physiologische Haltung und Erweiterung des Handlungsradius eines Kindes, angepasste Sitz- und Stehmöglichkeiten (Therapiestühle, Stehtrainer), Hilfsmittel zur Fortbewegung (Rollatoren, Rollstühle, Therapieräder etc.)
- Zusammenarbeit in Bezug auf Diagnostik sowie Förder- und Behandlungsplanung bzw. Teilhabe- und Förderplanung.

Gerade in Bezug auf letztgenanntes Thema zeigen empirische Erkenntnisse, dass zwar einerseits eine große Bereitschaft zum Austausch bestehe (Seelhorst et al. 2012), aber diese in etwa nur bei der Hälfte der befragten Institutionen/Fachkräfte praktisch umgesetzt wurde – wie auch eine aktuelle Studie mit 107 befragten Mitarbeiter:innen von Kindertageseinrichtungen in Thüringen zur erlebten Zusammenarbeit von Kita und Frühförderung erneut bestätigt (Kreher 2022). In die Förder- und Behandlungsplanung werden Fachkräfte der Kindertageseinrichtung laut dieser Studien lediglich in 20 % der Fälle einbezogen. Es bleibt zu hoffen, dass im Zuge der weiteren Umsetzung des BTHGs und der darin verankerten ICF-basierten Bedarfsfeststellung sowie der gemeinsamen Teilhabeplanung diesbezüglich positive Veränderungen eintreten. Auf rein organisationaler Ebene zeigt sich also, dass alle drei oben genannten Kooperationsformen in der Zusammenarbeit von Kindertageseinrichtungen und Frühförderung vertreten sein können. Davon hängt sicherlich auch die gemeinsame Gestaltung der inhaltlichen Zusammenarbeit ab und welche der exemplarisch nachfolgenden Themen hierin aufgegriffen werden.

Gemeinsame Themen in der Kooperation der Einrichtungen könnten z. B. sein, das kindliche Verhalten zu verstehen und gemeinsam zu analysieren/einzuordnen, woraus sich meist ein fachlicher Austausch über Fördermöglichkeiten des Kindes ergibt. Ziel ist es dabei, gemeinsames Spiel als zentrale Beteiligungs- und Interaktionsform anzuerkennen und in seinem Potenzial zur Teilhabeförderung so zu gestalten, dass es zu keinem Ausschluss der Kinder mit Beeinträchtigungen kommt (Lütolf & Schaub 2019). Gleichzeitig kann dabei bei Bedarf die Interaktions- und Beziehungsgestaltung thematisiert werden, beispielsweise mittels videobasierter Beratungsmethoden wie Video-Interaktions-Beratung (VIB) (Gebhard 2014).

Ein weiteres Thema kann die Frage betreffen, wie kindgerecht Vielfalt thematisiert werden kann. Denn Kinder haben Fragen, z. B. »warum sich Svea so komisch bewegt«. Sie dürfen mit diesen Fragen nicht alleine gelassen werden, sondern müssen Gelegenheiten vorfinden zu verstehen, was eine Zerebralparese ist und warum Svea z. B.

Orthesen benutzt und sich gegebenenfalls langsamer als andere Kinder bewegt. Hier kann es ein gemeinsames Anliegen (und vor allem ein im Vorfeld gemeinsam abzustimmendes Vorgehen) von Eltern, Kita und Frühförderung sein, Inklusion über den Abbau von Vorurteilen und Fragen, die die Kinder natürlicherweise in ihrem gemeinsamen Kindergartenalltag entwickeln, aktiv zu gestalten. Dabei kann der Einsatz von vorurteilsbewusst gestalteten Kinderbüchern hilfreich sein, z.B. »Paula und die Zauberschuhe« (Haag & Morena 2021).

Ebenfalls kann es ein gemeinsames Thema sein, die Eltern in Bezug auf die Verarbeitung/Auseinandersetzung mit der Beeinträchtigung des Kindes zu unterstützen (▶ Kap. 5.2: Anliegen von Eltern/Bezugspersonen in der Frühförderung von Kindern mit motorischen Beeinträchtigungen und deren Beratung). Aber auch die Übergangsgestaltung (Transition) von der Kita in die Schule kann zu einem gemeinsamen Thema in der Teilhabeförderung des Kindes werden.

5.3.2 Transitionen kooperativ mitgestalten am Beispiel des Übergangs in die Schule

Der Übergang von der Kindertageseinrichtung in die Schule wird in der Literatur vielfach als »zentrales Ereignis« (Eckerth & Hanke 2015, 15) oder als »Meilenstein« (Schäfer et al. 2021, 152) im Leben eines Kindes beschrieben. Dem aktuellen Verständnis von Schulfähigkeit folgend müssen aus einer ökosystemischen Perspektive bei diesem Übergang nicht nur das einzelne Kind mit seinem Entwicklungsstand in diversen Entwicklungsbereichen, sondern gerade auch die Kontextbedingungen auf familiärer, institutioneller und gesellschaftlicher Ebene in den Blick genommen werden (Eckerth & Hanke 2015). Das bedeutet, dass die Entwicklung der Schulfähigkeit als »gemeinsame Entwicklungsaufgabe bzw. gemeinsamer Entwicklungsprozess von KiTa, Schule, Kind und Familie, der weit vor dem Schuleintritt beginnt und auch darüber hinaus noch andauert«, angesehen wird (Eckerth & Hanke 2015, 20). Darüber hinaus ist die Perspektive, wie sich die Institutionen auf das Kind einstellen, d.h. wie differenziert und auf die Bedürfnisse des Kindes abgestimmt die Institution Schule für die Aufnahme des Kindes vorbereitet ist, von hoher Relevanz (Pan et al. 2019).

Unter Transitionen können Veränderungsprozesse verstanden werden, in deren Rahmen das Individuum im Kontext seiner Lebenszusammenhänge massive, persönlich bedeutsame Umstrukturierungen auf verschiedenen Ebenen erfährt. Diese regen intensive Lernprozesse an und fließen als bedeutsame biografische Erfahrungen in die Identitätsentwicklung mit ein (Eckerth & Hanke 2015). Das von Griebel und Niesel (2011) entwickelte Transitionsmodell veranschaulicht Transitionen als ko-konstruktiven Prozess.

Durch dieses Modell gelingt es, alle beteiligten Institutionen und Personen in ihren jeweils individuellen Rollen in den Blick zu nehmen und an der Transitionsgestaltung zu beteiligen. In diesem Modell wird die Transition nicht als Kompetenz des einzelnen Kindes, sondern im Zusammenwirken aller Beteiligten, also der »Kompetenz des sozialen Systems« gesehen (Griebel & Niesel 2011, 124). Dabei gilt zu beachten, dass das Kind und die Eltern den Übergang von Kindergarten in die Schule aktiv bewältigen, während die Fachpersonen und das soziale Umfeld auf diesen Prozess Einfluss nehmen bzw. diesen moderieren. Kind und die Eltern gestalten diesen Prozess aktiv ko-konstruktiv mit. In dieser Transitionsphase sollte berücksichtigt werden, dass die Verarbeitung der Entwicklungsauffälligkeit/Behinderung des Kindes eine veränderte Dynamik bekommen kann aufgrund der normativen, gesellschaftlichen und bildungsbezogenen Erwartungen, die ab der Lebensphase des Schulalters an das Kind und die Familie gerichtet werden.

Keßel et al. (2021a) beziehen sich auf das BTHG (insbesondere auf die entsprechenden Änderungen im SGB IX) und betonen, dass Frühförderung – im Sinne der Teilhabe an Bildung – den klaren Auftrag habe, daran mitzuwirken, dass Kinder mit Beeinträchtigungen die Voraussetzungen erlangen sollen, den Übergang von der Kita in die Schule gut zu schaffen. Jedoch muss berücksichtigt werden, dass derzeit die Frühförderung mit dem Eintritt in die Schule endet –

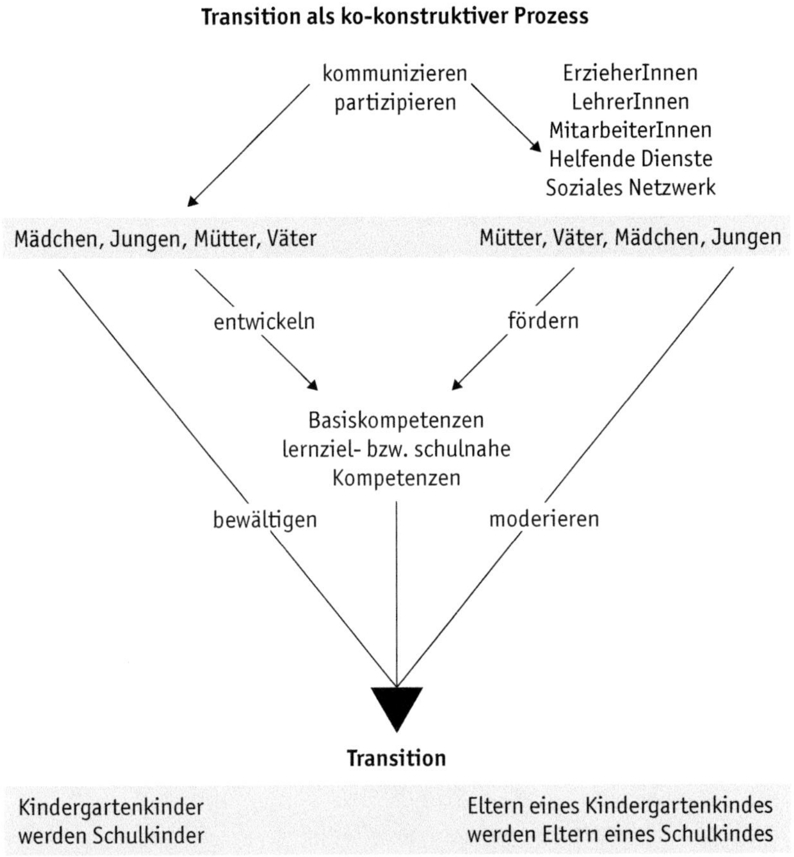

Transition als ko-konstruktiver Prozess

```
                kommunizieren          ErzieherInnen
                partizipieren          LehrerInnen
                                       MitarbeiterInnen
                                       Helfende Dienste
                                       Soziales Netzwerk

Mädchen, Jungen, Mütter, Väter         Mütter, Väter, Mädchen, Jungen

        entwickeln              fördern

                    Basiskompetenzen
                    lernziel- bzw. schulnahe
                    Kompetenzen
        bewältigen              moderieren


                    ▼
                Transition

Kindergartenkinder                     Eltern eines Kindergartenkindes
werden Schulkinder                     werden Eltern eines Schulkindes
```

Abb. 5: Transition als ko-konstruktiver Prozess (Griebel & Niesel 2011, 115)

d.h., es können regelmäßig vorrangig vorbereitende Prozesse mitgestaltet werden, in der Schule selbst können Fachpersonen wie die Lehrkräfte nach Schulbeginn jedoch in der Regel nicht weiter beraten werden. Häufig kommt daher den Eltern allein die Rolle des »Übergangsmanagements« zu (Hennig & Gebhard 2015).

Im Folgenden wird am Fallbeispiel von Max erläutert, wie ein solcher Transitionsprozess aussehen kann:

5 Zusammenarbeit mit den Eltern/Bezugspersonen und Vernetzung

> **Fallbeispiel Max, Kind mit UEMF (jetzt 5;5 Jahre alt), Übergangsprozess in die Schule**
>
> Max ist aktuell 5;5 Jahre alt und wird im nächsten Sommer schulpflichtig. Nach den Sommerferien wird Max in seinem Kindergarten die Vorschulgruppe besuchen und in diesem Rahmen auch bereits seine zukünftige Klassenlehrerin der örtlichen Grundschule kennenlernen. Alle Vorschulkinder kommen einmal wöchentlich in der Kita zusammen und üben grundlegende Fähigkeiten, die für die Schule wichtig sind. Die Lehrerin kann sich von allen Kindern vorab einen ersten Eindruck verschaffen und die Kita oder die Eltern auf eventuelle Auffälligkeiten aufmerksam machen. Auch die Bewegungsangebote im Kindergarten wird Max dann gezielt gemeinsam mit anderen Vorschulkindern wahrnehmen.
>
> Das für Max' Wohnort zuständige Gesundheitsamt lädt alle Familien mit schulpflichtigen Kindern, die zurzeit Frühförderung erhalten, vor der eigentlichen Schuluntersuchung zu einer ausführlicheren Untersuchung ein. An diesem Termin werden die Kinder von einer Amtsärztin begutachtet. Es wird unter anderem ein Testverfahren durchgeführt, bei dem die sprachlichen Fähigkeiten des Kindes und die auditive Merkfähigkeit überprüft werden. Schulrelevante Fähigkeiten werden in allen Bereichen getestet. Es wird sich ca. eine Stunde Zeit genommen und auch die Anliegen der Eltern kommen zur Sprache.
>
> Max und seine Eltern werden im Februar des Jahres der Einschulung zu einer solchen Untersuchung eingeladen. Sie informieren die Frühförderin über diesen Termin. Diese veranlasst, dass nach vorheriger schriftlicher Entbindung von der Schweigepflicht alle aktuellen Verlaufsberichte von Max an das Gesundheitsamt geschickt werden. Gemeinsam mit seinen Eltern nimmt Max diesen Termin wahr. Die Amtsärztin hat sich bereits in die vorhandenen Berichte eingelesen und will sich nun selbst ein Bild machen. Sie stellt Max viele Fragen und er erzählt ihr, dass er sich schon auf die Schule freut. Es werden Max einige Aufgaben gestellt,

5.3 Kooperation und Vernetzung im Sozialraum

in denen er zeigen kann, was er schon alles kann. Nach ca. 30 Minuten ist seine Konzentrationsspanne erschöpft und er kann sich kaum mehr auf die Aufgaben einlassen. Eine noch unreife Handlungsplanung und eine unausgereifte Feinmotorik können hier bestätigt werden.

Nach den Tests darf Max im Wartebereich spielen gehen und Herr und Frau S. werden nach einem kurzen Gespräch ausführlich über ihre unterschiedlichen Möglichkeiten aufgeklärt. Im Rahmen der Inklusion können alle Kinder an einer regulären Grundschule eingeschult werden. Bundeslandspezifisch wird in Betracht gezogen, ob vor der Einschulung ein Feststellungsverfahren in Bezug auf sonderpädagogische Unterstützung eingeleitet wird, weil bereits jetzt von einer Teilhabebeeinträchtigung in Bezug auf die Schule ausgegangen werden kann. Teilweise wird dies auch erst im Verlauf der Schuleingangsphase eingeleitet. Als weitere Möglichkeit wird in Betracht gezogen, dass Max ohne sonderpädagogische Unterstützung eingeschult wird. Eine Einschulung in einer Förderschule mit dem Förderschwerpunkt körperlich-motorische Entwicklung kommt für die Eltern nicht in Frage, sie wünschen sich für Max eine wohnortnahe Beschulung, die seinem bisherigen Sozialraum entspricht. Die nächste Förderschule läge in einer anderen Stadt.

Die Eltern erklären sich noch direkt bei dem Termin damit einverstanden, dass ein sonderpädagogischer Förderbedarf bei Max überprüft werden könne, da sie weiterhin einen hohen Unterstützungsbedarf bei Max sehen und vermuten, dass ihn dies im Umgang mit den neuen schulbezogenen Anforderungen unterstützen kann. Das Gesundheitsamt informiert daraufhin die zuständige Lehrkraft der Förderschule mit dem Förderschwerpunkt körperlich-motorische Entwicklung, die für das für das Feststellungsverfahren des Förderbedarfs zuständig ist. Gleichzeitig wird die Frühförderstelle schriftlich über das Ergebnis informiert. Die Frühförderkraft kann jederzeit von allen beteiligten Personen hinzugezogen werden und steht telefonisch sowie persönlich zu

Gesprächen zur Verfügung. Die zuständige Grundschule wird ebenfalls informiert.

Einige Zeit später bekommt Max in seinem Kindergarten Besuch von Frau P., der sonderpädagogischen Lehrkraft. Sie beobachtet ihn ein paar Stunden im Freispiel und stellt ihm in Einzelsituationen Aufgaben. Auch mit den Erzieher:innen, den Eltern und der Frühförderin sucht sie das Gespräch. Anschließend fertigt sie einen ausführlichen und detaillierten Bericht an. In diesem Gutachten werden der Förderbedarf im Bereich der körperlich-motorischen Entwicklung bestätigt sowie Unterstützungsansätze aufgezeigt. Bei einer Konferenz, an der die Schulleitung der Grundschule, die Klassenlehrerin, die Eltern von Max und auf Wunsch der Eltern die Frühförderkraft teilnehmen, wird dann endgültig und in gegenseitigem Einvernehmen entschieden, dass Max inklusiv beschult wird.

Im Rahmen der Frühförderung wird Max von nun an emotional und kognitiv auf die Schule und die schulischen Anforderungen vorbereitet. In den letzten Wochen vor der Einschulung werden die Frühfördereinheiten leicht reduziert, um den Ablösungsprozess für Max einfacher zu gestalten. Vor der Einschulung wird jedoch noch einmal mit den Eltern und der Kita gemeinsam eine Beratung durchgeführt, um noch anstehende Fragen und Unsicherheiten mit den Eltern zu besprechen. Mit Beendigung der Komplexleistung wird ein ausführlicher Abschlussbericht verfasst, der von den Eltern an die Schule weitergegeben werden kann. In diesem Bericht wird für Max empfohlen, dass er zur Erweiterung und Festigung seiner erlernten Fähigkeiten weiterhin Ergotherapie erhalten und an einer psychomotorisch orientierten Spiel- und Bewegungsgruppe teilnehmen sollte. Vorschläge für die Ergotherapie wären die Förderung der Teilhabe an Spielprozessen und in Lernsituationen, in denen Max bisher die notwendige Konzentrationsspanne fehle (d161 *Aufmerksamkeit fokussieren*). Auch wird empfohlen, die Teilhabe an Schreiblernprozessen (d170 *Schreiben*) im Unterricht gut im Blick zu haben, um gegebenenfalls über eine gezielte Förderung der Stifthaltung (d440 *feinmotorischer Handgebrauch*) und die Auswahl von funktionalen Schreibutensilien (e115 *Produkte und Technologien zum persönlichen Gebrauch im alltäglichen Leben*) einen angepassten Muskeltonus zu fördern und damit vorzeitigem Ermüden vorzubeugen.

Der in diesem Fallbeispiel beschriebene Übergangsprozess stellt einen wünschenswerten, eher idealtypischen, möglichen Ablauf dar. Häufig sind die Ressourcen von Frühförderstellen, gerade in Bezug auf vernetzende Arbeit z.B. im Rahmen der Einschulung und der Untersuchung im Gesundheitsamt, in diesem Umfang nicht vorhanden. Die Gestaltung des Übergangs von der Kita in die Grundschule unter Beteiligung der Frühförderung ist in der Regel ein höchst individueller Prozess von Seiten der Frühförderung, der sehr unterschiedlich – je nach Ressourcen – gestaltet wird. In jüngster Vergangenheit sind hierzu spezifische, regionale Projekte initiiert worden. Diese haben zum Ziel, diese Transitionsphase noch zielgerichteter und qualitativ hochwertiger zu gestalten, z.B. durch Fachwissensvermittlung für die Frühförderfachkräfte bezüglich der Förderung schulischer Vorläuferfähigkeiten in der Frühförderung (u.a. MUTIG-Projekt mit Schwerpunkt Kinder mit Lern- und Verhaltensproblemen [Keßel et al. 2021b]). Ein anderer Schwerpunkt kann eine zeitlich flexiblere, zusätzlich zur regulären Frühförderung stattfindende Begleitung der Transitionsphase durch Fachkräfte der Frühförderung sein (InBiA-Projekt [Dawal et al. 2023], Schulstarthelfer [Hanke & Minkenberg 2022]). Diese Projekte beziehen sich nicht explizit nur auf Kinder mit körperlich-motorischen Beeinträchtigungen – bieten jedoch gute Anhaltspunkte für die Transitionsbegleitung, wie im Folgenden aufgegriffen wird.

Inhaltlich kann es in der Übergangsgestaltung – wenn die beteiligten Fachkräfte einer Kooperation zustimmen und die Eltern mit der Weitergabe von Informationen einverstanden sind – darum gehen,

5 Zusammenarbeit mit den Eltern/Bezugspersonen und Vernetzung

- die Eltern über Schultypen und Schulformen und anschließende Tagesbetreuungsplätze sowie bei der Entscheidungsfindung zu beraten und gegebenenfalls zu Informationsveranstaltungen und Hospitationsmöglichkeiten zu begleiten;
- alle Beteiligten in Bezug auf Ängste, Sorgen, Vorbehalte zu unterstützen;
- weitere Hilfen wie externe Therapien, Schulbegleitung, Nachteilsausgleich und deren Beantragungsmöglichkeiten aufzuzeigen;
- eine Einschätzung der exekutiven Funktionen (höhere mentale und kognitiven Prozesse zur Selbstregulation und zielgerichteten Handlungssteuerung) und schulischen Basiskompetenzen des Kindes vorzunehmen sowie weitere diagnostische Erkenntnisse und Ergebnisse von externen Therapien/und Förderangeboten mit den Lehrkräften zu teilen;
- Unterrichtshospitationen anzubieten, um in der Gestaltung und Differenzierung von Lern- und Bildungsangeboten zu unterstützen und zu beraten;
- Unterstützung bei der Organisation des zukünftigen schulischen Arbeitsplatzes (Licht, Geräusche, Höhenverstellbarkeit, Angepasste Sitzmöglichkeit, Distanz zu Tafel/Medien etc.) und des heimischen Hausaufgabenplatzes des Kindes anzubieten;
- Schulwegplanung und die Beantragung von Transportmitteln bei Mobilitätsbeeinträchtigungen zu besprechen;
- Eltern z. B. auf Lehrergespräche vorzubereiten oder sie zu diesen zu begleiten (Dawal et al. 2023; Hanke & Minkenberg 2022).

Um die Rolle der Informationsweitergabe, Vermittlung und Beratung gut umsetzen zu können, ist es unerlässlich, vernetzt zu arbeiten. Im Projekt »Schulstarthelfer« wird auf das besondere Arbeitsfeld der Vernetzung explizit hingewiesen, verbunden auch mit der Notwendigkeit, hierfür im Arbeitsalltag notwendige zeitliche Ressourcen zur Verfügung gestellt zu bekommen (Hanke & Minkenberg 2022).

5.3.3 Vernetzung im Sozialraum und mit weiteren Institutionen

An dieser Stelle wird eine übergreifende Einordnung der Frühförderung in den Rahmen der Frühen Hilfen vorgenommen. Frühe Hilfen haben das Ziel, alle mit Kindern und ihren Familien befassten Institutionen, Dienste und Personen miteinander zu vernetzen. Daraus soll ein frühzeitiges (bereits ab der Schwangerschaft), flächendeckendes, koordiniertes, multiprofessionelles und kommunal organisiertes Angebot für alle Familien mit Kindern bis zum Alter von 3 Jahren entstehen. Die Angebote der Frühen Hilfen, die in diesem Netzwerk zusammengefasst werden, kommen aus unterschiedlichen Bereichen wie der Kinder- und Jugendhilfe, dem Gesundheitswesen, der Frühförderung und der Schwangerschaftsberatung (Nationales Zentrum Frühe Hilfen o.J.). So beschreibt Weiß (2022, 124) die interdisziplinäre Frühförderung als ein »autonomes System«, das zum Netzwerk Frühe Hilfen gehört.

Frühe Hilfen bieten neben der aktiven Gestaltung dieses Netzwerkes zudem spezielle, vor allem präventive Angebote wie Lotsendienste, Familienhebammen, Beratung und Unterstützung von Ehrenamtlichen etc. an.

Im Sinne des oben genannten Verständnisses von Vernetzung ist es wichtig, dass andere Akteure im Netzwerk Frühe Hilfen wissen, was Frühförderung ist, an wen sie sich richtet und wie Eltern von Kindern mit körperlich-motorischen Beeinträchtigungen diese in Anspruch nehmen können. Umgekehrt ist es ebenso relevant, wichtige Akteure im Sozialraum zu kennen, bei denen die Familie Unterstützung und Anlaufstellen ergänzend zur Frühförderung finden kann. Dazu zählen z.B. Spiel- und Krabbelgruppen, die inklusiv gestaltet sind, oder Elternselbsthilfegruppen z.B. in Bezug auf spezifische Beeinträchtigungen. Aber auch Kenntnis z.B. von Entlastungsangeboten und deren Finanzierung (z.B. Kurzzeitpflege) könnten relevant sein.

Vielfach ist in der Begleitung von Familien mit einem Kind mit motorischen Beeinträchtigungen die direkte Kooperation der Früh-

5 Zusammenarbeit mit den Eltern/Bezugspersonen und Vernetzung

förderung – mindestens auf der Ebene des Informationsaustauschs – mit weiteren zum Teil hoch spezialisierten Institutionen und Fachpersonen sinnvoll, um der Komplexität der Lebenswirklichkeit des Kindes gerecht zu werden. Hierzu zählen Sozialpädiatrische Zentren, kinderneurologische oder kinderorthopädische Kliniken, Hilfsmittelhersteller, Sanitätshäuser mit Orthopädietechnik etc. Es ist sinnvoll, hier einen guten Informationstransfer und gemeinsame Absprachen zu ermöglichen, damit den Eltern keine zusätzlichen Belastungen (z.B. durch mehrfache Diagnostik eines Entwicklungsbereichs in einem Entwicklungszeitraum) entstehen. Ein ICF-orientierter Fachaustausch bietet hier die Grundlage für eine gemeinsame Verständigung unter Einbezug der Eltern, um die Familie mit ihrem Kind und ihren aktuellen Wünschen und Bedürfnissen in das Zentrum zu stellen.

6 Schlussbetrachtung

Die Frühförderung entwickelt sich kontinuierlich fachlich und konzeptionell weiter. Kinder mit motorischen Beeinträchtigungen und ihre Familien werden in einem interdisziplinären Netzwerk von verschiedenen Institutionen (SPZs, Frühförderstellen, Kinderneurologische Kliniken, niedergelassene therapeutische Praxen) und verschiedenen Fachdisziplinen begleitet. Allen gemeinsam sollte der aktuellen Bundesgesetzgebung zur Sicherung der Teilhabe folgend sein, dass sich die Förderung, Begleitung, Beratung und Unterstützung an den Wünschen und Bedürfnissen der Kinder und ihrer Familien zu orientieren hat und das Ziel der Förderung die Ermöglichung und Sicherung der gesellschaftlichen Teilhabe und Inklusion ist. Eine Orientierung an dem bio-psycho-sozialen Wechselwirkungsmodell der ICF kann für eine disziplinenübergreifende Verständigung sorgen. Dabei muss immer auch der Blick nach vorne gerichtet werden – denn die Frühförderung unterstützt Familien bis maximal zum Schuleintritt des Kindes. Frühförderung sollte Transitionsprozesse in andere Systeme und Bildungseinrichtungen (Kita, Grundschule) mitgestalten und ihre fachliche Expertise nachhaltig einbringen.

Verzeichnisse

Literaturverzeichnis

Abel, C. (2022): Hands-on vs. Hands-off. In: Ackermann, W., Stuhlfelder, U. (Hrsg.): Physiotherapie in der Pädiatrie. Georg Thieme Verlag, Stuttgart, 157–160.

Achenbach, T. (2000): Child Behavior Checklist 1 ½–5. Deutsche Fassung.

Ackermann, W. & Stuhlfelder, U. (Hrsg.) (2022): Physiotherapie in der Pädiatrie. Georg Thieme Verlag, Stuttgart.

Aksu, F. (2011): Neuropädiatrie. 4. Aufl. UNI-MED-Verl., Bremen.

American Psychiatric Association (2015): Diagnostisches und statistisches Manual psychischer Störungen. DSM-5®. Hogrefe, Göttingen.

Ayres, A. J. & Soechting, E. (2013): Bausteine der kindlichen Entwicklung. Sensorische Integration verstehen und anwenden. 5. Aufl. Springer, Berlin, http://dx.doi.org/10.1007/978-3-642-30177-3.

Ayres, A. J. (2002): Bausteine der kindlichen Entwicklung: Die Bedeutung der Integration der Sinne für die Entwicklung des Kindes. Störungen erkennen und verstehen, ganzheitliche Frühförderung und Therapie, praktische Hilfe für Eltern. 4. Aufl. Springer, Berlin u. a.

Balz, H.-J. & Spieß, E. (2009): Kooperation in sozialen Organisationen. Grundlagen und Instrumente der Teamarbeit. Kohlhammer, Stuttgart.

Bauer, J. & Burrmann, U. (2009): Motorische Entwicklung in sozialen Kontexten. In: Baur, J., Bös, K., Conzelmann, A., Singer, R. (Hrsg.): Handbuch Motorische Entwicklung. Hofmann, Schorndorf, 87–112.

Baumann, T. & Dierauer, S., Meyer-Heim, A. (Hrsg.) (2018): Zerebralparese. Georg Thieme Verlag, Stuttgart.

Bax, M., Goldstein, M., Rosenbaum, P., Leviton, A., Paneth, N., Dan, B., Jacobsson, B. & Damiano, D. (2005): Proposed definition and classification of cerebral palsy, April 2005. Developmental Medicine & Child Neurology 47 (8), 571–576, http://dx.doi.org/10.1017/S001216220500112X.

Bedell, G. (2011): CASP. In: http://sites.tufts.edu/garybedell/files/2012/07/CASP-Administration-Scoring-Guidelines-8-19-11.pdf, 02.02.2023.

Bedell, G. (2009): Further validation of the Child and Adolescent Scale of Participation (CASP). Developmental neurorehabilitation 12 (5), 342–351, http://dx.doi.org/10.3109/17518420903087277.

Behrens, M. & Fischer, K. (2011): Bewegung und Mobilität für Kinder mit schwerer und mehrfacher Behinderung. In: Schwere und mehrfache Behinderung – interdisziplinär. Athena, Oberhausen, 255–271.

Bendixen, R. M., Lott, D. J., Senesac, C., Mathur, S. & Vandenborne, K. (2014): Participation in daily life activities and its relationship to strength and functional measures in boys with Duchenne muscular dystrophy. Disability and Rehabilitation 36 (22), 1918–1923, http://dx.doi.org/10.3109/09638288.2014.883444.

Bergeest, H. & Boenisch, J. (2019): Körperbehindertenpädagogik. Grundlagen – Förderung – Inklusion. 6. Aufl. Verlag Julius Klinkhardt; UTB, Bad Heilbrunn/Stuttgart, http://dx.doi.org/10.36198/9783838551548.

Berk, L. E. & Aralikatti, E. (2011): Entwicklungspsychologie. 3. Aufl. Pearson Studium, München.

Biringen, Z., Emde, R. N., Campo, J. J. & Appelbaum, A. (2008): Development of autonomy: role of walking onset and its timing. Perceptual and motor skills 106 (2), 395–414, http://dx.doi.org/10.2466/pms.106.2.395-414.

Bischofberger, W. & Affolter, F. (2014): Von der Wurzel zu den Ästen – Teil I. Gespürtes Wirken in der Wirklichkeit. Neckar-Verlag, Villingen-Schwenningen.

Blank, R. & Vinçon, S. (2020): Deutsch-österreichisch-schweizerische (DACH) Versorgungsleitlinie zu Definition, Diagnostik, Behandlung und psychosozialen Aspekten bei Umschriebenen Entwicklungsstörungen motorischer Funktionen (UEMF), Langfassung.

Blank, R. (2012): Umschriebene Entwicklungsstörungen motorischer Funktionen. Definition, Diagnose, Ätiologie, Verlauf. Kinderärztliche Praxis 83 (1), 14–18.

Blischke, K. (2010): Entwickung der Haltungskontrolle. In: Schott, N. & Munzert, J. (Hrsg.): Lehrbuch Motorische Entwicklung und ihre Anwendung. Hogrefe, Göttingen, 30–48.

Bock, F. de, Bosle, C., Graef, C., Oepen, J., Philippi, H. & Urschitz, M. S. (2019): Measuring social participation in children with chronic health conditions: validation and reference values of the child and adolescent scale of participation (CASP) in the German context. BMC pediatrics 19 (1), 125, http://dx.doi.org/10.1186/s12887-019-1495-6.

Borke, J., Lamm, B. & Schröder, L. (2019): Kultursensitive Entwicklungspsychologie (0–6 Jahre). Grundlagen und Praxis für pädagogische Arbeitsfelder. Vandenhoeck & Ruprecht, Göttingen.

Bott, H. (2015): Entwicklung und Diagnostik motorischer Funktionen im Vorschulalter. In: Esser, G., Hasselhorn, M. & Schneider, W. (Hrsg.): Diagnostik im

Vorschulalter. Tests und Trends Neue Folge Band 13. Hogrefe, Göttingen, 57–78.

Breithecker, D. (2001): Bewegte Schule. Vom statischen Sitzen zum lebendigen Lernen. In: Zimmer & R., Hunger, I. (Hrsg.): Kindheit in Bewegung. Kongress, der vom 23. bis 25. März 2000 in Osnabrück stattfand. Hofmann, Schorndorf, 208–215.

Brendel-Geißler, A. (2005): Entstehung. In: Arbeitsgemeinschaft Spina bifida und Hypdrocephalus e.V. (Hrsg.): Okkulte spinale Dyraphie. Eigenverlag, Dortmund.

Brocke, H. (2003): Soziale Arbeit als Koproduktion. In: https://www.stiftung-spi.de/fileadmin/user_upload/Dokumente/veroeffentlichungen/Urban_Governance_Zivilgesellschaft/brocke_beitrag_dji.pdf, 18.9.2023.

Bronfenbrenner, U., Lüscher, K. & Cranach, A. v. (Hrsg.) (1981): Die Ökologie der menschlichen Entwicklung. Natürliche und geplante Experimente. 1. Aufl. Sozialwissenschaften. Klett-Cotta, Stuttgart.

Bruininks, R. H. & Bruininks, B. D. (2014): Bruininks-Oseretzky Test of Motor Proficiency – Second Edition. Deutsche Adaptation (BOT-2 (VMS)). Pearson, München.

Bünder, P., Sirringhaus-Bünder, A., Helfer, A. & Schlippe, A. von (2022): Lehrbuch der MarteMeo-Methode. Entwicklungsförderung mit Videounterstützung. 5. Aufl. Vandenhoeck & Ruprecht, Göttingen.

Bundschuh, K. (2010): Einführung in die sonderpädagogische Diagnostik. UTB für Wissenschaft Uni-Taschenbücher Sonderpädagogik, pädagogische Psychologie. 7. Aufl. Ernst Reinhardt, München.

Burgener Woeffray, A. (2014): Verfahren zur Früherkennung entwicklungsgefährdeter Kinder bis 6 Jahre und zur Ermittlung ihres Unterstützungsbedarfs (FegK 0–6). HfH-Reihe Bd. 34. Edition SZH/CSPS, Bern.

Cairney, J., Hay, J. A., Veldhuizen, S., Missiuna, C. & Faught, B. E. (2010): Developmental coordination disorder, sex, and activity deficit over time: a longitudinal analysis of participation trajectories in children with and without coordination difficulties. Developmental Medicine and Child Neurology 52 (3), 67–72, http://dx.doi.org/10.1111/j.1469-8749.2009.03520.x

Carpenter, H. (2020): The Transferability of Goal Attainment Scaling (GAS) for Child Life Specialists Working in Pediatric Rehabilitation: A Critical Review of the Literature. The Journal of Child Life: Psychosocial Theory and Practice 1 (2), 33–46.

Cavallo, S., Feldman, D. E., Swaine, B. & Meshefedjian, G. (2009): Is parental coping associated with the level of function in children with physical disabilities?

Child: care, health and development 35 (1), 33–40, http://dx.doi.org/10.1111/j.1365-2214.2008.00884.x.

Cermak, S., Gubbay, S. & Larkin, D. (2002): What Is Developmental Coordination Disorder? In: Cermak, S. A. & Larkin, D. (Hrsg.): Developmental coordination disorder, 2–22

Cherng, R.-J., Liu, C.-F., Lau, T.-W. & Hong, R.-B. (2007): Effect of treadmill training with body weight support on gait and gross motor function in children with spastic cerebral palsy. American journal of physical medicine & rehabilitation 86 (7), 548–555, http://dx.doi.org/10.1097/PHM.0b013e31806dc302.

Chien, C.-W., Rodger, S., Copley, J. & McLaren, C. (2014): Measures of participation outcomes related to hand use for 2- to 12-year-old children with disabilities: a systematic review. Child: care, health and development 40 (4), 458–471, http://dx.doi.org/10.1111/cch.12037.

Coster, W., Law, M. & Bedell, G. (2010): PEM-CY. In: https://canchild.ca/en/shop/2-pem-cy-participation-and-environment-measure-children-and-youth, 02.02.2023.

Cummins, A., Piek, J. P. & Dyck, M. J. (2005): Motor coordination, empathy, and social behaviour in school-aged children. Developmental Medicine & Child Neurology 47 (7), 437–442, http://dx.doi.org/10.1111/j.1469-8749.2005.tb01168.x.

Damiano, D. L. (2006): Activity, activity, activity: rethinking our physical therapy approach to cerebral palsy. Physical Therapy 86 (11), 1534–1540, http://dx.doi.org/10.2522/ptj.20050397.

Daut, V. (2010): Zur Notwendigkeit der Entwicklung beruflicher Bildungsangebote für Menschen mit progredienten Erkrankungen. In: Daut, V. (Hrsg.): Teilhabe und Partizipation verwirklichen. Neue Aspekte der Vorbereitung auf die nachschulische Lebenssituation körper- und mehrfachbehinderter Menschen. Athena, Oberhausen, 26–38.

Daut, V. (2002): Besonderheiten im Unterricht mit progredient kranken Kindern und Jugendlichen. In: Boenisch, J. (Hrsg.): Didaktik des Unterrichts mit körperbehinderten Kindern. Kohlhammer, Stuttgart, 63–74.

Dawal, B., Henrichwark, C. & Jansen, M. (2023): Inklusive Bildung von Anfang an (InBiA) – eine qualitative Analyse der kooperativen Übergangsgestaltung zwischen Eltern, Kindertageseinrichtung, Frühförderung und Grundschule. Frühförderung interdisziplinär 42 (2), 66–80.

Deffner, C., Quante, S. & Walk, L. (2017): Exekutive Funktionen und Psychomotorik. Stärkung der Selbstregulationsfähigkeit aus neurowissenschaftlicher Sicht. motorik 40 (4), 189–196.

Dempsey, I. & Keen, D. (2008): A Review of Processes and Outcomes in Family-Centered Services for Children With a Disability. Topics in Early Childhood Special Education 28 (1), 42–52, http://dx.doi.org/10.1177/0271121408316699.

Dewey, D., Kaplan, B. J., Crawford, S. G. & Wilson, B. N. (2002): Developmental coordination disorder: Associated problems in attention, learning, and psychosocial adjustment. Human Movement Science 21 (5–6), 905–918, http://dx.doi.org/10.1016/S0167-9457(02)00163-X.

Di Rezze, B., Law, M., Eva, K., Pollock, N. & Gorter, J. W. (2013): Development of a generic fidelity measure for rehabilitation intervention research for children with physical disabilities. Developmental medicine and child neurology 55 (8), 737–744, http://dx.doi.org/10.1111/dmcn.12114.

DIMDI (2015): ICD-10-GM. In: http://www.dimdi.de/static/de/klassi/icd-10-gm/index.htm, 31.03.2015.

Döderlein, L. (2015): Infantile Zerebralparese. Diagnostik, konservative und operative Therapie. 2. Aufl. Springer.

Döpfner, M., Berner, W., Breuer, D., Fleischmann, T. & Schmidt, M. (2018): Verhaltensbeurteilungsbogen für Vorschulkinder (VBV). 2. Aufl. Hogrefe, Göttingen.

Dreier, S. (2003): Prinzipien und Terminologie im Bobath-Konzept. In: Steding-Albrecht, U. (Hrsg.): Das Bobath-Konzept im Alltag des Kindes. Thieme, Stuttgart, 9–11.

Dunitz-Scheer, M., Scheer, P. & Stadler, B. (2003): Interaktionsdiagnostik: Versuch einer Objektivierung einer subjektiven Welt. In: Keller, H. (Hrsg.): Handbuch der Kleinkindforschung. Hans Huber, Bern u. a., 1125–1151.

Eckerth, M. & Hanke, P. (2015): Übergänge ressourcenorientiert gestalten: Von der KiTa in die Grundschule. Kohlhammer, Stuttgart.

Eliasson, A.-C., Krumlinde-Sundholm, L., Rösblad, B., Beckung, E., Arner, M., Ohrvall, A.-M. & Rosenbaum, P. (2006): The Manual Ability Classification System (MACS) for children with cerebral palsy: scale development and evidence of validity and reliability. Developmental Medicine & Child Neurology 48 (7), 549–554, http://dx.doi.org/10.1017/S0012162206001162.

Engeln, S., Esther, C., Hüttmann, G., Mieth, K., Simon, L. & Ziegler, G. (2020): Qualitätsstandards für interdisziplinäre Frühförderstellen in Deutschland. 3. Aufl.

Esser, G. & Wyschkon, A. (2016): Basisdiagnostik Umschriebener Entwicklungsstörungen im Vorschulalter – Version III (BUEVA III). Hogrefe, Göttingen.

Esser, G. & Petermann, F. (2010): Entwicklungsdiagnostik. Hogrefe, Göttingen.

Faßnacht, G. (1995): Systematische Verhaltensbeobachtung. Eine Einführung in die Methodologie und Praxis. 2. Aufl. Ernst Reinhardt, München.

Ferguson, G. D., Jelsma, J., Versfeld, P. & Smits-Engelsman, B. C. M. (2014): Using the ICF Framework to Explore the Multiple Interacting Factors Associated with Developmental Coordination Disorder. Current Developmental Disorders Reports 1 (2), 86–101, http://dx.doi.org/10.1007/s40474-014-0013-7.

Fischer, K. (2019): Einführung in die Psychomotorik. 4. Aufl. Ernst Reinhardt; UTB, München/Stuttgart.

Fischer, K. (2016): Bewegung als Medium der Entwicklungsförderung. In: Fischer, K., Hölter, G., Beudels, W., Jasmund, C., Krus, A. & Kuhlenkamp, S. (Hrsg.): Bewegung in der frühen Kindheit. Fachanalyse und Ergebnisse zur Aus- und Weiterbildung von Fach- und Lehrkräften. Springer VS, Wiesbaden, 75–78.

Fischer, K. (2009): Einführung in die Psychomotorik. 3. Aufl. Ernst Reinhardt; UTB, München/Stuttgart.

Flehmig, I., Schloon, M., Uhde, J. & Bernuth, H. (1973): Denver Entwicklungsskalen (DES). Harburger Spastikerverein, Hamburg.

Friedhoff, M. & Schieberle, D. (2014): Bobath-Konzept in der Praxis. Grundlagen – Handling – Fallbeispiele. Pflegepraxis. 3. Aufl. Thieme, Stuttgart/New York.

Fries, M., Behringer, L. & Ziegenhain, U. (2005): Beziehungs- und bindungsorientierte Intervention in der Frühförderung am Beispiel der Entwicklungspsychologischen Beratung. Frühförderung interdisziplinär 24 (3), 115–123.

Gebhard, B. (2014): Video-Interaktions-Begleitung zur Reflexion und Erweiterung des professionellen Handelns in der psychomotorischen Förderung. motorik 37 (3), 114–120.

Gebhard, B. & Kuhlenkamp, S. (2012): Psychomotorik in der Frühförderung. Überlegungen aus den Perspektiven Wirksamkeit und Inklusion. In: Gebhard, B., Hennig, B. & Leyendecker, C. (Hrsg.): Interdisziplinäre Frühförderung. Exklusiv – kooperativ – inklusiv. Kohlhammer, Stuttgart, 219–225.

Gingelmaier, S., Schwarzer, N.-H. & Schiefele, C. (2020): Sozial-emotionale Bedeutungen des Spiels in der frühen Kindheit. Ein hoch aktuelles Plädoyer für das Spiel als zeitlos-grundlegenden Zugang zum Kind. Frühförderung interdisziplinär 39 (2), 63–72, http://dx.doi.org/10.2378/fi2020.art06d.

Götsch, K. (2015a): Bezugswissenschaften und Bezugsrahmen der Ergotherapie. In: Scheepers, C., Steding-Albrecht, U., Jehn, P. & Berting-Hüneke, C. (Hrsg.): Ergotherapie. Vom Behandeln zum Handeln; Lehrbuch für die theoretische und praktische Ausbildung. 5. Aufl. Thieme, Stuttgart, 56–64.

Götsch, K. (2015b): Definition, Systematik und Wisenschaft der Ergotherapie. In: Scheepers, C., Steding-Albrecht, U., Jehn, P. & Berting-Hüneke, C. (Hrsg.): Ergotherapie. Vom Behandeln zum Handeln; Lehrbuch für die theoretische und praktische Ausbildung. 5. Aufl. Ergotherapie. Thieme, Stuttgart, 2–9.

Grafmüller-Hell, C. (2008): Das Konzept heute. In: Viebrock, H. & Forst, B. (Hrsg.): Therapiekonzepte in der Physiotherapie: Bobath. Thieme, Stuttgart, 24–51.

Griebel, W. & Niesel, R. (2011): Übergänge verstehen und begleiten. Transitionen in der Bildungslaufbahn von Kindern. Frühe Kindheit Ausbildung & Studium. Verlag an der Ruhr; Cornelsen, Mühlheim an der Ruhr/Berlin.

Grosche, M., Fußangel, K. & Gräsel, C. (2020): Kokonstruktive Kooperation zwischen Lehrkräften. Aktualisierung und Erweiterung der Kokonstruktionstheorie sowie deren Anwendung am Beispiel schulischer Inklusion. Zeitschrift für Pädagogik 66 (4), 461–479, http://dx.doi.org/10.3262/ZP2004461.

Grupe, O. (1976): Was ist und was bedeutet Bewegung? In: Hahn, E. & Preising, W. (Hrsg.): Die menschliche Bewegung. Human movement; Bericht des wissenschaftlichen Kongresses der 6. Gymnaestrada Berlin vom 29. Juni bis 1. Juli 1975. Hofmann, Schorndorf, 3–19.

Haag, A. & Morena, C. (2021): Paula und die Zauberschuhe. Ein Bilderbuch über ein Kind mit einer körperlichen Behinderung. 3. Aufl. Mabuse-Verlag, Frankfurt am Main.

Haas, R. (2017): Eine andere Praxis mit Embodiment? Bestätigung oder Veränderung der psychomotorischen Praxis. motorik 40 (3), 114–117, http://dx.doi.org/10.2378/motorik2017.art19d.

Hachmeister, B. (2006): Psychomotorik bei Kindern mit Körperbehinderungen. Entwicklung und Förderung. 2. Aufl. Ernst Reinhardt, München.

Hackenberg, W. (1992): Abwehr und Bewältigung in der Auseinandersetzung mit Behinderung. Frühförderung interdisziplinär 11, 97–107.

Haley, S. M., Coster, W. J., Ludlow, L. H., Haltiwanger, J. & Andrellos, P. (2014): PEDI-D (Pediatric Evaluation of Disability Inventory). Assessment zur Erfassung von Aktivitäten des täglichen Lebens bei Kindern mit und ohne Beeinträchtigung. Edition Vita Activa. Schulz-Kirchner, Idstein.

Hanke, N. & Minkenberg, P. (2022): Aus der Praxis: Schulstarthelfer. Von der Frühförderung in die Schule – Fortsetzung des Projekts der Interdisziplinären Frühförderung der Lebenshilfe im Nürnberger Land e.V. Frühförderung interdisziplinär 41 (2), 89–95, http://dx.doi.org/10.2378/fi2022.art11d.

Harrowell, I., Hollén, L., Lingam, R. & Emond, A. (2017): Mental health outcomes of developmental coordination disorder in late adolescence. Developmental Medicine and Child Neurology 59 (9), 973–979, http://dx.doi.org/10.1111/dmcn.13469.

Hasselhorn, M. & Margraf-Stiksrud, J. (2012): TBS-TK Rezension. Psychologische Rundschau 63 (2), 141–143, http://dx.doi.org/10.1026/0033-3042/a000120.

Hauser, B. (2021): Spiel in Kindheit und Jugend: Der natürliche Modus des Lernens. UTB, Stuttgart.

Haywood, K. M. & Getchell, N. (2001): Life span motor development. Human Kinetics, Champaign.

Hegner, K. (2015): Tests und Screenings. ET 6-6-R. (Entwicklungstest für Kinder von 6 Monaten bis 6 Jahren – Revision). Frühförderung interdisziplinär 34 (3), 177, http://dx.doi.org/10.2378/fi2015.art22d.

Heimlich, U. (2015): Einführung in die Spielpädagogik. 3. Aufl. Klinkhardt; UTB, Bad Heilbrunn/Stuttgart, http://dx.doi.org/10.36198/9783838541990.

Held, L., Höck, S., Thurmair, M., Wolf, H.-G. (2010): Fragen zur Lage – Systemanalyse Interdisziplinäre Frühförderung in Bayern (FranzL), München.

Hengelmolen-Greb, A. (2020): SHAPING Ein methodischer (Lern-)Ansatz im Bobath-Konzept. Bewegung und Entwicklung 43, 31–46.

Hennig, B. & Gebhard, B. (2015): Herausforderungen der schulischen Re-Integration nach einem Schädel-Hirn-Trauma: Eine Qualitative Befragung von Schülern, Eltern und Lehrern zur Gestaltung des Übergangs von der Rehaklinik ins Regelschulsystem. Empirische Sonderpädagogik 7 (2), 135–152, http://dx.doi.org/10.25656/01:10867.

Hess, M. (2021): Psychodynamik und psychologische Unterstützung. In: Strobl, W. M. (Hrsg.): Neuroorthopädie – Disability Management. Multiprofessionelle Teamarbeit und Interdisziplinäres Denken. Springer, Berlin, 323–330.

Hollenweger, J., Kraus de Camargo, O. A. (Hrsg.) (2019): ICF-CY. Internationale Klassifikation der Funktionsfähigkeit, Behinderung und Gesundheit bei Kindern und Jugendlichen. 2. Aufl. hogrefe, Göttingen.

Homes, K. & Sydow, K. von (2019): Familie im Blick? – Standardisierte Familiendiagnostik an Sozialpädiatrischen Zentren (SPZ). Praxis der Kinderpsychologie und Kinderpsychiatrie 68 (5), 402–418, http://dx.doi.org/10.13109/prkk.2019.68.5.402.

Hoßfeld, R. (2018): Das Neue Denkmodell der Physiotherapie. In: Höppner, H. & Richter, R. (Hrsg.): Theorie und Modelle der Physiotherapie. Ein Handbuch. Georg Thieme Verlag, Stuttgart, 115–139.

Huber, C. (2000): Sonderpädagogische Diagnostik im Spannungsfeld traditioneller und gegenwärtiger Sichtweisen. Ergebnisse und kritische Reflexion einer Praxisuntersuchung an Schulen für Körperbehinderte. Zeitschrift für Heilpädagogik 51 (10), 411–416.

Hubert, A. (2022): Spina bifida. In: Ackermann, W. & Stuhlfelder, U. (Hrsg.): Physiotherapie in der Pädiatrie. Georg Thieme Verlag, Stuttgart, 289–305.

Hülshoff, T. (2010): Medizinische Grundlagen der Heilpädagogik. 2. Aufl. Ernst Reinhardt, München.

Hüter-Becker, A. (2000): Der Paradigmenwechsel in der Physiotherapie und das Bobath-Konzept. Krankengymnastik 52 (2), 277–282.

Imms, C., Granlund, M., Wilson, P. H., Steenbergen, B., Rosenbaum, P. L. & Gordon, A. M. (2017): Participation, both a means and an end. A conceptual analysis of processes and outcomes in childhood disability. Developmental Medicine and Child Neurology 59 (1), 16–25, http://dx.doi.org/10.1111/dmcn.13237.

Irblich, D. (2016): Testrezension BOT-2. Praxis der Kinderpsychologie und Kinderpsychiatrie 65, 144–154.

Irmler, M. & Gebhard, B. (2016): Psychomotorische Entwicklungsförderung und Familienbegleitung für Kinder mit chronischen und progredienten Erkrankungen. In: Gebhard, B., Seidel, A., Sohns, A. & Möller-Dreischer, S. (Hrsg.): Frühförderung mittendrin – in Familie und Gesellschaft. 1. Aufl. Kohlhammer, Stuttgart, 305–313.

Irmler, M. (2015): Psychomotorisch orientierte Körper- und Selbstkonzeptförderung von Jungen mit Duchenne Muskeldystrophie. Einzelfallanalysen im Multiple Baseline Design, online.

Jahn, A. (2022): Hilfsmittel. In: Ackermann, W. & Stuhlfelder, U. (Hrsg.): Physiotherapie in der Pädiatrie. Georg Thieme Verlag, Stuttgart, 114–121.

Jaščenoka, J. & Petermann, F. (2018): Umschriebene motorische Entwicklungsstörungen (UEMF). Kindheit und Entwicklung 27 (1), 14–30, http://dx.doi.org/10.1026/0942-5403/a000241.

Jenni, O. (2021): Die kindliche Entwicklung verstehen. Praxiswissen über Phasen und Störungen. Springer, Berlin. http://dx.doi.org/10.1007/978-3-662-62448-7.

Junglas, H. & Simon, A. (2020): Der SON-R 2 ½-7 adaptiert für Menschen mit körperlich-motorischen Beeinträchtigungen. Lernen konkret 39 (1), 36–38.

Karch, D. (2001): Aktuelle Konzepte zur motorischen Entwicklung und motorischen Kontrolle. In: Aksu, F. (Hrsg.): Aktuelle Neuropädiatrie. Novartis Pharma, Nürnberg, 691–699.

Kastner, J. & Petermann, F. (2009): Entwicklungsbedingte Koordinationsstörung. Psychologische Rundschau 60 (2), 73–81, http://dx.doi.org/10.1026/0033-3042.60.2.73.

Keller, H. (2011): Kinderalltag. Kulturen der Kindheit und ihre Bedeutung für Bindung, Bildung und Erziehung. Springer, Berlin.

Kennedy-Behr, A., Wilson, B. N., Rodger, S. & Mickan, S. (2013): Cross-cultural adaptation of the developmental coordination disorder questionnaire 2007 for German-speaking countries: DCDQ-G. Neuropediatrics 44 (5), 245–251, http://dx.doi.org/10.1055/s-0033-1347936.

Keßel, P. (2014): Prinzipien psychomotorischer Entwicklungsförderung. Überlegungen für die fachschulische Erzieherausbildung. motorik 37 (1), 23–27, http://dx.doi.org/10.2378/mot2014.art05d.

Keßel, S., Grüber-Stankowski, C., Hegerath, H., Hammes-Schmitz, E. & Hanisch, C. (2021a): Frühförderung als Moderatorin des Übergangs in die inklusive Grundschule von Kindern mit Frühförderbedarf. MuTig: Multiprofessionell Transition Gestalten. In: Gebhard, B., Simon, L., Ziemen, K., Opp, G. & Groß-Kunkel, A. (Hrsg.): Transitionen. Übergänge in der Frühförderung gestalten. Schulz-Kirchner Verlag, Idstein, 26–32.

Keßel, S., Rathgeber, H., Balters, L., Nawab, L. & Grüber-Stankowski, C. (2021b): Originalarbeit: MuTig – Multiprofessionell Transition gestalten. Schulbereitschaft von Kindern mit Lern- und Verhaltensproblemen gezielt fördern. Frühförderung interdisziplinär 41 (1), 4–17, http://dx.doi.org/10.2378/fi2022.art01d.

Ketelaar, M., Vermeer, A. & Helders, P. J. (1998): Functional motor abilities of children with cerebral palsy: a systematic literature review of assessment measures. Clinical rehabilitation 12 (5), 369–380, http://dx.doi.org/10.1191/026921598673571117.

Khetani, M., Coster, W., Law, M. & Bedell, G. (2013): YC-PEM. In: https://www.canchild.ca/en/resources/228-the-participation-and-environment-measure-for-children-and-youth-pem-cy-an-innovative-measure-for-home-school-and-community, 11.3.2023.

Kindernetzwerk e.V. (2015): Familie im Fokus. Die Lebens- und Versorgungssituation von Familien mit chronisch kranken und behinderten Kindern in Deutschland. In: https://aok-bv.de/imperia/md/aokbv/hintergrund/dossier/selbsthilfe/33selbsthilfestudie_web.pdf, 11.01.2023.

Kiphard, E. J. (1979): Psychomotorik als Prävention und Rehabilitation. Flöttmann, Gütersloh.

Kohleis, K., Storck, M., Geissler-Preuss, S., Hirsch, A., Kuhn, F. D., Ortfeld, S., Rapp, M. & Bode, H. (2019): Risikofaktoren für psychische Auffälligkeiten von Kindern und Jugendlichen mit Infantiler Zerebralparese und Spina bifida. Klinische Padiatrie 231 (1), 28–34, http://dx.doi.org/10.1055/a-0664-0832.

Kraus de Camargo, O., Simon, L. & Rosenbaum, P. L. (2019): Die ICF–CY in der Praxis. 2. Aufl. Hogrefe, vorm. Huber, Bern.

Kraus de Camargo, O. & Simon, L. (2015): Die ICF-CY in der Praxis. Huber, Bern.

Krause, M. P. (2002): Gesprächspsychotherapie und Beratung mit Eltern behinderter Kinder. Ernst Reinhardt Verlag, München.

Krause, M. P. & Petermann, F. (1997): SOEBEK Soziale Orientierungen von Eltern behinderter Kinder. Hogrefe, Göttingen.

Kreher, H. (2022): Inklusion in Kindertageseinrichtungen als gemeinsamer Entwicklungsprozess: Erfahrungen, Chancen und Grenzen der Kooperation mit der Frühförderung. unver.

Krenz, A. (2010): Das Spiel ist der Beruf jedes Kindes! Das kindliche Spiel als Selbsterfahrungsfeld und Bildungsmittelpunkt für Kinder. In: https://www.kindergartenpaedagogik.de/fachartikel/freispiel-spiele/2100/, 31.12.2022.

Krieger, B., Schulze, C., Boyd, J., Amann, R., Piškur, B., Beurskens, A., Teplicky, R. & Moser, A. (2020): Cross-cultural adaptation of the Participation and Environment Measure for Children and Youth (PEM-CY) into German: a qualitative study in three countries. BMC pediatrics 20 (1), 492, http://dx.doi.org/10.1186/s12887-020-02343-y.

Krieger, B., Ederer, F., Amann, R., Morgenthaler, T., Schulze, C., Dawal, B. (2024): Translation and cross-cultural adaptation of the young children participation and environment measure for its use in Austria, Germany, and Switzerland. Frontiers in Pediatrics 11, http://dx.doi.org/10.3389/fped.2023.1258377

Kron, M. (2016): Außerfamiliär, inklusiv, partizipativ – Frühförderung im Kontext aktueller Entwicklungen in der Kindertagesbetreuung. In: Gebhard, B., Seidel, A., Sohns, A. & Möller-Dreischer, S. (Hrsg.): Frühförderung mittendrin – in Familie und Gesellschaft. Kohlhammer, Stuttgart, 153–161.

Kruijsen-Terpstra, A. J. A., Ellens, M., Ketelaar, M., Verschuren, O., Di Rezze, B., Gorter, J. W., Visser-Meily, A. M. A. & Jongmans, M. J. (2016): Child-Focused and Context-Focused Behaviors of Physical and Occupational Therapists during Treatment of Young Children with Cerebral Palsy. Physical & occupational therapy in pediatrics 36 (4), 363–375, http://dx.doi.org/10.1080/01942638.2016.1202877.

Krumlinde-Sundholm, L. & Eliasson, A.-C. (2003): Development of the Assisting Hand Assessment: A Rasch-built Measure intended for Children with Unilateral Upper Limb Impairments. Scandinavian Journal of Occupational Therapy 10 (1), 16–26, http://dx.doi.org/10.1080/11038120310004529.

Krus, A. (2015a): Entwicklungslinien der Psychomotorik. In: Krus, A. & Jasmund, C. (Hrsg.): Psychomotorik in sozialpädagogischen Arbeitsfeldern. 1. Aufl. Kohlhammer, Stuttgart, 15–35.

Krus, A. (2015b): Methodisch-didaktische Prinzipien professionellen psychomotorischen Handelns. In: Krus, A. & Jasmund, C. (Hrsg.): Psychomotorik in sozialpädagogischen Arbeitsfeldern. Kohlhammer, Stuttgart, 57–64.

Krus, A. (2015c): Psychomotorik – Gegenstandsbestimmung. In: Krus, A. & Jasmund, C. (Hrsg.): Psychomotorik in sozialpädagogischen Arbeitsfeldern. Kohlhammer, Stuttgart, 36–56.

Kuhlenkamp, S. (2017): Lehrbuch Psychomotorik. Ernst Reinhardt, München.

Laewen, H.-J. (2009): Grenzsteine der Entwicklung. In: https://www.frueherziehung.ch/download/pictures/47/04jovo7puwe491co0171ip1t1r03ei/grenzsteine_der_entwicklung.pdf, 20.03.2023.

Lamm, B. (Hrsg.) (2017): Handbuch interkulturelle Kompetenz. Kultursensitive Arbeit in der Kita. Herder, Freiburg.

Lamschus, K. & Sohns, A. (2016): Rahmenbedingungen und Qualitätsstandards der Frühförderstellen im Freistaat Thüringen. In: Steffens, M., Borbe, C. & Jendricke, V. (Hrsg.): Familie und psychische Gesundheit – Anspruch und Wirklichkeit. Ambivalenzen zwischen Stärkung und Entkräftigung. A Bradford book. Referenz-Verlag, Frankfurt, 149–171.

Lang, A. & Maier-Michalitsch, N. J. (Hrsg.) (2020): Spielen bei Menschen mit komplexer Behinderung. Leben pur. verlag selbstbestimmtes leben, Düsseldorf.

Lang, M., Hintermair, M. & Sarimski, K. (2012): Belastung von Eltern behinderter Kleinkinder. Vierteljahresschrift für Heilpädagogik und ihre Nachbargebiete 81 (2), 112–123, http://dx.doi.org/10.2378/vhn2012.art06d.

Law, M. C., Darrah, J., Pollock, N., Wilson, B., Russell, D. J., Walter, S. D., Rosenbaum, P. & Galuppi, B. (2011): Focus on function: a cluster, randomized controlled trial comparing child- versus context-focused intervention for young children with cerebral palsy. Developmental Medicine and Child Neurology 53 (7), 621–629, http://dx.doi.org/10.1111/j.1469-8749.2011.03962.x.

Lelgemann, R. (2010): Körperbehindertenpädagogik. Didaktik und Unterricht. Kohlhammer, Stuttgart.

Leyendecker, C. (2008): Der Weg von der Behandlung zum gemeinsamen Handeln. In: Leyendecker, C. (Hrsg.): Gemeinsam Handeln statt Behandeln. Aufgaben und Perspektiven der Komplexleistung Frühförderung. Ernst Reinhardt, München, 22–33.

Leyendecker, C. (2005): Motorische Behinderungen. Grundlagen, Zusammenhänge und Förderungsmöglichkeiten. Kohlhammer, Stuttgart.

Leyendecker, C. & Thiele, A. (2003): Symptomatik, Ätiologie und Diagnostik bei Beeinträchtigungen der Motorik und der körperlichen Entwicklung. In: Leonhardt, A. & Wember, F. B. (Hrsg.): Grundfragen der Sonderpädagogik. Bildung – Erziehung – Behinderung. Ein Handbuch. Beltz, Weinheim, 596–631.

Lienert, G. A. & Raatz, U. (1998): Testaufbau und Testanalyse. Grundlagen Psychologie. 6. Aufl. Beltz, Weinheim.

Lim, C. Y., Law, M., Khetani, M., Rosenbaum, P. & Pollock, N. (2018): Psychometric Evaluation of the Young Children's Participation and Environment Measure (YC-PEM) for use in Singapore. Physical & occupational therapy in pediatrics 38 (3), 316–328, http://dx.doi.org/10.1080/01942638.2017.1347911.

Loh, S. v. (2017): Entwicklungsstörungen bei Kindern. Medizinisches Grundwissen für pädagogische und therapeutische Berufe. 2. Aufl. Kohlhammer, Stuttgart.

Lütolf, M. & Schaub, S. (2019): Soziale Teilhabe von Kindern mit Behinderung in der Kindertagesstätte. Eine Beobachtungsstudie. Frühförderung interdisziplinär 38 (4), 176–190, http://dx.doi.org/10.2378/fi2019.art24d.

Lütolf, M. & Venetz, M. (2018): Familienorientierung als Kriterium von Wirksamkeit Heilpädagogischer Früherziehung? Theoretische Überlegungen und empirische Befunde. Vierteljahresschrift für Heilpädagogik und ihre Nachbargebiete 87 (3), 248, http://dx.doi.org/10.2378/vhn2018.art25d.

Maelicke, B., Fretschner, R., Köhler, N. & Frei, F. (2013): Innovation und Systementwicklung in der Frühförderung. Neue Fachlichkeit – neue Finanzierung – neue Allianzen. Springer Fachmedien Wiesbaden, Wiesbaden, s.l., http://dx.doi.org/10.1007/978-3-658-02931-9.

Mandich, A., Buckolz, E. & Polatajko, H. (2002): On the ability of children with developmental coordination disorder (DCD) to inhibit response initiation. The simon effect. Brain and Cognition 50 (1), 150–162, http://dx.doi.org/10.1016/S0278-2626(02)00020-9.

Melchers, P. & Melchers, M. (2015): Kaufman – Assessment battery for children – second edition (KABC II). Pearson, München.

Melchers, P., Floß, S., Brandt, I., Eßer, K. J., Lehmkuhl, G., Rauh, H. & Sticker, J. (2003): Erweiterte Vorsorgeuntersuchung (EVU). Hogrefe, Göttingen.

MFM Study Group (2022): Motor Function Measure. In: https://mfm-nmd.org/get-a-user-manual/?lang=en, 02.02.2023.

Michaelis, R., Niemann, G., Berger, R. & Wolff, M. (2017): Entwicklungsneurologie und Neuropädiatrie. Grundlagen, diagnostische Strategien, Entwicklungstherapien und Entwicklungsförderungen. 5. Aufl. Thieme, Stuttgart/New York.

Michaelis, R., Berger, R., Nennstiel-Ratzel, U. & Krägeloh-Mann, I. (2013): Validierte und teilvalidierte Grenzsteine der Entwicklung. Monatsschrift Kinderheilkunde 161 (10), 898–910, http://dx.doi.org/10.1007/s00112-012-2751-0.

Michaelis, R. (2004): Das Grenzsteinprinzip als Orientierungshilfe für die pädiatrische Entwicklungsbeurteilung. In: Schlack, H. & Largo, R. H. (Hrsg.): Entwicklungspädiatrie. Wichtiges kinderärztliches Wissen über die ersten 6 Lebensjahre. Marseille, München, 123–129.

Michaelis, R. (2003): Motorische Entwicklung. In: Keller, H. (Hrsg.): Handbuch der Kleinkindforschung. Hans Huber, Bern u. a., 815–860.

Mlynczak-Pithan, U. (2015): Ergotherapie bei Kindern mit Körperbehinderung. In: Becker, H. (Hrsg.): Ergotherapie im Arbeitsfeld Pädiatrie. 2. Aufl. Ergotherapie Lehrbuch. Thieme, Stuttgart, 321–331.

Molitor, S., Michel, E. & Schneider, W. (2015): Exekutive Funktionen bei Kindern mit motorischen Auffälligkeiten. Kindheit und Entwicklung 24 (3), 181–188, http://dx.doi.org/10.1026/0942-5403/a000174.

Möllers, J. (2015): Psychomotorische Förderung in der Heilpädagogik. Hilfe durch Bewegung. Kohlhammer, Stuttgart.

Müller-Felber, W. & Schara, U. (2015): Neuromuskuläre Erkrankungen bei Kindern und Jugendlichen. Leitfaden für die klinische Praxis. Pädiatrische Neurologie. Kohlhammer, Stuttgart.

Nacke, A. (2013): Ergotherapie bei Kindern mit Wahrnehmungsstörungen. 3. Aufl. Thieme, Stuttgart.

Naggl, M. & Höck, S. (2009): Aus der Praxis: Der Anamnesebogen der Arbeitsstelle Frühförderung Bayern. Frühförderung interdisziplinär 28 (1), 23–35.

Nationales Zentrum Frühe Hilfen (o. J.): Frühe Hilfen: Ein Überblick. In: https://www.fruehehilfen.de/grundlagen-und-fachthemen/grundlagen-der-fruehenhilfen/fruehe-hilfen-ein-ueberblick/, 14.2.2023.

Neuhäuser, G. (2011): Frühförderung und Psychomotorik – erfolgreiche Integration und feste Koalition. Frühförderung interdisziplinär 30 (1), 48–58, http://dx.doi.org/10.2378/fi2011.art05d.

Novak, I., Morgan, C., Fahey, M., Finch-Edmondson, M., Galea, C., Hines, A., Langdon, K., Namara, M. M., Paton, M. C., Popat, H., Shore, B., Khamis, A., Stanton, E., Finemore, O. P., Tricks, A., Te Velde, A., Dark, L., Morton, N. & Badawi, N. (2020): State of the Evidence Traffic Lights 2019: Systematic Review of Interventions for Preventing and Treating Children with Cerebral Palsy. Current neurology and neuroscience reports 20 (2), 3, http://dx.doi.org/10.1007/s11910-020-1022-z.

Oerter, R. & Montada, L. (Hrsg.) (2002): Entwicklungspsychologie. 5. Aufl. Beltz, Weinheim.

Oerter, R. (1989): Die Rolle der Motorik in der Entwicklung des Kindes. In: Deutsche Vereinigung für Sportwissenschaft (Hrsg.): Bewegungswelt von Kindern und Jugendlichen. Bericht über den 8. Sportwissenschaftlichen Hochschultag der Deutschen Vereinigung für Sportwissenschaft, Paderborn 1987. Hofmann, Schorndorf, 44–57.

Oßmer, C. (2020): Zeitplan normaler Kindheit: Arnold Gesells Entwicklungszeitpläne und ihr kritisches Bild von Normalität. In: Balz, V. (Hrsg.): Psychologie und Kritik. Formen der Psychologisierung nach 1945. Springer Fachmedien

Wiesbaden GmbH, Wiesbaden, 117–140, http://dx.doi.org/10.1007/978-3-658-29486-1_6.

Palisano, R., Rosenbaum, P., Walter, S., Russell, D., Wood, E. & Galuppi, B. (1997): Development and reliability of a system to classify gross motor function in children with cerebral palsy. Developmental Medicine & Child Neurology 39 (4), 214–223, http://dx.doi.org/10.1111/j.1469-8749.1997.tb07414.x.

Pan, Q., Trang, K. T., Love, H. R. & Templin, J. (2019): School Readiness Profiles and Growth in Academic Achievement. Frontiers in Education 4, http://dx.doi.org/10.3389/feduc.2019.00127.

Passolt, M. (2006): Psychomotorik fängt bei mir an. Praxis der Psychomotorik 31 (4), 212–224.

Pätzold, I. (2015): Model of Human Occupation (MOHO). In: Becker, H. (Hrsg.): Ergotherapie im Arbeitsfeld Pädiatrie. 2. Aufl. Thieme, Stuttgart, 140–144.

Peterander, F. (2003): Multivariate Diagnostik in der Frühförderung. Kindheit und Entwicklung 12 (1), 24–34, http://dx.doi.org/10.1026//0942-5403.12.1.24.

Petermann, F. (2015): Movement Assessment Battery for Children – Second Edition (MOT-ABC-2). 4. Aufl. Pearson, München.

Petermann, F. & Macha, T. (2013): Entwicklungstest für Kinder von 6 Monaten bis 6 Jahren – Revision (ET 6-6R). Pearson, München.

Petermann, F. & Renziehausen, A. (2005): Neuropsychologisches Entwicklungsscreening (NES). Hans Huber, Bern.

Petermann, U., Petermann, F. & Koglin, U. (2016): Entwicklungsbeobachtung und -dokumentation EBD 3–48 Monate. Eine Arbeitshilfe für pädagogische Fachkräfte in Krippen und Kindergärten. Frühe Kindheit. 6. Aufl. Cornelsen, Berlin.

Piaget, J. (1975): Das Erwachen der Intelligenz beim Kinde. Klett, Stuttgart.

Pinto, A. I., Grande, C., Coelho, V., Castro, S., Granlund, M. & Björck-Åkesson, E. (2018): Beyond diagnosis. The relevance of social interactions for participation in inclusive preschool settings. Developmental neurorehabilitation 2018, 1–10, http://dx.doi.org/10.1080/17518423.2018.1526225.

Popp, K., Melzer, C. & Methner, A. (2011): Förderpläne entwickeln und umsetzen. Ernst Reinhardt, München.

Praschak, W. (2011): Bewegung und Handlung. In: Dederich, M., Beck, I. & Jantzen, W. (Hrsg.): Sinne, Körper und Bewegung. Behinderung, Bildung, Partizipation Bd. 9. Kohlhammer, Stuttgart, 93–101.

Pretis, M. (2019): ICF-basiertes Arbeiten in der Frühförderung. 2. Aufl. Ernst Reinhardt, München.

Pretis, M. (2014): Settings und Familienorientierung in der Frühförderung. Eine empirische Annäherung auf der Basis von Elterndaten norddeutscher Frühförderstellen. Frühförderung interdisziplinär 33 (2), 88, http://dx.doi.org/10.2378/fi2014.art09d.

Probst, A. (2018): Modell der Menschlichen Bewegung. In: Höppner & H., Richter, R. (Hrsg.): Theorie und Modelle der Physiotherapie. Ein Handbuch. Georg Thieme Verlag, Stuttgart/New York, 99–114.

Ramberg, A. (2018): Aus der Praxis: Affektive Regulation durch Mentalisierung. Ideen zur mentalisierenden Haltung von pädagogischen Fachkräften im Bereich der Frühförderung bei Kindern mit Regulationsstörungen. Frühförderung interdisziplinär 37 (4), 211, http://dx.doi.org/10.2378/fi2018.art32d.

Ravens-Sieberer, U., Morfeld, M., Stein, R. E., Jessop, D. J., Bullinger, M. & Thyen, U. (2001): Der Familien-Belastungs-Fragebogen (FaBel-Fragebogen) – Testung und Validierung der deutschen Version der »Impact on Family Scale« bei Familien mit behinderten Kindern. Psychotherapie, Psychosomatik, medizinische Psychologie 51 (9–10), 384–393, http://dx.doi.org/10.1055/s-2001-16899.

Renner, G. & Mickley, M. (2015): Intelligenzdiagnostik im Vorschulalter. CHC-theoretisch fundierte Untersuchungsplanung und Cross-battery-assessment. Frühförderung interdisziplinär 34 (2), 67–83, http://dx.doi.org/10.2378/fi2015.art07d.

Retzlaff, R. (2019): Familien-Stärken. Behinderung, Resilienz und systemische Therapie. Klett-Cotta, Stuttgart.

Reuner, G. & Renner, G. (2019): Praxis der klinisch-psychologischen und sonderpädagogischen Testdiagnostik bei Kindern und Jugendlichen mit körperlichen und motorischen Beeinträchtigungen – Ergebnisse einer Umfrage unter Anwendern. Zeitschrift für Heilpädagogik 70 (2), 84–95.

Rief, W. & Stenzel, N. (2012): Diagnostik und Klassifikation. In: Berking, M. & Rief, W. (Hrsg.): Klinische Psychologie und Psychotherapie für Bachelor. Band I: Grundlagen und Störungswissen Lesen, Hören, Lernen im Web. Springer, Berlin, Heidelberg, 9–17.

Ritter, G., Welling, A. & Eckhardt, G. (2014): Die 10 Prinzipien des Bobath-Konzepts in der Entwicklungsneurologie und Neurorehabilitation. Alfons Welling; Gabriele Eckhardt. Unter Mitarb. von Helga Treml-Sieder. 2. Aufl. Vereinigung der Bobath-Therapeuten Deutschlands, Castrop-Rauxel.

Ritter, G. (2004): Das Bobath-Konzept aus heutiger Sicht – motorischer Lernprozess und Bewegungshandeln (Teil II). Krankengymnastik – Zeitschrift für Physiotherapeuten 56, 238–248.

Romein, E. & Espei, A. (2015): Diagnostik und Befundaufnahme. In: Becker, H. (Hrsg.): Ergotherapie im Arbeitsfeld Pädiatrie. 2. Aufl. Thieme, Stuttgart, 108–127.

Röse, K. M. & Flick, U. (2014): Ergotherapeutische und heilpädagogische Kernkompetenzen im Arbeitsfeld Frühförderung – Ein Vergleich der beruflichen Handlungsmuster. Ergoscience 9 (2), 68–77.

Rosenkötter, H. (2013): Motorik und Wahrnehmung im Kindesalter. Eine neuropädagogische Einführung. Entwicklung und Bildung in der Frühen Kindheit. Kohlhammer, Stuttgart.

Russell, D. J., Rosenbaum, P. L., Avery, L. M. & Lane, M. (2016): GMFM und GMFCS – Messung und Klassifikation motorischer Funktionen. Übersicht und Handbuch zu Gross Motor Function Measure/Gross Motor Function Classification System. 2. Aufl. Hogrefe, vorm. Huber, Bern.

Sarimski, K. (2021): Familien von Kindern mit Behinderungen. Ein familienorientierter Beratungsansatz. Hogrefe, Göttingen, http://dx.doi.org/10.1026/03036-000.

Sarimski, K. (2017): Handbuch interdisziplinäre Frühförderung. Ernst Reinhardt, München.

Sarimski, K., Hintermair, M. & Lang, M. (2013a): »Auf die Familie kommt es an«. Familienorientierte Frühförderung und inklusive Krippenförderung. Frühförderung interdisziplinär 32 (4), 195–205, http://dx.doi.org/10.2378/fi2013.art11d.

Sarimski, K., Hintermair, M. & Lang, M. (2013b): Familienorientierte Frühförderung von Kindern mit Behinderung. Ernst Reinhardt, München.

Sarimski, K. (2012): Stichwort: Interdisziplinäre Diagnostik. Frühförderung interdisziplinär 31 (4), 148–151.

Schäfer, K., Hoffmann, V. & Hintermair, M. (2021): Übergänge von der Frühförderung in die schulische Primarstufe bei Kindern mit Hörschädigung – eine Untersuchung über Wünsche, Erwartungen und Sorgen aus der Perspektive der Eltern. In: Gebhard, B., Simon, L., Ziemen, K., Opp, G. & Groß-Kunkel, A. (Hrsg.): Transitionen. Übergänge in der Frühförderung gestalten. Schulz-Kirchner Verlag, Idstein, 152–160.

Schmid-Krammer & M., Naggl, M. (2006): Leitlinien zur Diagnostik in der Interdisziplinären Frühförderung. Frühförderung interdisziplinär 25 (3), 132–142.

Schmidt-Atzert, L., Amelang, M., Fydrich, T., Zielinski, W. & Schmidt-Atzert-Amelang (2012): Psychologische Diagnostik. 5. Aufl. Springer, Berlin.

Schneider, W., Lindenberger, U., Oerter, R. & Montada, L. (Hrsg.) (2012): Entwicklungspsychologie. 7. Aufl. Beltz, Weinheim.

Schöllhorn, A. & Ziegenhain, U. (2012): Entwicklungspsychologische Beratung (EPB). Frühförderung interdisziplinär 31 (2), 97–101.

Schroer, B. & Biene-Deißler, E. (2020): Heilpädagogische Entwicklungsförderung und Begleitung im Spiel nach dem Konzept der »Heilpädagogischen

Übungsbehandlung«. In: Greving, H. & Schäper, S. (Hrsg.): Heilpädagogische Konzepte und Methoden: Orientierungswissen für die Praxis. Kohlhammer, Stuttgart, 95–120.

Schroer, B., Biene-Deißler, E. & Greving, H. (2016): Das Spiel in der heilpädagogischen Arbeit. Kohlhammer, Stuttgart.

Schulz, B. (2015): Angeborene Querschnittlähmung – Spina bifida. In: Strubreither, W. (Hrsg.): Klinische Psychologie bei Querschnittlähmung. Psychologische und psychotherapeutische Interventionen bei psychischen, somatischen und psychosozialen Folgen. Springer, Wien

Schulze, C., Kottorp, A., Meichtry, A., Lilja, M. & Page, J. (2014): Inter-Rater and Test-Retest Reliability of the German Pediatric Evaluation of Disability Inventory (PEDI-G). Physical & occupational therapy in pediatrics 2014, http://dx.doi.org/10.3109/01942638.2014.975311.

Schwarzer, N.-H. & Gingelmaier, S. (2018a): »Und trotzdem ist das Kind noch nicht in den Brunnen gefallen.«. Eine entwicklungspsychologische Argumentation zur Relevanz des Mentalisierungskonzepts in der Frühförderung. Frühförderung interdisziplinär 37 (4), 180–190, http://dx.doi.org/10.2378/fi2018.art29d.

Schwarzer, N.-H. & Gingelmaier, S. (2018b): Zur Bedeutung einer mentalisierenden Haltung für Frühförderung und Frühpädagogik. Frühförderung interdisziplinär 37 (2), 84–96, http://dx.doi.org/10.2378/fi2018.art14d.

Schwarz, R. (2014): Frühe Bewegungserziehung. Ernst Reinhardt, München.

Seeger, D., Holodynski, M. & Souvignier, E. (2014): BIKO-Screening zur Entwicklung von Basiskompetenzen für 3- bis 6-Jährige. drei bis sechs. Hogrefe, Göttingen.

Seelhorst, C., Wiedebusch, S., Zalpour, C., Behnen, J. & Patock, J. (2012): Zusammenarbeit zwischen Frühförderstellen und Kindertageseinrichtungen bei der Diagnostik und Förderung von Kindern im Vorschulalter. Frühförderung interdisziplinär 31 (4), 178–186, http://dx.doi.org/10.2378/fi2012.art12d.

Seewald, J. (2011): Psychomotorik und Sensumotorik. In: Dederich, M., Beck, I. & Jantzen, W. (Hrsg.): Sinne, Körper und Bewegung. Behinderung, Bildung, Partizipation Bd. 9. Kohlhammer, Stuttgart, 187–191.

Seidel, A. (2022): Entwicklungspädiatrie in der Interdisziplinären Frühförderung. Medizinische und therapeutische Grundlagen. Interdisziplinäre Frühförderung. Kohlhammer, Stuttgart.

Seidel, A. & Schneider, S. (2021): Praxishandbuch ICF-orientierte Bedarfsermittlung. Beratung, Diagnostik und Hilfeplanung in sozialen Berufen. Mit E-Book inside. 2. Aufl. Beltz, Weinheim.

Sharp, C. & Read, P. (2011): Goal Attainment Scaling in Early Childhood Intervention. Evaluation Journal of Australasia 11 (2), 31–41, http://dx.doi.org/10.1177/1035719X1101100205.

Siegler, R., Saffran, J. R., Gershoff, E. T., Eisenberg, N., Leaper, C. & Pauen, S. (2021): Entwicklungspsychologie im Kindes- und Jugendalter. 5. Aufl. Springer, Berlin/Heidelberg.

Spreer, M.; Dawal, B. (2024 in Druck): Aktuelles Stichwort: Partizipation / Teilhabe. motorik 47 (2)

Spreer, M., Fink, A. & Gebhard, B. (2019): Stichwort: Partizipation. Frühförderung interdisziplinär 38 (4), 214–217, http://dx.doi.org/10.2378/fi2019.art27d.

Stadskleiv, K. (2020): Cognitive functioning in children with cerebral palsy. Developmental medicine and child neurology 62 (3), 283–289, http://dx.doi.org/10.1111/dmcn.14463.

Stemme, G. & Eickstedt, D. von (2012): Die frühkindliche Bewegungsentwicklung. Vielfalt und Besonderheiten. verlag selbstbestimmtes leben, Düsseldorf.

Storch, M., Cantieni, B., Hüther, G. & Tschacher, W. (2017): Embodiment. Die Wechselwirkung von Körper und Psyche verstehen und nutzen. 3. Aufl. Hogrefe, Bern

Strebel, H. (2015): Canadian Model of Occupational Performance (CMOP). In: Becker, H. (Hrsg.): Ergotherapie im Arbeitsfeld Pädiatrie. 2. Aufl. Thieme, Stuttgart, 145–148.

Stuhlfelder, U. & Ackermann, W. (2022): Physiotherapeutischer Prozess bei infantiler Zerebralparese. In: Ackermann, W. & Stuhlfelder, U. (Hrsg.): Physiotherapie in der Pädiatrie. Thieme, Stuttgart, 243–278.

Sugden, D., Kirby, A. & Dunford, C. (2008): Issues Surrounding Children with Developmental Coordination Disorder. International Journal of Disability, Development and Education 55 (2), 173–187, http://dx.doi.org/10.1080/10349120802033691.

Surveillance of Cerebral Palsy in Europe (2000): Surveillance of cerebral palsy in Europe: a collaboration of cerebral palsy surveys and registers. Surveillance of Cerebral Palsy in Europe (SCPE). Developmental Medicine & Child Neurology 42 (12), 816–824, http://dx.doi.org/10.1017/s0012162200001511.

Tellegen, P. J., Laros, J. A. & Petermann, F. (2018): SON-R 2-8. Non-verbaler Intelligenztest. Hogrefe, Göttingen.

ter Horst, K. (2019): Dokumentation von Veränderungen im Hilfeplanverfahren durch den Einsatz der Videotechnik. In: Schwabe, M. (Hrsg.): Methoden der Hilfeplanung: Zielentwicklung, Moderation und Aushandlung. 5. Aufl. Beltz Juventa, Weinheim.

Textor, M. (2000): Lew Wygotski – der ko-konstruktive Ansatz. In: https://www.kindergartenpaedagogik.de/fachartikel/paedagogische-ansaetze/moderne-paedagogische-ansaetze/1586/, 12.3.2022.

Thelen, E. & Smith, L. B. (2002): A dynamic systems approach to the development of cognition and action. A Bradford book. 5. Aufl. MIT Press, Cambridge, Mass. u. a.

Thelen, E. & Smith, L. B. (1996): A dynamic systems approach to the development of cognition and action. MIT Press Bradford books series in cognitive psychology. MIT Press, Cambridge Mass. u. a.

Thelen, E., Smith, L. B. (1994): A dynamic systems approach to the development of cognition and action. MIT Press Bradford books series in cognitive psychology. MIT Press, Cambridge Mass. u. a.

Thelen, E. (1989): Self-Organization in developmental processess: can systems approaches work? In: Gunnar, M. R. (Hrsg.): Systems and development. The Minnesota symposia on child psychology Bd. 22. Erlbaum, Hillsdale, NJ, 107–120.

Thurmair, M. (2013): Netzwerke Frühe Hilfen und der Beitrag von Frühförderstellen. Frühförderung interdisziplinär 32 (4), 206–221, http://dx.doi.org/10.2378/fi2013.art12d

Thurmair, M., Naggl, M. & Speck, O. (2010): Praxis der Frühförderung. Einführung in ein interdisziplinäres Arbeitsfeld. 4. Aufl. Ernst Reinhardt, München.

Trost, A. & Hauptmann, J. (2018): Mentalisieren in der Frühförderung – eine qualitative Studie. Frühförderung interdisziplinär 37 (4), 199, http://dx.doi.org/10.2378/fi2018.art31d.

Tröster, H., Flender, J., Reineke, D. & Wolf, S. M. (2016): Dortmunder Entwicklungsscreening für den Kindergarten – Revision (DESK 3–6 R). Hogrefe, Göttingen.

Tröster, H. (2010): Eltern-Belastungs-Inventar. Deutsche Version des Parenting Stress Index (PSI) von R. R. Abidin.

Tsai, C.-L., Wilson, P. H. & Wu, S. K. (2008): Role of visual-perceptual skills (non-motor) in children with developmental coordination disorder. Human Movement Science 27 (4), 649–664, http://dx.doi.org/10.1016/j.humov.2007.10.002.

Ulrich, B. D. (2010): Opportunities for Early Intervention Based on Theory, Basic Neuroscience, and Clinical Science. Physical Therapy 90 (12), 1868–1880.

Urschitz, M. S., Gebhard, B., Philippi, H. & Bock, F. de (2016): Partizipation und Bildung als Endpunkte in der pädiatrischen Versorgungsforschung. Kinder- und Jugendmedizin 16 (03), 206–217, http://dx.doi.org/10.1055/s-0037-1616321.

Valcanover, S. (2015): Wissen kompakt: Selbstkonzept. motorik 38 (1), 31–33.
van Bentum, B. (2019): Teilhabechancen für Kinder mit einer (drohendenden) Behinderung verbessern – Kooperation von Frühförderstellen und KiTa stärken. Abschlussdokumentation eines Projektes Teil 1.
Vereinigung für Interdisziplinäre Frühförderung e.V. (2020): Qualitätsstandards für interdisziplinäre Frühförderstellen in Deutschland.
Vinçon, S. (2013): Bewegung objektiv testen. Assessment: BOT-2. ergopraxis 6 (6), 22–23.
von Loh, S. (2017): Entwicklungsstörungen bei Kindern. Medizinisches Grundwissen für pädagogische und therapeutische Berufe. 2. Aufl. Kohlhammer: Stuttgart
Wagner, M. (2015): Rezensionen BOT-2. motorik 38 (4), 189–191.
Walthes, R. (2022): Einführung in die Pädagogik bei Blindheit und Sehbeeinträchtigung. 4. Aufl. Ernst Reinhardt, München.
Wechsler, D. (2018): Wechsler Preschool and Primary Scale of Intelligence – Fourth Edition (WPPSI-IV). Pearson, München.
Weiß, H. (2022): Inklusion und Integration als zentrale Aufgaben einer Interdisziplinären Frühförderung – und mögliche Hindernisse ihrer Realisierung. Frühförderung interdisziplinär 41 (3), 116–127, http://dx.doi.org/10.2378/fi2022.art16d.
Weizsäcker, V. v. (1972): Der Gestaltkreis. Theorie der Einheit von Wahrnehmen und Bewegen. 4. Aufl. Thieme, Stuttgart.
Wendler, M. (2001): Diagnostik und Förderung der Graphomotorik. Konzeptionelle Überlegungen zu einem entwicklungs- und bewegungsorientierten Schriftspracherwerb. Dissertation, Philipps-Universität Marburg.
Wendt, P.-U. (2021): Lehrbuch Methoden der Sozialen Arbeit. 3. Aufl. Beltz, Weinheim.
Wiart, L. & Darrah, J. (2002): Changing philosophical perspectives on the management of children with physical disabilities – their effect on the use of powered mobility. Disability and rehabilitation 24 (9), 755–762.
Willimczik, K. & Singer, R. (2009): Motorische Entwicklung: Gegenstandsbereich. In: Baur, J., Bös, K., Conzelmann, A. & Singer, R. (Hrsg.): Handbuch Motorische Entwicklung. Hofmann, Schorndorf, 15–24.
Wolf, H.-G., Berger, R. & Allwang, N. (2016): Der Charme der ICF-CY für die interdisziplinäre Frühförderung. Frühförderung interdisziplinär 35 (3), 127–137, http://dx.doi.org/10.2378/fi2016.art16d.
Wölfl, J., Wertfein, M. & Wirts, C. (2017): IVO – Eine Studie zur Umsetzung von Inklusion als gemeinsame Aufgabe von Kindertageseinrichtungen und Frühförderung in Bayern. Kita-Ergebnisbericht.

World Health Organization (2001): International classification of functioning, disability and health: ICF, Geneva.

Wygotski, L. (1987): Ausgewählte Schriften. Band 2: Arbeiten zur psychischen Entwicklung der Persönlichkeit. Köln: Pahl-Rugenstein.

Zimmer, R. (2015): MOT4-6. Motoriktest für 4-6-jährige Kinder. 3. Aufl. Hogrefe, Göttingen.

Zimmer, R. (2012): Handbuch der Sinneswahrnehmung. Grundlagen einer ganzheitlichen Bildung und Erziehung. Herder, Freiburg.

Zimmer, R. (2001): Handbuch der Psychomotorik. Theorie und Praxis der psychomotorischen Förderung. Herder, Freiburg.

Die Autorin, die Beiträgerinnen

Dr. **Britta Dawal** (geb. Gebhard) ist Professorin für Frühpädagogik mit den Schwerpunkte Frühförderung und Diversität an der Fachhochschule Südwestfalen im Fachbereich Bildungs- und Gesellschaftswissenschaften. Ihre Arbeits- und Forschungsschwerpunkte sind Frühförderung, Partizipation und die Entwicklung von Partizipationsmessinstrumenten sowie die ICF im Kontext von Frühförderung und Kindheitspädagogik.

Carina Völlm ist Ergotherapeutin und Transdisziplinäre Frühförderin (MA). Sie war zum Zeitpunkt der Erstellung des Beitrags im SPZ in Stuttgart tätig und arbeitet aktuell beim Gesundheitsamt Stuttgart.

Maren Scharna ist Physiotherapeutin und Erziehungs- und Bildungswissenschaftlerin (B.A.) und ist in der Interdisziplinären Frühförderstelle der AWO in Leer tätig.

Andrea Jagusch-Espei ist seit über 30 Jahren als Ergotherapeutin in Rehabilitation und Frühförderung tätig. Die Arbeit mit Kindern mit körperlichen Beeinträchtigungen und die Anwendung der ICF bilden dabei ihre Schwerpunkte.

Yvonne Ohmstedt ist Sozialpädagogin (BA) und Kindheits- und Sozialwissenschaftlerin (MA) und war zum Zeitpunkt der Erstellung in der Interdisziplinären Frühförderstelle der AWO in Leer tätig.

Svenja Rastedt ist Kindheitspädagogin (B. A.) und hat Psychologie kindlicher Lern- und Entwicklungsauffälligkeiten (M. Sc.) studiert. Sie war zum Zeitpunkt der Erstellung des Beitrags in der Interdisziplinären Frühförderstelle der AWO in Leer tätig und arbeitet aktuell als Transfermanagerin beim NIFBE.